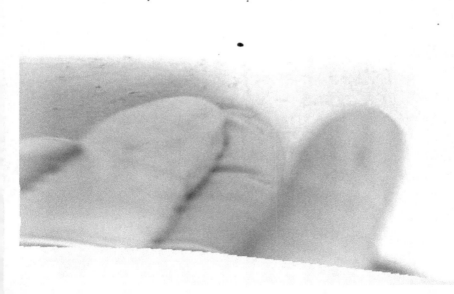

HARDPRESS.NET
HOME OF HARD-TO-FIND BOOKS

Analyse Raisonnée De La Discussion Du Code Civil Au Conseil D'état, Contenant Le Texte Des Lois

by France

ANALYSE RAISONNÉE

DE LA DISCUSSION

DU CODE CIVIL

AU CONSEIL D'ÉTAT.

CHATEAU-ROUX, IMPRIMERIE DE MIGNÉ.

ANALYSE RAISONNÉE

DE LA DISCUSSION

DU CODE CIVIL

AU CONSEIL D'ÉTAT,

CONTENANT

Le Texte des Lois;

Le Précis des Observations faites sur chaque Article, et les Motifs de la décision du Conseil;

L'Indication de la Conformité et de l'Opposition de ces Articles aux Lois anciennes;

Les Arrêts rendus par la Cour de Cassation, pour en fixer le sens;

Et les Observations particulières de l'Auteur, pour concilier et rectifier quelques-uns de ces Articles, et faciliter l'intelligence des autres;

PAR JACQUES DE MALEVILLE,

L'un des Rédacteurs du Code civil, ex-Président de la Section civile de la Cour de Cassation, Membre du Sénat-Conservateur.

TROISIÈME ÉDITION.

~~~~~~~~~~~~~~~~~~~~~~~~~~~~~~~~~

TOME TROISIÈME.

~~~~~~~~~~~~~~~~~~~~~~~~~~~~~~~~~

A PARIS,

CHEZ NÈVE, LIBRAIRE DE LA COUR DE CASSATION, PALAIS DE JUSTICE, N° 9.

1822.

ANALYSE RAISONNÉE

DE

LA DISCUSSION

DU

CODE CIVIL

AU CONSEIL D'ÉTAT.

TITRE III.

*Des Contrats ou des obligations conventionnelles
en général.*

(Promulgué le 27 pluviôse an XII.)

LES obligations sont le sujet de la majeure partie
des livres du Droit romain ; mais les règles élémentaires de cette matière se trouvent principalement
dans les titres du ff. et du Code *de pactis*, *de obli-
gationibus et actionibus*, et *de verborum obliga-
tionibus*.

Le meilleur commentaire de ce titre se trouve
dans le *Traité des obligations de Pothier*, dont
il n'est guère que l'extrait, et dans le bon discours
que M. Bigot prononça devant le Corps Législatif,
en le lui présentant.

3. 1

Il ne dissimula pas que les dispositions de notre Code relatives aux contrats, seraient mal entendues, si on les envisageait autrement que comme des règles élémentaires d'équité, dont toutes les ramifications se trouvent dans les lois romaines ; « c'est là, dit-il, que sont les développemens de la » science du juste et de l'injuste ; c'est là que doi- » vent s'instruire tous ceux qui voudrout y faire » quelques progrès, et en général tous ceux qui » seront chargés de la défense et de l'exécution » des lois consignées dans le Code français. »

Mais pour pouvoir méditer avec quelque fruit sur ce sujet les lois romaines, il faut au moins connaître la valeur des termes, savoir ce qu'elles entendent par obligations, conventions, pactes et ontrats, les divisions générales qu'elles en font, et les effets principaux qu'elles leur attribuent ; c'est ce que je tâcherai d'expliquer aussi brièvement, et cependant aussi clairement qu'il me sera possible.

Les Romains distinguaient, et il existe réellement trois classes d'obligations, les obligations *naturelles*, les obligations *civiles*, et celles qui sont en même tems *naturelles* et *civiles*.

L'obligation purement naturelle est celle qui n'a d'autre base que la simple équité, et ne donne pas d'action civile pour contraindre celui qui l'a contractée à l'exécuter.

Il y a dans le commerce de la vie, des exemples sans nombre de cette sorte d'obligations ; mais les lois romaines désignent plus particulièrement sous cette expression, celles qui naissent d'un pacte nu (nous expliquerons tout-à-l'heure ce que c'est), les obligations contractées par un impubère qui est proche de sa puberté, par un maître envers son esclave, par un père envers son fils qui est encore sous sa puissance.

Les obligations naturelles ne donnent pas d'actions directes, comme je viens de le dire, mais elles ne laissent pas que d'avoir plusieurs effets civils ; les plus notables sont de pouvoir retenir le gage donné pour leur exécution, d'empêcher la restitution de la somme payée pour cette cause, et de pouvoir servir de base à un cautionnement. Si, par exemple, un tiers se rend caution de l'obligation contractée par un mineur, il en sera tenu quoique le mineur soit restitué. (*Voyez* L. 4, *Cod. de usur.*, L. 10, ff. *de oblig. et act.*, L. 2, ff. *de fidejuss.*)

L'obligation purement civile est celle qui donne bien droit à une action, mais qui n'est pas fondée sur l'équité, ou peut être détruite par une exception péremptoire. On cite pour exemple, celle qui dérive d'une sentence injuste, ou celles qui sont extorquées par force ou violence. *Voy.* L. *julianus* ff. *de condict. indeb.*, L. 3, ff. *de pec. const.* et 14 ff. *de compens.*).

L'obligation naturelle et civile est celle qui est fondée également sur l'équité et sur le droit positif qui lui assure son exécution. C'est celle-là que Justinien (*Inst. tit. de obligat.*) définit, *obligatio est juris vinculum quo necessitate adstringi-*

mur alicujus rei solvendæ, secundùm nostræ civitatis jura. Il aurait dû ajouter après le mot *juris*, ceux-ci : *Et æquitatis.*

Cette dernière espèce d'obligations se subdivisait encore en obligations civiles proprement dites et en obligations prétoriennes.

Les obligations civiles étaient celles qui dérivaient d'une loi, d'un plébiscite, d'un sénatus-consulte, d'une constitution du prince, ou de l'interprétation que faisaient de tout cela, les jurisconsultes désignés pour répondre sur les questions de droit.

Les obligations prétoriennes étaient celles que les préteurs revêtaient de leur autorité, suivant l'exigeance des cas, et l'équité naturelle ; de ce nombre étaient le constitut, l'hypothèque, l'obligation résultante du serment, *de peculio, de in rem verso.* *Voy.* le §. 2, *inst. de oblig.* et le §. 3 *et suiv. inst. de jure nat.*

Je n'ai pas besoin de dire que cette division des obligations proprement dites n'existe pas dans nos usages ; elle était même déjà abolie du tems de Justinien ; le peuple en masse ne faisait plus de lois, ni les Plébéiens de plébiscites ; le sénat n'était qu'une Cour de Justice ; le prince venait bien quelquefois y proposer des lois ; mais sa volonté était toujours la règle suprême : aussi dans les livres du Droit, cite-t-on indifféremment ou le discours de l'empereur, *ex oratione divi marci,* etc., ou le sénatus-consulte rendu sur ce discours. Les Jurisconsultes n'eurent plus que l'autorité morale que leur donnaient leur probité et leur savoir ; les magistrats étaient obligés de juger suivant les lois, et toute la puissance législative résidait dans les mains du prince ; *cum lege regiâ populus ei et in eum, omne imperium suum et potestatem transtulerit.* §. 6 , *Inst. de jure natur.*

Toutes les obligations proviennent ou des contrats , ou des quasi-contrats , ou des délits , ou des quasi-délits. §. 2 , *Inst. de oblig.*

Dans le langage ordinaire , on se sert indifféremment des termes *contrats , conventions* et *pactes* ; mais , dans celui du Droit , il faut bien distinguer ce qu'on appelait *pactum nudum,* des contrats et conventions obligatoires ; et pour bien entendre cette distinction , il faut reprendre les choses de plus haut.

Toute convention une fois faite , produit une obligation naturelle de l'accomplir. L. 1 , ff. *de pactis.* Mais dans le Droit romain, on accordait l'effet civil qu'aux conventions qui avaient un nom ou une cause. *Nomen aut causam.*

Le *nom* était celui que les décemvirs avaient donné dans les lois des douze Tables ; aux contrats dont ils y avaient parlé : c'étaient les plus ordinaires , comme la vente , le louage , le dépôt , le prêt , etc., et en effet, dans un Code aussi court, quelque précis qu'il fût, il n'avait pas été possible de descendre dans le détail de toutes les transactions de la vie ; d'ailleurs un peuple naissant et à peine civilisé , n'avait pas besoin d'une législation aussi étendue. Il n'y eut donc d'abord que ces contrats spécifiés par les lois des douze Tables qui produi-

sissent une obligation civile et directe. On les appelait par cette raison *contractus nominati*.

Mais bientôt on s'aperçut qu'il y avait beaucoup
d'autres conventions qui devaient être aussi exécutées : les jurisconsultes, sans s'embarrasser de donner un nom propre à chacune, les divisèrent en quatre classes, *do ut des facio ut facias, do ut facias,
facio ut des*. Il est impossible, en effet, de feindre
une convention qui ne se rapporte pas à l'une de
ces quatre espèces; encore y en a-t-il une de superflue. Tous ces contrats s'appelèrent *innomi-
nati*, toujours en se rapportant à la loi des douze
Tables.

Ces contrats innommés étaient exécutés quand
ils avaient une cause *causam ;* ceux qui n'avaient
ni nom ni cause demeuraient sans obligation forcée; c'est ce qu'on appelait *pacta nuda*. L. 7, §. 2,
ff. *de pactis*, et 5 *de præscrip. verb.*

Par *cause*, on n'entendait pas le motif de la convention ; car en ce sens toute convention a nécessairement une cause; mais on voulait exprimer
l'exécution qu'elle pouvait avoir reçue de la part
d'une des parties par quelque fait, ou quelque chose
qu'elle avait en conséquence donné, *quæ sumpsit
effectum datione vel facto*, D. L. 7 *de pactis ;*
alors, en effet, la partie qui avait exécuté de sa
part le contrat innommé, avait juste sujet d'obliger
l'autre à en faire de même ; mais quand les choses
en étaient demeurées dans les purs termes de la
convention, sans aucune suite de part ni d'autre,
ce n'était plus qu'un pacte nu sans effet civil.

Il est inutile d'observer que cette division des contrats en nommés et innommés , n'est point observée parmi nous ; que toutes les conventions , et même les pactes nus , doivent être exécutés s'ils ne contiennent rien de contraire aux lois et aux bonnes mœurs , suivant ce principe d'équité si familier aux Romains , *nihil tam congruum fidei humanæ quàm ea quæ inter eos placuerunt servare. Pacta conventa servabo ,* disaient les préteurs en tête de leurs édits.

On divisait en second lieu les contrats en contrats de bonne foi , et en contrats de Droit étroit, *bonæ fidei stricti* et *juris.*

Les contrats de bonne foi sont ceux par lesquels chaque partie s'oblige envers l'autre , comme la vente ; ceux de Droit écrit , sont ceux où l'une des parties seule s'oblige, comme le prêt. Cette division n'est pas fondée sur ce que la bonne foi ne soit pas exigée dans toutes les conventions ; elle a pour objet de régler les devoirs du juge qui , dans les contrats de bonne foi , a plus de latitude pour se diriger suivant l'équité , et qui , dans les contrats de Droit étroit , doit se renfermer dans les termes de la convention. §. 28 et 30 ; *Inst. de actionibus.*

Cette division n'est pas non plus admise en France , la maxime vulgaire y est que tous les contrats sont de bonne foi. *Serres* sur ledit §. 28.

En troisième lieu , les contrats se formaient de quatre manières différentes : par la délivrance de la chose, par des paroles solennelles, par l'écriture et par le seul consentement des parties. *Re, verbis, litteris, et consensu.*

Ce n'est pas que le consentement des parties ne fût nécessaire pour toutes les espèces de contrats ; mais il y en avait qui , outre ce consentement, exigeaient la tradition , d'autres l'écriture , et d'autres une certaine solennité de paroles. §. 2 , *Inst. de oblig.*

Il y avait quatre contrats qui, outre le consentement, exigeaient la tradition ; c'était le prêt simple, le prêt à usage, le dépôt et le gage : *Mutuum, commodatum, depositum* et *pignus. Voy.* tit. 15, liv. 3 , Inst.

L'obligation par les paroles, est celle que les Romains appelaient proprement *stipulation*, et qui se formait par des demandes et des réponses conformes. *Spondes ? spondeo Promittis ? promitto. Voy.* le tit. 16, liv. 3 , Inst.

Cette solennité de paroles fut abrogée par la loi.10, *Cod. de Contrah. et comm. stip.* , et l'on ne s'arrêta plus qu'au consentement des contractans.

L'obligation *litteris* ou *nominum* était particulière aux banquiers que les Romains appelaient *argentarii*, et se contractait par l'écriture qu'ils mettaient sur leur registre appelé *Calendarium* : cette manière de s'obliger avait cessé d'être en usage dès le tems même de Justinien. *Inst. de litt. oblig.*

Enfin, il y avait quatre contrats qui se formaient par le seul consentement : la vente, le louage, la société et le mandat. *Inst. de oblig. ex consensu.*

Quant aux obligations qui résultent des quasi-

contrats, des délits et des quasi-délits, elles sont
l'objet du titre suivant de notre Code.

Tous ces contrats et toutes ces obligations donnaient lieu à des actions différentes, et qui avaient
chacune leur formule particulière; les décemvirs
ne les avaient pas insérées dans leur lois; mais elles
furent rédigées peu de tems après, et remises à la
garde des Pontifes qui les délivraient, les interpré-
taient; et en faisaient un mystère. *Pomponius*,
dans la loi 2, *ff. de orig. juris.*

Appius Claudius les rédigea dans un meilleur ordre, pour son usage et celui de ses collègues. Mais
Cneius Flavius, son secrétaire, lui déroba son livre et le publia. Le peuple sut si bon gré à Flavius
de ce larcin, qu'il le créa édile, quoiqu'il ne fût
que le fils d'un affranchi. *Pomponius eod.*

Nous sommes convenus de donner libéralement
le titre de subtilité à toutes ces formules, à toutes
ces distinctions que je viens de rappeler, et elles
le sont certainement pour nous, relativement à nos
mœurs et à nos usages; mais il faudrait pourtant
faire attention, comme le dit Montesquieu, que ces
formules étaient nécessaires pour un peuple qui
jugeait, ou était censé juger, et auquel il ne fallait
présenter que des questions simples. On pourrait
encore observer que tous les peuples jaloux de leur
liberté ont été extrêmement formalistes; on peut
en voir bien des exemples dans *Blakstone.*

Quoiqu'il en soit, lorsque le gouvernement changea, on abandonna peu à peu toutes ces distinctions
minutieuses; les magistrats se donnèrent plus de

latitude en se rapprochant de l'équité ; et Constantin abolit enfin toute cette solennité de paroles par la loi qui se trouve la première. *Cod. de formulis et impetrationibus actionum sublatis.*

Juris formulæ, dit cet empereur, *aucupatione syllabarum insidiantes , cunctorum actibus radiatùs amputentur.*

On peut être étonné après cela , de voir les livres du Droit remplis de toutes ces formalités et de toutes ces distinctions qui avaient cessé d'être en usage long-tems avant Justinien. Mais c'es t qu'il avait prescrit à son chancelier de conserver le texte même des jurisconsultes anciens, dont les décisions choisies devaient former le Digeste ; c'est que cet ouvrage immense fut fait dans trois ans, et que ces deux circonstances ne permirent pas à ses auteurs de faire un extrait raisonné et bien ordonné des excellentes maximes qu'ils trouvaient dans les anciens, en en séparant ce qui était devenu hors d'usage et ne pouvait qu'embarrasser les amateurs du Droit. *Voyez* les deux constitutions de Justinien , *de conceptiòne* et *de confirmatione digestorum*, des années 530 et 533. J'ai toujours regretté qu'au lieu de faire un recueil qui comprend tout, M. Pothier ne se soit pas occupé d'élaguer et de mettre en ordre tout ce qui, dans les livres du Droit romain , peut s'appliquer à nos mœurs : on pourrait ainsi faire un ouvrage qui porterait à ses dernières limites, la science du juste et de l'injuste.

CHAPITRE PREMIER.

Dispositions préliminaires.

ART. 1101. « LE contrat est une convention par
» laquelle une ou plusieurs personnes s'obligent
» envers une ou plusieurs autres à donner, à faire
» ou à ne pas faire quelque chose. »

La loi première ff. *de pactis*, dit plus généralement, *pactio, est duorum, pluriumve in idem placitum consensus.*

Colombet dit : *Le contrat est une convention autorisée par le Droit civil, à l'effet de produire une action.*

Notre définition tirée de Pothier vaut mieux que celle-là.

ART. 1102. « Le contrat est *synallagmatique*
» ou *bilatéral* lorsque les contractans s'obligent
» réciproquement les uns envers les autres. »

ART. 1103. « Il est *unilatéral* lorqu'une ou plu-
» sieurs personnes sont obligées envers une ou plu-
» sieurs autres, sans que, de la part de ces dernie-
» res, il y ait d'engagement. »

Comme dans le contrat de prêt.

ART. 1104. « Il est *commutatif* lorsque chacune
» des parties s'engage à donner ou à faire une
» chose qui est regardée comme l'équivalent de ce
» qu'on lui donne ou de ce qu'on fait pour elle. »

» L'orsque l'équivalent consiste dans la chance de

» gain ou de perte pour chacune des parties, d'a-
» près un événement incertain, le contrat est *aléa-
» toire.* »

ART. 1105. « Le contrat de *bienfaisance* est ce-
» lui dans lequel l'une des parties procure à l'au-
» tre un avantage purement gratuit. »

Ceci regarde les donations.

ART. 1106. » Le contrat à *titre onéreux* est ce-
» lui qui assujétit chacune des parties à donner ou
» à faire quelque chose. »

C'est là le commun des contrats.

ART. 1107. « Les contrats, soit qu'ils aient une
» dénomination propre, soit qu'ils n'en aient pas,
» sont soumis à des règles générales, qui sont l'ob-
» jet du présent titre.

» Les règles particulières à certains contrats sont
» établies sous les titres relatifs à chacun d'eux, et
» les règles particulières aux transactions commer-
» ciales sont établies par les lois relatives au com-
» merce. »

Voyez ce que nous avons dit dans le préambule
de ce titre sur les contrats nommés et innommés.

CHAPITRE II.

*Des Conditions essentielles pour la validité des
Conventions.*

ART. 1108. « QUATRE conditions sont essentiel-
» les pour la validité d'une convention :

» Le consentement de la partie qui s'oblige ;

» Sa capacité de contracter;

» Un objet certain qui forme la matière de l'en-
» gagement;

» Une cause licite dans l'obligation. »

SECTION PREMIÈRE.

Du consentement.

ART. 1109. « Il n'y a point de consentement va-
» lable, si le consentemet n'a été donné que par
» erreur, ou s'il a été extorqué par violence, ou
» surpris par dol. »

C'est le résumé de la loi 116, ff. *de reg. jur.* et
de la loi première *de pactis. Nihil consensui tàm
contrarium est... quàm vis atque metus, Non videntur qui errant, consentire. Pacta conventa
quœ neque dolo malo,* etc.

ART. 1110. « L'erreur n'est une cause de nullité
» de la convention que lorsqu'elle tombe sur la
» substance même de la chose qui en est l'objet.

» Elle n'est point une cause de nullité lorsqu'elle
» ne tombe que sur la personne avec laquelle on
» a intention de contracter, à moins que la consi-
» dération de cette personne ne soit la cause prin-
» cipale de la convention. »

Il ne s'agit dans cet article que de l'erreur de
fait, et non de l'erreur de droit, qui en général ne
relève personne d'une obligation dont elle aurait
été le motif. *L.* 9, *de ff. jur. et facti ign.* Il y a cependant des exceptions à cette règ'e en faveur des
mineurs, *eòd;* des soldats, *eòd;* des femmes quand

il s'agit de pertes pour elles,. et non lorsqu'elles omettent seulement de gagner. *L. 8 et 11 eód.* Mais pour ne pas tromper le lecteur par des décisions générales, ne pouvant moi-même descendre dans tous les détails dans un ouvrage de la nature de celui-ci, je le renvoie à *Pererius,* sur le titre 18, liv. 1 du Code ; *Cujas,* sur la loi 8 *de juris et fact. ignor.* ; *Gaudefroi,* sur la même loi, etc.

A l'égard de l'erreur de fait, notre article ne donne non plus ici que des décisions très-générales. Il faut voir ce que Pothier en a dit pag. 27 et suiv. du premier vol. de l'édition in-8°; et il n'a pas même tout dit. Par exemple, il décide que s'il y a erreur dans la matière, si on a vendu des chandeliers de cuivre pour des chandeliers d'or, la vente est nulle ; mais qu'il n'en est pas de même si l'erreur tombe seulement sur la qualité de la chose vendue. Cependant la loi 45 *de contrah. empt.* décide que le vendeur doit dédommager l'acquéreur qui ignorait la mauvaise qualité de la chose, et tout le monde connaît les vices redhibitoires qui ont souvent l'effet d'annuller la vente. *Voy.* l'art. 1644.

Sur la seconde partie de notre article, il y a peu de jours que j'ai entendu agiter la question suivante : Pierre est à la veille d'être arrêté pour le paiement d'une somme qu'il doit à Jean. Charles se rend sa caution, croyant que Jean est un tel son ami, fonctionaire à tel endroit, et bien persuadé que Jean lui donnera du tems et des facilités. Jean est désigné avec cette qualité dans le cautionnement que Charles passe avec le mandataire de Jean ; point

du tout, il se trouve que c'est le frère de Jean, lequel n'est pas fonctionnaire, et non Jean lui-même
qui est le créancier de Pierre. Charles soutient que
son obligation est nulle, parce qu'il ne l'aurait pas
contractée, s'il avait su que c'était un autre Jean
que son ami qui fût le créancier : il ajoute qu'il y
a du dol de la part du mandataire de ne l'avoir pas
averti qu'il se trompait sur la personne du créancier. Je crois que Charles est bien fondé dans son
exception, d'après notre article.

Art. 1111. « La violence exercée contre celui qui
» a contracté l'obligation est une cause de nullité,
» encore qu'elle ait été exercée par un tiers autre
» que celui au profit duquel la convention a été
» faite. »

Encore qu'elle ait été exercée par un tiers. Conforme à la loi 9, ff. *quod met.* Mais si je m'étais obligé à donner quelque chose à un tiers, pour me délivrer par son secours de la violence qu'on me faisait, cette obligation, quoiqu'ayant la crainte pour
principe, n'en serait pas moins valable ; seulement
Pothier décide que l'obligation serait réductible,
si la récompense était trop forte.

Art. 1112. « Il y a violence lorsqu'elle est de na-
» ture à faire impression sur une personne raison-
» nable, et qu'elle peut lui inspirer la crainte d'ex-
» poser sa personne ou sa fortune à un mal consi-
» dérable et présent.

» On a égard, en cette matière, à l'âge, au sexe
» et à la condition des personnes. »

L'article avait d'abord été proposé ainsi : *La vio-*
lence n'annulle le contrat que lorsque , etc.

On observa qu'il était dangereux de proposer
dans la loi que la violence n'annullait pas toujours
le contrat. On répondit que la violence n'annullait
en effet le contrat que lorsqu'elle était de nature à
intimider une personne raisonnable. La loi romaine
se sert même d'une expression plus forte , *vis quæ*
in constantissimum hominem cadere potest. L. 6,
ff. *quod met. caus.* Autrement, la loi 184 *de reg:*
jur., dit, *Vani timoris justa excusatio non est.*

Cependant on convint de rédiger l'article d'une
manière plus absolue ; mais en ajoutant, avec beaucoup d'équité, que dans cette matière on aurait
égard à l'âge, au sexe et à la condition des personnes; et en effet ce qui peut intimider et contraindre
à s'obliger , un vieillard , un homme infirme, une
femme, un ecclésiastique, ne peut pas toujours
être un motif valable de restitution, pour un homme
dans la force de l'âge ou de la santé, ou pour un
militaire.

ART. 1113. « La violence est une cause de nullité
» du contrat, non-seulement lorsqu'elle a été exer-
» cée sur la partie contractante; mais encore lors-
» qu'elle l'a été sur son époux ou sur son épouse,
» sur ses descendans ou ses ascendans. »

Ceci me paraît une extension très-raisonnable du
Droit écrit. La loi 8, ff. *quod metûs causâ* ne parle
que des enfans , *pro affectione parentes magis in*
liberis terrentur.

ART. 1114. « La seule crainte révérentielle envers

» le père, la mère ou autre ascendant, sans qu'il y
» ait eu de violence exercée, ne suffit point pour
» annuller le contrat. »

C'est conforme à la loi 26, §. 1, ff. *de pign. Go-*
defroi, sur la loi 6, *Cod. de his quæ vi*, ajoute,
nec maritatis reverentia.

Aʀᴛ. 1115. « Un contrat ne peut plus être atta-
» qué pour cause de violence si, depuis que la vio-
» lence a cessé, ce contrat a été approuvé, soit ex-
» pressément, soit tacitement, soit en laissant pas-
» ser le tems de la restitution fixé par la loi. »

On convint ici que l'approbation tacite résultante
de l'exécution totale ou partielle du contrat, devait
avoir le même effet que l'approbation expresse.

Aʀᴛ. 1116. « Le dol est une cause de nullité de
» la convention, lorsque les manœuvres pratiquées
» par l'une des parties sont telles, qu'il est évident
» que sans ces manœuvres l'autre partie n'aurait
» pas contracté.

» Il ne se présume pas, et doit être prouvé. »

On n'a pas ici défini le dol. La loi 1, ff. *de dolo*
malo, le qualifie ainsi : *Omnis calliditas falla-*
cia, machinatio, ad circumveniendum, fallen-
dum, decepiendum alterum, adhibita. Les lois
7 et 9 eod., disent, *modò magna et evidens sit.*

Toute convention par laquelle on renoncerait à
revenir contre le dol, est nulle. L. 1, §. 7, *depo-*
siti.

Le dol doit être clairement prouvé. *Dolum ex in-*
diciis perspicuis probari convenit. L. 6, *Cod. eòd.*
Cujas dit qu'il faut lire *insidiis* au lieu de *indiciis.*

3.

ART. 1117. « La convention contractée par erreur,
» violence ou dol, n'est point nulle de plein droit;
» elle donne seulement lieu à une action en nullité
» ou en rescision, dans les cas et de la manière ex-
» pliqués à la section VII du chapitre V du présent
» titre. »

ART. 1118. « La lésion ne vicie les conventions
» que dans certains contrats ou à l'égard de certai-
» nes personnes, ainsi qu'il sera expliqué en la
» même section. »

Cet article ne passa que sous la protestation qu'il
ne préjugeait rien sur la question de savoir si la lésion serait une cause de restitution contre la vente.
Cette question partageait déjà le Conseil.

ART. 1119. « On ne peut, en général, s'engager
» ni stipuler en son propre nom que pour soi-
» même. »

Nec paciscendo nec legem dicendo nec stipu-
lando, quisquam alteri cavere potest. L. 73 de
reg. jur. Voilà la règle générale. Il est bien sensible, en effet, que si je stipule avec vous pour un
tiers, ce tiers n'est pas abligé de tenir ce que j'ai stipulé pour lui; que vous-même n'êtes pas obligé
envers lui, puisque vous n'avez pas contracté ensemble; et enfin, que je ne suis pas moi-même obligé, puisque je n'ai pas entendu le faire.

Il faut pourtant avouer qu'il serait bien extraordinaire que je promisse quelque chose pour un autre, sans prétendre m'obliger à rien personnellement et sans avoir aucun mandat de sa part, ni
aucun intérêt de la mienne ; aussi présume-t-on fa-

cilement que celui qui s'est ainsi obligé pour un autre, a entendu se porter fort pour lui et se rendre ainsi garant de l'exécution de l'obligation, quoique cela ne soit pas nommément exprimé dans l'acte; et dans ce cas l'obligation es très-valable. §. 3, *Instit. de inut. stip*. Il faut voir sur tous ces cas bizarres, Pothier, depuis le n.° 53 jusqu'au 84.

Art. 1120. « Néanmoins on peut se porter fort
» pour un tiers, en promettant le fait de celui-ci,
» sauf l'indemnité contre celui qui s'est porté fort,
». ou qui a promis de faire ratifier, si le tiers refuse
de tenir l'engagement. »

Voyez l'observation sur l'art. précédent.

Art. 1121. « On peut pareillement stipuler au
» profit d'un tiers, lorsque telle est la condition
» d'une stipulation que l'on fait pour soi-même,
» ou d'une donation que l'on fait à un autre. Celui
» qui a fait cette stipulation ne peut plus la révo-
» quer si le tiers a déclaré vouloir en profiter. »

La stipulation au profit du tiers vaut alors comme suite de l'obligation principale.

Elle serait encore valable si celui qui a stipulé purement pour le profit d'un tiers, avait ajouté une peine à l'inexécution de la promesse.

Nisi feceris tot aureos dare spondes ? Valet stipulatio. §. 19 Inst. de inut. stip.

Suivant l'ancien Droit romain, celui qui avait chargé son donataire de payer ou donner quelque chose à un autre, pouvait toujours révoquer cette charge, et le tiers n'avait aucune action pour exiger l'accomplissement de la promesse. Mais la loi 3,

Cod. de don. quæ sub modo, changea cette jurisprudence.

ART. 1122. « On est censé avoir stipulé pour soi
» et pour ses héritiers et ayant-causes, à moins que
» le contraire ne soit exprimé ou ne résulte de la
» nature de la convention. »

SECTION II.

De la capacité des Parties contractantes.

ART. 1123. « Toute personne peut contracter si
» elle n'en est déclarée incapable par la loi. »

ART. 1124. « Les incapables de contracter sont :
» Les mineurs,
» Les interdits,
» Les femmes mariées, dans les cas exprimés par
» la loi,
» Et généralement tous ceux auxquels la loi a in-
» terdit certains contrats. »

On avait mis les impubères au nombre des personnes incapables de contracter. Ce mot fut rayé par
la raison que l'âge de la puberté varie suivant les
climats, dans un empire aussi étendu que la France ; mais la loi avait déjà déterminé cet âge. Il reste
toujours pour certain que les impubères sont incapables de contracter, puisque les mineurs même
ne le peuvent qu'avec certaines modifications.

ART. 1125. « Le mineur, l'interdit et la femme
» mariée, ne peuvent attaquer, pour cause d'inca-
» pacité, leurs engagemens, que dans les cas pré-
» vus par la loi.

» Les personnes capables de s'engager ne peu-
» vent opposer l'incapacité du mineur, de l'inter-

» dit ou de la femme mariée, avec qui elles ont con-
» tracté. »

Il faut voir la section VII du chapitre V du présent titre.

On a mis ici sur la même ligne les obligations
des mineurs et des interdits, et celles des femmes
mariées ; il n'y a qu'eux ou leurs héritiers qui puissent se faire restituer contre leurs obligations ; ceux
avec lesquels ils les ont contractées ne le peuvent
pas : cela était bien ainsi autrefois relativement aux
mineurs et interdits. Ils pouvaient, sans être autorisés de leurs tuteurs ou curateurs, faire leur condition meilleure ; mais les obligations des femmes
mariées étaient radicalement nulles, même relativement à ceux avec lesquels elles avaient contracté :
notre article établit à ce sujet un droit nouveau ;
mais la base en était déjà posée dans l'art. 225.
Voyez Pothier, n°. 52.

On proposa d'insérer les communes dans cet article comme étant également incapables de contracter ; on répondit qu'on y avait pourvu par l'article
précédent.

On demanda si le Gouvernement pourrait intervenir de son chef pour faire annuler un contrat
passé par les officiers municipaux d'une commune,
sans l'autorisation du Gouvernement, quoique la
commune ne s'en plaignît pas. On répondit qu'il

le pouvait, tout comme un tuteur le pourrait, sans
l'aveu de son pupille.

SECTION III.

De l'Objet et de la Matière des Contrats.

ART. 1126. « Tout contrat a pour objet une chose
» qu'une partie s'oblige à donner, ou qu'une partie
» s'oblige à faire ou à ne pas faire. »

C'est la répétition de l'art. 1101.

ART. 1127. « Le simple usage ou la simple pos-
» session d'une chose peut être, comme la chose
» même, l'objet du contrat. »

ART. 1128. « Il n'y a que les choses qui sont dans
» le commerce qui puissent être l'objet des con-
» ventions. »

Le §. 2 *Inst. de inut. stipul.* explique ce qu'on
entend par choses hors du commerce ; *res sacræ,
religiosæ vel publicæ, quæ usibus populi perpe-
tuò expositæ sunt.*

ART. 1129. « Il faut que l'obligation ait pour ob-
» jet une cause au moins déterminée quant à son
» espèce.

» La quotité de la chose peut être incertaine,
» pourvu qu'elle puisse être déterminée. »

On disait, dans un premier projet de cet article,
qu'il fallait que l'obligation eût pour objet une chose
certaine ou au moins déterminée, quant à son
espèce. On observa qu'on pouvait vendre une chose
incertaine, et qui peut-être n'existerait jamais, com-

me le produit d'un coup de filet. L'article fut réformé en conséquence.

ART. 1130. « Les choses futures peuvent être l'ob-
» jet d'une obligation.

» On ne peut cependant renoncer à une succes-
» sion non ouverte, ni faire aucune stipulation sur
» une pareille succession, même avec le consente-
» ment de celui de la succession duquel il s'agit. »

La seconde partie de cet article est contraire à
l'usage général en France des renonciations aux successions futures. Nous en avons parlé ailleurs; mais
elle déroge de plus au Droit romain qui permettait
ces sortes de stipulations, lorsqu'elles étaient faites
avec l'agrément de la personne, sur la succession
de laquelle on traitait. L. *ult. Cod. de pactis.* Cette
dérogation fut demandée par le Tribunat.

SECTION IV.

De la Cause.

ART. 1131. « L'obligation sans cause, ou sur une
» fause cause, ou sur une cause illicite, ne peut
» avoir aucun effet. »

Cet article est le résumé des lois 1 et 5, ff. *de
condict. sine causâ.* Il faut y ajouter cependant
qu'il est égal que la cause fût fausse dans le principe; ou qu'étant le motif de l'obligation, elle n'ait
pas été accomplie. *L. 4, eòd.*

Il faut y ajouter encore relativement à la cause
illicite, qu'elle rend bien toujours la convention

nulle , mais avec cette différence que s'il y a turpitude des deux côtés , comme si Pierre donne à
Jean une somme pour l'engagement à maltraiter un
tiers , la somme une fois payée , ne peut pas être
répétée, au lieu que s'il n'y a de turpitude que d'un
côté , comme si vous vous faites payer pour la remise d'un titre que vous me deviez, je ne puis répéter ce que je vous ai donné. *L.* 1 et 3 , *ff. de cond.
ob turp. causam.*

Voilà bien les principes puisés dans les lois romaines , la première décision qui veut qu'une obligation sans cause soit nulle, occasionna cependant
une discussion intéressante ; et il faut convenir que
l'application n'en est pas aisée dans la pratique.

Une obligation n'est pas nulle , parce que sa cause
n'y est pas exprimée. L'article suivant le dit formellement, et la pratique des bons au porteur , sans
expression de cause, est familière dans le commerce.

Mais parce que la cause n'est pas exprimée , faut-
il présumer par cela seul que l'obligation est sans
cause ? On dit qu'il fallait distinguer l'obligation
du mineur de celle du majeur : la première est présumée sans cause , mais non la seconde , et c'est au
majeur à prouver qu'il a été surpris et trompé. On
ajouta qu'il était de principe que la déclaration
seule du majeur était une cause suffisante de son
obligation.

A l'appui de cette doctrine , on peut citer un arrêt du Parlement de Toulouse du premier avril
1737 , rapporté par Serres , *Inst. pag.* 439 , qui jugea qu'un billet sans énonciation de cause , mais qui

était pour intérêt d'un prêt, était valable ; ce moyen de défaut de cause, dit Serres est trop subtil, et même contraire à la bonne foi, et les juges convinrent qu'on n'a égard aujourd'hui qu'à la fausse cause.

ART. 1132. « La convention n'est pas moins va» lable, quoique la cause n'en soit pas exprimée. »

ART. 1133. « La cause est illicite quand elle est » prohibée par la loi, quand elle est contraire aux » bonnes mœurs ou à l'ordre public.

CHAPITRE III.

De l'effet des Obligations.

SECTION PREMIÈRE.

Dispositions générales.

ART. 1134. « LES conventions légalement for» mées tiennent lieu de loi à ceux qui les ont faites.

» Elles ne peuvent être révoquées que de leur » consentement mutuel, ou pour les causes que » la loi autorise.

» Elles doivent être exécutées de bonne foi. »

Contractus legem dedit . L. 23 , ff. de reg. jur.

Nous avons déjà dit que tous les contrats, en France, était de bonne foi.

ART. 1135 « Les conventions obligent non-seule-

» ment à ce qui est exprimé , mais encore à toutes
» les suites que l'équité , l'usage ou la loi donnent
» à l'obligation d'après sa nature.

On objecta contre cette article qu'il pourrait soumettre le débiteur à des obligations qu'il n'avait pu
prévoir , car personne ne connaît tous les usages ;
on répondit qu'il était difficile aussi de tout spécifier daus un acte , par exemple , dans celui de bail ,
d'aprentissage , de vente , et qu'on était censé s'as-
sujétir à tout ce qui était la conséquence de leur
nature , ou que l'usage autorisait. *In contractibus
tacitè veniunt ea quæ sont moris et consuetudinis.*

SECTION II.

De l'Obligation de donner.

ART. 1136. « L'obligation de donner emporte
» celle de livrer la chose et de la conserver jusqu'à
» la livraison, à peine de dommages et intérêts en-
» vers le créancier. »

ART. 1137. « L'obligation de veiller à la conser-
» vation de la chose, soit que la convention n'ait
» pour objet que l'utilité de l'une des parties , soit
» qu'elle ait pour objet leur utilité commune, sou-
» met celui qui en est chargé à y apporter tous les
» soins d'un bon père de famille.

» Cette obligation est plus ou moins étendue,
» relativement à certains contrats, dont les effets,
» à cet égard, sont expliqués sous les titres qui les
» concernent. »

La première partie de cet article abroge la distinction que faisaient les Romains entre les diverses espèces de contrats, pour savoir dans quels cas le débiteur n'était tenu que du dol, ou de la faute grossière que les lois assimilent au dol; dans quels autres, il était tenu de la diligence ordinaire d'un bon père de famille, et enfin dans quels autres, il était tenu du plus grand soin; ce qu'on distinguait par les mots *lata culpa*, *levis* et *levissima*. Les contrats faits pour l'utilité seule de celui envers lequel l'obligation est contractée, comme le dépôt, étaient rangés dans la première classe; ceux qui avaient pour objet l'avantage commun des deux parties, comme la vente, étaient mis dans la seconde classe; ceux qui n'étaient faits que pour l'utilité de celui qui gardait la chose, comme le prêt à usage, étaient dans la troisième classe. *Voyez leg.* 5, §. 2, *ff. commodati*; et 23, *ff. de reg. jur.* Il est bien certain que notre article a simplifié la règle; mais il est également constant que la différence que les lois romaines mettaient entre les diverses espèces de contrats, était fondée sur l'équité.

Art. 1138. « L'obligation de livrer la chose est
» parfaite par le seul consentement des parties con-
» tractantes.

» Elle rend le créancier propriétaire, et met la
» chose à ses risques, dès l'instant où elle a dû
» être livrée, encore que la tradition n'en ait point
» été faite, à moins que le débiteur ne soit en de-
» meure de la livrer; auquel cas la chose reste aux
» risques de ce dernier. »

C'est encore ici une abrogation de la maxime ro-

maine, *traditionibus, non nudis pactis, dominia rerum transferuntur*. Il est vrai que malgré
ce principe, dès l'instant que le vendeur et l'acheteur étaient convenus de la chose et du prix, la
perte ou l'augment étaient pour l'acheteur. §. 3,
Inst. de empt, et vend. ; et comme d'ailleurs la délivrance pouvait se faire par tradition feinte ou simulée, la maxime dont nous avons parlé n'était pas
de grand usage. *Voy.* cependant l'art. 1141.

ART. 1139. « Le débiteur est constitué en demeu-
» re, soit par une sommation ou par autre acte
» équivalent, soit par l'effet de la convention, lors-
» qu'elle porte que, sans qu'il soit besoin d'acte,
» et par la seule échéance du terme, le débiteur sera
» en demeure. »

Soit par l'effet de la convention ; cette addition
n'existait pas dans le premier projet ; elle occasionna
une discussion dans l'intérieur de la section ; ceux
qui étaient d'avis de la mettre, disaient que plusieurs circonstances, et surtout la peine qu'on a
toujours d'en venir à des actes d'hostilité, pouvaient
empêcher le créancier de faire des sommations au
débiteur ; que le jour fixé pour la livraison suffisait
pour mettre ce dernier en demeure, suivant la
maxime ; *dies interpellat pro homine*, et que toute
inexécution d'une chose promise obligeait naturellement à indemniser celui auquel la promesse
a été faite. Tel était mon avis ; d'autres prétendaient
qu'on n'était mis en demeure que par une sommation ; enfin, on convint de la manière portée en
l'article, et qui passa sans discussion au Conseil :

mais il en résulte que la fixation seule du jour de la délivrance est inutile, si on n'a pas exprimé dans la convention, que le débiteur serait mis en demeure par la seule échéance du terme. *Voyez* l'art. 1146.

ART. 1140. « Les effets de l'obligation de donner » ou de livrer un immeuble sont réglés au titre *de la* » *Vente* et au titre *des Privilèges et Hypothè-* » *ques.* »

ART. 1141. « Si la chose qu'on s'est obligé de don- » ner ou de livrer à deux personnes successivement » est purement mobilière, celle des deux qui en a » été mise en possession réelle est préférée, et en » demeure propriétaire, encore que son titre soit » postérieur en date, pourvu toutefois que la pos- » session soit de bonne foi.

Cet article est conforme à la fameuse loi *quotiès Cod. de rei vindic.*, qui voulait que de deux acqué- reurs le premier en possession fût préféré, quoique le dernier en date, pourvu qu'il ignorât l'achat du premier. Cette loi, comme on le verra en son lieu, a été abrogée pour les immeubles.

SECTION III.

De l'Obligation de faire ou de ne pas faire.

ART. 1142. « Toute obligation de faire ou de ne » pas faire se résout en dommages et intérêts en cas » d'inexécution de la part du débiteur. »

La raison en est que *nemo potest cogi pro priâ ad factum.*

ART. 1143. « Néanmoins le créancier a le droit
» de demander que ce qui aurait été fait par con-
» travention à l'engagement soit détruit ; et il peut
» se faire autoriser à le détruire aux dépens du dé-
» biteur, sans préjudice des dommages et intérêts ,
» s'il y a lieu. »

ART. 1144. « Le créancier peut aussi , en cas
» d'inexéution , être autorisé à faire exécuter lui-
» même l'obligation aux dépens du débiteur. »

ART. 1145. « Si l'obligation est de ne pas faire ,
» celui qui y contrevient doit les dommages et in-
» térêts par le seul fait de la contravention. »

SECTION IV.

Des Dommages et intérêts résultant de l'inexé-
cution de l'Obligation.

ART. 1146. « Les dommages et intérêts ne sont
» dus que lorsque le débiteur est en demeure de
» remplir son obligation, excepté néanmoins lors-
» que la chose que le débiteur s'était obligé de don-
» ner ou de faire ne pouvait être donnée ou faite
» que dans un certain tems qu'il a laissé passer. »

On entend par dommages-intérêts la perte que
l'inexécution de la convention a causée au créancier, et le gain dont elle l'a privé. *L.* 13, *ff. ratam*
rem hab. C'est ce que dit aussi l'article 1149.

Il faut observer encore que dans tout ce titre on
n'entend pas par *créancier* celui-là uniquement auquel une somme est due, mais en général celui envers lequel on a contracté une obligation ; et de

même le débiteur est celui qui est tenu de l'exécuter.

Cet article porte une exception à la règle donnée par l'art. 1139, sur ce qui constitue le débiteur en demeure.

ART. 1147. « Le débiteur est condamné, s'il y a
» lieu, au paiement de dommages et intérêts, soit
» à raison de l'inexécution de l'obligation, soit à
» raison du retard dans l'exécution, toutes les fois
» qu'il ne justifie pas que l'inexécution provient
» d'une cause étrangère qui ne peut lui être impu-
» tée, encore qu'il n'y ait aucune mauvaise foi de
» sa part. »

On demanda ici si un marchand qui aurait vendu du vin qui lui serait ensuite impossible de livrer, ou celui qui aurait le vin, mais ne pourrait le rendre par la baisse des eaux d'une rivière, seraient tenus de dommages-intérêts.

On répondit que le marchand en serait tenu s'il avait vendu du vin qu'il n'avait pas, mais qu'il n'était pas tenu dans le second cas. L'exactitude si nécessaire dans le commerce pourrait bien rendre cette seconde décision douteuse, si le marchand pouvait prévoir la baisse des eaux.

ART. 1148. « Il n'y a lieu à aucuns dommages et
» intérêts lorsque, par suite d'une force majeure
» ou d'un cas fortuit, le débiteur a été empêché de
» donner ou de faire ce à quoi il était obligé; ou a
» fait ce qui lui était interdit. »

On n'est pas tenu des cas fortuits, force majeure,

quod fato contingit, vis divina, excepté qu'on ne s'en soit expressément rendu responsable, *L.* 11, §. 5, *ff. de minorib. L.* 23, *ff. de reg. jur.*

Il faut concilier cet article avec le 1502, qui dit que le débiteur est tenu même des cas fortuits, lorsqu'ils sont arrivés dans un tems où il était en demeure de livrer, excepté que la chose n'eût également péri chez le créancier, si elle lui avait été livrée. *L. ult. Cod. de peric. et comm. rei. vend.* Tel est aussi l'avis de Pothier, n°°. 142 et 143.

ART. 1149. « Les dommages et intérêts dus au » créancier sont, en général, de la perte qu'il a faite » et du gain dont il a été privé, sauf les exceptions » et modifications ci-après. »

ART. 1150. « Le débiteur n'est tenu que des dom- » mages et intérêts qui ont été prévus ou qu'on a » pu prévoir lors du contrat, lorsque ce n'est point » par son dol que l'obligation n'est point exécutée. »

ART. 1151. « Dans le cas même où l'inexécution » de la convention résulte du dol du débiteur, les » dommages et intérêts ne doivent comprendre, à » l'égard de la perte éprouvée par le créancier, et » du gain dont il a été privé, que ce qui est une » suite immédiate et directe de l'inexécution de la » convention. »

Il faut voir sur ces trois articles les principes d'é- quité et les exemples que donne Pothier, part. 1, chap. 2, art. 3.

ART. 1152. « Lorsque la convention porte que » celui qui manquera de l'exécuter paiera une cer- » taine somme, à titre de dommages–intérêts, il ne

» peut être alloué à l'autre partie une somme plus
» forte ni moindre. »

Nous avions proposé que le juge pût modérer la somme convenue, si elle excédait le dommage réel, quoiqu'il ne pût l'augmenter si le dommage se trouvait plus fort ; et tel était en effet l'usage. Mais il a paru plus simple et plus juste de s'en tenir dans les deux cas à la convention ; les juges n'ont pas le droit de s'écarter arbitrairement des stipulations des parties, lorsqu'elles n'ont rien de contraire à l'ordre public.

ART. 1153. « Dans les obligations qui se bornent
» au paiement d'une certaine somme, les domma-
» ges et intérêts résultant du retard dans l'exécu-
» cution ne consistent jamais que dans la condam-
» nation aux intérêts fixés par la loi, sauf les rè-
» gles particulières au commerce et au cautionne-
» ment.

» Ces dommages et intérêts sont dus sans que le
» créancier soit tenu de justifier d'aucune perte.

» Ils ne sont dus que du jour de la demande, ex-
» cepté dans les cas où la loi les fait courir de plein
» droit. »

La première disposition de cet article donna lieu à beaucoup de contestations. On dit 1°., qu'il n'y avait pas de loi qui fixât le taux de l'intérêt. 2°. Que l'usage suivi par les tribunaux de le fixer à cinq pour cent, donnait lieu à des fraudes, parce que cet intérêt étant plus fort dans le commerce, le débiteur de mauvaise foi ne payait pas, et retirait en attendant un intérêt plus fort de l'argent qu'il gardait.

3.   3

3°. Que de la manière impérative dont cet article était conçu, et de ces termes *ne consistent jamais,* on pourrait conclure que quoique les parties eussent réglé, par leur convention, l'intérêt à un taux plus élevé que celui de cinq pour cent, les juges seraient obligés de l'y réduire. Ce qui était contraire au principe de l'article précédent.

On répondait 1°., que les anciennes lois qui avaient fixé l'intérêt à cinq pour cent existaient encore, et qu'il fallait bien que les tribunaux eussent une règle pour les condamnations qu'ils prononçaient. Il est bien vrai que la Convention nationale avait porté le 6 floréal an 3, une loi qui déclarait l'argent marchandise ; mais les inconvéniens qui en résultèrent la firent révoquer le 2 prairial suivant. 2°. Indépendamment des intérêts à cinq pour cent, les frais de condamnation et de poursuite, les expropriations de meubles et d'immeubles sont un stimulant assez fort pour obliger le débiteur solvable à se libérer, et pour absorder le profit qu'il retirerait d'un prêt à un intérêt plus fort. 3°. Qu'il ne suit pas de l'article que la fixation de l'intérêt faite par les parties, ne doive pas être exécutée. Comme il y avait cependant du doute à ce sujet, l'article fut renvoyé à la Section ; mais il fut approuvé ensuite sans discussion, en vue de l'article 1907, avec lequel il faut concilier celui maintenant discuté.

ART. 1154. « Les intérêts échus des capitaux peu-
» vent produire des intérêts, ou par une demande
» judiciaire, ou par une convention spéciale, pourvu
» que, soit dans la demande, soit dans la conven-

» tion, il s'agisse d'intérêts dus au moins pour une
» année entière. »

ART. 1155.. « Néanmoins les revenus échus, tels
» que fermages, loyers, arrérages de rentes perpé-
» tuelles ou viagères, produisent intérêt du jour de
» la demande ou de la convention. »

» La même règle s'applique aux restitutions de
» fruits, et aux intérêts payés par un tiers au créan-
» cier en acquit du débiteur. »

Dans notre projet, nous avions proposé un article ainsi conçu :

*Il n'est point dû d'intérêts d'intérêts ; mais les
sommes dues pour des revenus tels que baux à fermes, loyers de maison, restitutions de fruits,
forment des capitaux qui peuvent produire des
intérêts. Il en est de même des intérêts qu'un tiers
paie pour un débiteur à son créancier.*

La Section de Législation avait adopté cet article, en y ajoutant les intérêts dus au mineur dont
le tuteur doit faire emploi.

On proposa d'abord d'ajouter encore une autre
exception à la règle générale ; celle concernant l'intérêt des arrérages de rente viagère qui, dans la
jurisprudence, pouvait aussi produire intérêt du
jour de la demande, ou de la liquidation, et cette
exception fut convenue.

On demanda ensuite pourquoi les intérêts quel-
conques, de simple prêt, comme les autres, ne
produiraient pas intérêt tant du jour de la demande
judiciaire, que de la liquidation qui en serait faite
entre le créancier et le débiteur ?

Pour soutenir l'affirmative., on dit que les intérêts formaient un capital pour le créancier qui , s'il les avait reçus, aurait pu les placer d'une manière productive; que du jour de la demande ils se réunissaient à la somme principale pour ne former avec elle qu'un capital unique; que cette accumulation des intérêts avec le principal dans une liquidation volontaire faite entre les parties était même avantageuse au débiteur, qui, par ce moyen, obtenait du tems et évitait une expropriation : que même, dans l'ancienne jurisprudence, et lorsqu'il s'agissait d'intérêts dus *ex naturâ rei,* on pouvait obtenir l'intérêt de pareils intérêts; qu'il en était autrement sans doute des intérêts d'un simple prêt, parce que cet intérêt même était défendu; mais que maintenant qu'il était permis par la loi, il n'y avait plus de raison pour ne pas autoriser dans ce cas l'intérêt de l'intérêt, comme on l'avait déjà fait dans les autres.

Le reste du Conseil était partagé sur cette question; les uns consentaient à autoriser l'intérêt de l'intétêt lorsque les parties avaient liquidé amiablement et ablotti dans une même somme l'intérêt échu avec le capital ; c'est un nouveau contrat que les parties passent alors, et dans lequel le débiteur trouve l'avantage de se rédimer au moins jusqu'au nouveau terme, des poursuites qu'on pouvait exercer contre lui. Mais il en est bien autrement d'une condamnation judiciaire; loin que le jugement rédime le débiteur des poursuites actuelles, il les autorise. Prétendre que l'intérêt des intérêts adjugés court depuis la signification de ce jugement, ce serait aggraver outre mesure la condition du débiteur, sans aucun dédommagement pour lui.

D'autres refusaient absolument tout intérêt d'intérêts hors les cas spécifiés dans l'article proposé par la Section. Ils le refusaient dans l'hypothèse de la condamnation judiciaire, par les motifs que je viens d'expliquer, et dans le cas de l'accumulation volontaire du capital avec les intérêts échus, parce que c'était le moyen que les usuriers prenaient toujours pour ruiner les familles. C'était ce qu'on appelait autrefois *l'anatocisme* réprimé sévèrement par les lois, et même entre les marchands, par les art. 1 et 2 du titre 6 de l'ordonnance de 1673. Ils disaient qu'il n'y avait pas de moyen plus sûr pour ruiner les familles et l'État même ; qu'on pouvait à peine se faire une idée de l'énorme et rapide progression d'une dette même modique qu'on permettrait à un créancier avide de multiplier ainsi, en faisant sans cesse produire de nouveaux intérêts à d'autres intérêts. Qu'il serait moins funeste à un malheureux débiteur de se voir exproprié d'une partie de ses possessions, que de profiter de cette facilité séduisante ; qu'on ne pouvait sans doute empêcher un créancier qui le tient dans ses fers, de l'obliger à cumuler les intérêts avec le capital, mais que la loi n'avait pas besoin de lui indiquer ces moyens, et surtout qu'elle ne devait pas l'autoriser formellement.

Dans le choc de ces opinions diverses, l'article fut renvoyé à la Section ; celle-ci en fit les deux articles 1154 et 1155 , qui furent ensuite adoptés sans autre discussion.

Il est à noter que dans le temps même que cette question se traitait au Conseil d'Etat , la Section civile , par arrêt du 8 frimaire an 12 , cassa un jugement du tribunal d'appel de Rouen , qui avait ordonné l'exécution d'une convention dans laquelle on avait ainsi cumulé des intérêts échus avec le capital pour faire produire au tout de nouveaux intérêts ; mais la loi n'était pas encore rendue , ni le titre des conventions publié. *Voyez* l'art. 1907 et la nouvelle discussion à laquelle il donna lieu sur l'usure.

SECTION V.

De l'interprétation des Conventions.

ART. 1156. « On doit dans les conventions re-
» chercher qu'elle a été la commune intention des
» parties contractantes , plutôt que de s'arrêter au
» sens littéral des termes. »

Sens littéral. On avait d'abord dit *sens gram-matical ;* dans la discussion, on préféra les termes *expressions grammaticales ;* enfin on y a sub-stitué *sens littéral.*

Ce qu'il y a d'intéressant , c'est l'objection que l'on fit , que lorsque les termes sont clairs , il n'y a pas lieu à interprétation : *ubi verba sunt clara , non debet admitti voluntatis quæstio ;* mais on répondit que la règle posée dans l'article , ne s'ap-pliquait qu'au cas où les termes expriment mal

l'intention des parties qui se trouve d'ailleurs ma-
nifestée. Cette règle au reste est tirée de la loi 219,
ff. de verbo signiff.

ART. 1157. « Lorsqu'une clause est susceptible
» de deux sens, on doit plutôt l'entendre dans ce-
» lui avec lequel elle peut avoir quelque effet, que
» dans le sens avec lequel elle n'en pourrait produire
» aucun. »

C'est la loi 80, *ff. de verbo oblig.*

ART. 1158. « Les termes susceptibles de deux
» sens doivent être pris dans le sens qui convient
» le plus à la matière du contrat. »

ART. 1159. « Ce qui est ambigu s'interprète par ce
» qui est d'usage dans le pays où le contrat est passé. »
. L. 34, ff. de reg. jur.

ART. 1160. « On doit suppléer dans le contrat
» les clauses qui y sont d'usage, quoiqu'elles n'y
» soient pas exprimées. »

Par exemple, dans le contrat de vente, la garantie en cas d'éviction. *L. 6, Cod. de evict.*

ART. 1161. « Toutes les clauses des conventions
» s'interprètent les unes par les autres, en donnant
» à chacune le sens qui résulte de l'acte entier. »

C'est une règle de bon sens qui se trouve aussi
dans la loi 67, *ff. de reg. jur.*

ART. 1162. « Dans le doute, la convention s'in-
» terprète contre celui qui a stipulé, et en faveur
» de celui qui a contracté l'obligation. »

C'est le résumé des lois 1 et 33, *ff. de contrah.
emp. 39, ff. de pactis, 172 et 9, ff. de reg. jur.*

ART. 1163. « Quelques généraux que soient les

» termes dans lesquels une convention est conçue,
» elle ne comprend que les choses sur lesquelles
» il paraît que les parties se sont proposé de con-
» tracter. »

L. 5 et 9, ff. *de transact. Voyez* Faber en son Code, liv. 2, tit. 4, *defin.* 6 et 12.

ART. 1164. « Lorsque dans un contrat on a ex-
» primé un cas pour l'explication de l'obligation,
» on n'est pas censé avoir voulu par-là restreindre
» l'étendue que l'engagement reçoit de droit aux
» cas non exprimés. »

L. 81, ff. *de reg. jur.* Bien loin que la restriction dans un cas, soit une raison pour étendre cette même restriction aux autres, elle est plutôt un argument pour la borner au cas exprimé, suivant le brocard : *inclusio unius est exclusio alterius.*

SECTION VI.

De l'Effet des Conventions à l'égard des Tiers.

ART. 1165. « Les conventions n'ont d'effet qu'en-
» tre les parties contractantes; elles ne nuisent point
» au tiers, et elles ne lui profitent que dans le cas
» prévu par l'art. 1121. »

Quod inter alios actum est, aliis neque nocet, neque prodest.

ART. 1166. « Néanmoins les créanciers peuvent
» exercer tous les droits et actions de leur débiteur,
» à l'exception de ceux qui sont exclusivement atta-
» chées à la personne. »

*L. 2, Cod. quandò fisc. vel. priv., L. 15, ff. de
re jud.*

Il faut voir sur l'exception mise à la règle, *Lebrun*, succes., liv. 2, chap. 2, sec 2, n°. 46. Il dit que le créancier peut exercer un privilège personnel du débiteur, d'où il résulte quelqu'émolument, pourvu qu'il ne demande pas une acceptation précise de la personne à laquelle le privilège est accordé.

ART. 1167. « Ils peuvent aussi, en leur nom per-
» sonnel, attaquer les actes faits par leur débiteur,
» en fraude de leurs droits.

» Ils doivent néanmoins, quant à leurs droits
» énoncés au titre *des Successions* et au titre *du
» Contrat de mariage et des Droits respectifs des
» Epoux*, se conformer aux règles qui y sont pres-
» crites. »

*Tot. tit., ff. et Cod. quæ in fraudem credito-
rum facta sunt, ne restituantur.*

Les créanciers peuvent accepter une succession ou une donation, auxquelles leur débiteur aurait renoncé, mais ils en prennent pour lors sur eux les risques.

CHAPITRE IV.

Des diverses espèces d'Obligations.

SECTION PREMIÈRE.

Des Obligations conditionnelles.

PARAGRAPHE PREMIER.

De la Condition en général, et de ses diverses Espèces.

ART. 1168. « L'OBLIGATION est conditionnelle
» lorsqu'on la fait dépendre d'un événement futur
» et incertain, soit en la suspendant jusqu'à ce que
» l'événement arrive, soit en la résiliant, selon que
» l'événement arrivera ou n'arrivera pas. »

Conditio, dit Cujas, sur la loi 71, ff. *de cond.
et demonst. est causâ, quâ existente nascitur
obligatio, deficiente, nulla constituitur, sus-
pensâ, suspenditur.*

On se demande d'abord pourquoi l'obligation
n'est conditionnelle que lorsqu'elle dépend d'un
événement futur. Ne peut-on pas aussi la faire dépendre d'un événement passé ou présent qu'on
ignore ? Si un tel navire est arrivé à Bordeaux , je
vous promets tant. Il n'y a pas de doute que cette
stipulation ne soit valable, et l'art. 1181 le suppose
bien expressément : mais on répond que ce n'est

pas là proprement une condition de l'événement de laquelle l'obligation dépende, puisque dès le moment de la stipulation, son sort est absolument fixé. *L.* 37, 38 et 39, ff. *si certum petat.* Il faut voir dans Cujas sur la loi déjà citée, les différens effets qu'il assigne à ces deux espèces de conditions.

Art. 1169. « La condition *casuelle* est celle qui » dépend du hasard, et qui n'est nullement au pou- » voir du créancier ni du débiteur.

Art. 1170. « La condition *potestative* est celle » qui fait dépendre l'exécution de la convention » d'un événement qu'il est au pouvoir de l'une ou » de l'autre des parties contractantes de faire arri- » ver ou d'empêcher. »

Art. 1171. « La condition *mixte* est celle qui dé- » pend tout-à-la-fois de la volonté d'une des parties » contractantes et de la volonté d'un tiers.

Ces trois articles renferment des notions néces- saires, mais qui se trouvent partout.

Art. 1172. « Toute condition d'une chose im- » possible, ou contraire aux bonnes mœurs, ou » prohibée par la loi, est nulle, et rend nulle la » convention qui en dépend. »

Conforme à la loi 9, §. 6, *ff. de condit. Inst.*, et au §. 11, *Instit. de inut. stip.*

Voy. l'observation faite sur l'art. 900.

Art. 1173. « La condition de ne pas faire une » chose impossible, ne rend pas nulle l'obligation » contractée sous cette condition. »

Cet article est encore tiré du §. 11 *de Inst. de inut. stip.* Justinien après avoir dit que la stipulation faite, *si dignito cœlum attigero* est nulle, ajoute, *at si itâ stipuletur, si digito cœlum non attigero, dare spondes ! Purè facta obligatio intelligitur.*

De cette explication il suit que l'article précédent doit s'entendre des conditions qui consistent à faire quelque chose, *in faciendo*, et celui-ci, des conditions, *de non faciendo*, lesquelles sont en effet bien distinguées par les auteurs. Mais notre article ne parle dans ce second cas que des conditions impossibles, et il se tait sur celles qui sont contraires aux bonnes mœurs ou prohibées par les lois. *Pothier*, n.° 204, s'était cependant expliqué, mais avec circonspection sur ces dernières; il dit qu'elles *peuvent* rendre l'acte nul, parce qu'il est contraire à la bonne foi et à la justice de stipuler une somme pour s'abstenir d'une action illicite. Son opinion me paraît bien fondée en principe, mais on a voulu laisser ce cas à la prudence des juges.

ART. 1174. « Toute obligation est nulle lorsqu'elle » a été contractée sous une condition potestative de » la part de celui qui s'oblige. »

C'est parce qu'il est contraire à l'essence des obligations de dépendre de la pure volonté du débiteur, *obligatio est juris vinculum*, etc. Cependant, les jurisconsultes romains distinguaient l'obligation, *si voluero*, d'avec celle *cùm voluero*. Ils déclaraient la première nulle, et la seconde valide, parce qu'elle doit être exécutée un jour, et que la faculté ne tombe que sur le délai que le juge peut fixer, ou qui échoit du moins à la mort du débiteur.

L 46, ff. *de verb. oblig*. Pothier; n.° 47, rejette cette distinction par des raisons qui ne me semblent pas bien décisives.

ART. 1175. « Toute condition doit être accom-
» plie de la manière que les parties ont vraisem-
» blablement voulu et entendu qu'elle le fût. »

Cet article a pour objet de trancher la question qui s'agitait dans les écoles pour savoir si la condition devait s'accomplir *in formâ specificâ*, ou si elle pouvait l'être par équivalent. Cette observation est de M. Bigot dans son discours au Corps Législatif.

ART. 1176. « Lorsqu'une obligation est contrac-
» tée sous la condition qu'un événement arrivera
» dans un temps fixe, cette condition est censée dé-
» faillie lorsque le temps est expiré sans que l'évé-
» nement soit arrivé. S'il n'y a point de temps fixe,
» la condition peut toujours être accomplie; et elle
» n'est censée défaillie que lorsqu'il est devenu cer-
» tain que l'événement n'arrivera pas. »

ART. 1177. « Lorsqu'une obligation est contrac-
» tée sous la condition qu'un événement n'arrivera
» pas dans un temps fixe, cette condition est ac-
» complie lorsque ce temps est expiré sans que l'é-
» vénement soit arrivé : elle l'est également si avant
» le terme il est certain que l'événement n'arrivera
» pas ; et s'il n'y pas de temps déterminé, elle n'est
» accomplie que lorsqu'il est certain que l'événe-
» ment n'arrivera pas. »

Voyez Pothier, n.° 209, 210 et 211, où il met

quelques limitations aux principes posés dans ces deux articles.

Art. 1178. « La condition est réputée accomplie » lorsque c'est le débiteur, obligé sous cette con- » dition, qui en a empêché l'accomplissement. »

L. 81. §. 1, ff. *de cond. et demonst. Voyez* encore les explications de Pothier, n.° 212.

Art. 1179. « La condition accomplie a un effet » rétroactif au jour où l'engagement a été contrac- » té; si le créancier est mort avant l'accomplisse- » ment de la condition, ses droits passent à son hé- » ritier. »

La première partie de cet article est tirée des lois 18 et 144, ff. *de reg. jur.;* la seconde, du §. 4, *inst. de verb. oblig., ex conditionali stipulatione spes est debitum iri, eamque spem in hæredem transmittimus.*

Mais il faut bien observer qu'il ne s'agit ici que des conditions apposées dans les contrats, il en est autrement de celles mises dans les dispositions tes- tamentaires, et ces dispositions demeurent cadu- ques, si celui au profit duquel elles sont faites, meurt avant que la condition soit accomplie, *l. 5, de condit. insert.* La raison en est que le testateur n'est censé avoir en vue que celui auquel il donne, mais celui qui stipule pourvoit aussi à sa postérité. *Godefroi* sur ladite loi 5.

Il faut faire la même distinction des contrats et des testamens, relativement aux conditions potes- tatives et mixtes; dans les testamens; ces condi- tions sont censées accomplies: *quoties per legata-*

rium non stetit, l. 54, *de leg.* 1.° et 31, *de cond.
demonst.* Mais dans les contrats où l'on doit se tenir plus rigoureusement à la lettre de l'acte, l'événement imprévu qui a empêché l'exécution de la
condition ne la fait pas toujours regarder comme
accomplie. *Voyez* là-dessus Pothier, n.° 213.

Il y a une condition assez ordinaire dont notre
Code ne parle point, c'est celle de se marier ou de
ne pas se marier. Nous nous contenterons de dire,
en général, que la condition de ne pas se marier
du tout est jugée contraire aux bonnes mœurs;
voyez cependant l'observation sur l'article 900; que
celle de ne pas se marier avec une certaine personne, ou même avec aucune personne d'un tel lieu,
est permise, *l.* 62 *et* 63, *ff. de cond. et demonst.*;
que la condition de se marier avec une certaine
personne est encore autorisée; mais dans ce cas
cette condition, apposée dans un testament, est
censée remplie, si la personne désignée refuse, *l.* 31,
eòd. Enfin, que la condition de garder viduité imposée à l'un des conjoints par l'autre dans une donation, est encore autorisée. Telle est la disposition
précise de la nov. 22, cap. 43 et 44, et ce qui a été
jugé par un arrêt du 27 févr. 1674, rapporté au
journal du palais.

On a cependant voulu y jeter des doutes dans
ces derniers temps, d'après l'article 1.er de la loi
du 5 brumaire an 2, et l'article 12 de celle du 17
nivôse, même année; et c'est sur le fondement de
ces lois que Philippe-Jean Martin demanda la cassation d'un jugement en dernier ressort, rendu le

25 prairial an 5 par le tribunal civil de l'Allier, lequel avait confirmé une condition de viduité portée dans le contrat de mariage dudit Martin du 11 janvier 1773. La section des requêtes rejeta ce pourvoi par arrêt du 22 nivôse an 9. Elle se fonda bien principalement sur ce que ce serait donner aux lois de brumaire et de nivôse un effet rétroactif, que d'annuler, d'après leurs dispositions, une condition portée dans un contrat de mariage de 1773; mais elle ajouta formellement qu'il était permis de douter que ces lois s'appliquassent à une convention de la nature de celle dont il s'agissait, c'est-à-dire probablement qu'elle ne le croyait pas plus que moi.

ART. 1180. « Le créancier peut, avant que la condition soit accomplie, exercer tous les actes conservatoires de son droit. »

§. I I.

De la condition suspensive.

ART. 1181. « L'obligation contractée sous une condition suspensive est celle qui dépend ou d'un événement futur et incertain, ou d'un événement actuellement arrivé, mais encore inconnu des parties.

» Dans le premier cas, l'obligation ne peut être exécutée qu'après l'événement.

» Dans le second cas, l'obligation a son effet du jour où elle a été contractée. »

Voyez l'observation sur l'art. 1168.

ART. 1182. « Lorsque l'obligation a été contrac-
» tée sous une condition suspensive, la chose qui
» fait la matière de la convention demeure aux ris-
» ques du débiteur qui ne s'est obligé de la livrer
» que dans le cas de l'évènement de la condition.

» Si la chose est entièrement périe sans la faute
» du débiteur, l'obligation est éteinte.

» Si la chose s'est détériorée sans la faute du dé-
» biteur, le créancier a le choix, ou de résoudre
» l'obligation, ou d'exiger la chose dans l'état où
» elle se trouve, sans diminution du prix.

» Si la chose s'est détériorée par la faute du débi-
» teur, le créancier a le droit, ou de résoudre l'o-
» bligation, ou d'exiger la chose dans l'état où elle
» se trouve, avec des dommages et intérêts. »

M. Bigot a observé qu'on s'était écarté ici par des
raisons d'équité, de la disposition de la loi 8, ff. *de
peric. et comm. rei vend.* Cette loi met indistinctement, pendant la condition, la chose aux périls
du créancier.

S. III.

De la condition résolutoire.

ART. 1183. « La condition résolutoire est celle qui,
» lorsqu'elle s'accomplit, opère la révocation de l'o-
» bligation, et qui remet les choses au même état
» que si l'obligation n'avait pas existé.

» Elle ne suspend point l'exécution de l'obliga-
» tion; elle oblige seulement le créancier à resti-

3.   4

» tuer ce qu'il a reçu, dans le cas où l'évènement
» prévu par la condition arrive. »

ART. 1184. « La condition résolutoire est tou-
» jours sous-entendue dans les contrats synallagma-
» tiques, pour le cas où l'une des deux parties ne
» satisfera point à son engagement.

» Dans ce cas, le contrat n'est point résolu de plein
» droit. La partie envers laquelle l'engagement n'a
» point été exécuté, a le choix, ou de forcer l'autre
» à l'exécution de la convention lorsqu'elle est pos-
» sible, ou d'en demander la résolution avec dom-
» mages et intérêts.

» La résolution doit être demandée en justice, et
» il peut être accordé au défendeur un délai selon
» les circonstances. »

Dans le cas même, dit M. Bigot, où la condition
résolutive est formellement stipulée, il faut toujours
s'adresser aux Tribunaux pour constater l'inexécution, en vérifier les causes, et la distinguer d'un
simple retard ; et dans l'examen de ces causes il
peut s'en trouver d'assez favorables, pour engager
le juge à accorder un délai.

Cette décision ne peut plus s'appliquer aux ventes
sous faculté de rachat, d'après l'article 1661 du
Code.

SECTION II.

Des obligations à terme.

ART. 1185. « Le terme diffère de la condition,
» en ce qu'il ne suspend point l'engagement, dont
» il retarde seulement l'exécution. »

De cette différence du terme et de la condition, Pothier conclut, que si par erreur j'ai payé avant l'évènement de la condition, je puis répéter, *condictione indebiti*, mais non si j'ai payé avant le terme.

ART. 1186. « Ce qui n'est dû qu'à terme ne peut » être exigé avant l'échéance du terme, mais ce qui ⱶ a été payé d'avance ne peut être répété. ⸱

ART. 1187. « Le terme est toujours présumé sti- » pulé en faveur du débiteur, à moins qu'il ne ré- » sulte de la stipulation où des circonstances qu'il ⱶ a été aussi convenu en faveur du créancier. »

Présumé, car il peut arriver que le terme ait été pris pour le créancier. Et la déclaration du 28 novembre 1713, dit que le terme porté par les lettres de change, est censé apposé pour l'avantage commun du créancier et du débiteur.

ART. 1188. ⸱ Le débiteur ne peut plus réclamer ⸱ le bénéfice du terme lorsqu'il a fait faillite, ou lors- ⱶ que, par son fait, il a diminué les sûretés qu'il ⱶ avait données par le contrat à son créancier. »

Quelques membres du Conseil prétendirent restreindre cet article au cas des obligations chirographaires ; ils disaient que le créancier hypothécaire trouvait sa sûreté dans les fonds qui lui étaient engagés ; que si sa créance à terme devenait exigible par la faillite du débiteur, et qu'il fallût procéder à une liquidation générale, il enleverait aux chirographaires les moyens d'être payés.

On répondit que le créancier hypothécaire devait avoir les mêmes droits que le chirographaire, en cas de faillite du débiteur commun, qu'il n'était pas exact de dire que l'hypothécaire eût toujours une sûreté suffisante dans le domaine à lui engagé : car si sa valeur n'excédait pas notablement la créance, il y perdait les frais de justice ; qu'on ne pouvait procéder à une liquidation générale, sans faire échoir en même tems toutes les dettes, et que les chirographaires ne devaient pas être payés, tant qu'il était douteux si les hypothécaires pourraient l'être.

Par ces motifs l'article fut adopté. *Voyez* l'article 2131.

Pothier, n°. 236, agite la question de savoir si lorsqu'un des débiteurs solidaires a fait faillite, le créancier peut forcer les autres à payer avant le terme, il se décide pour la négative, d'après un ancien arrêt de Paris, et la maxime *nemo ex alterius facto prægravari debet*.

La question de savoir dans quels autres cas le débiteur diminue les sûretés du créancier, est laissée, dit M. Bigot, à l'arbitrage des juges.

SECTION III.

Des obligations alternatives.

ART. 1189. « Le débiteur d'une obligation alter-
» native est libéré par la délivrance de l'une des
» deux choses qui étaient comprises dans l'obliga-
» tion. »

Conforme à la loi 78, §. *ult.* ff. *de cond. et de-
monstr.*

Art. 1190. « Le choix appartient au débiteur,
» s'il n'a pas été expressément accordé au créan-
» cier. »

Conforme à la loi 2, §. 3, ff. *de eo quod certo loco.*

Art. 1191. « Le débiteur peut se libérer en dé-
» livrant l'une des deux choses promises; mais il
» ne peut pas forcer le créancier à recevoir une
» partie de l'une et une partie de l'autre. »

La première partie de cet article est une répétition inutile de l'article 1189; la seconde est tirée
de la loi 8, §. 1, ff. *de legatis.* 1°.

Art. 1192. « L'obligation est pure et simple, quoi-
» que contractée d'une manière alternative, si l'une
» des deux choses promises ne pouvait être le sujet
» de l'obligation. »

Par exemple, si l'une des choses promises était
hors du commerce.

Art. 1193. « L'obligation alternative devient pure
» et simple, si l'une des choses promises périt et
» ne peut plus être livrée, même par la faute du
» débiteur. Le prix de cette chose ne peut pas être
» offert à sa place.

» Si toutes deux sont péries, et que le débiteur
» soit en faute à l'égard de l'une d'elles, il doit
» payer le prix de celle qui a péri la dernière. »

On observa dans la discussion que cet article était
pour le cas de la règle générale, où le choix appartient au débiteur. Et en effet, l'article suivant est
pour le cas contraire.

Dès que le choix appartient au débiteur, il n'importe qu'il ait fait périr, même à dessein, l'une des deux choses, puisqu'il pouvait decidément offrir celle qui reste.

Mais lorsque l'une des deux choses a péri sans sa faute, il est plus douteux s'il peut offrir le prix de celle qui a péri et garder l'autre. Rousseaud, *verbo alternative*, n°. 2, décide, d'après la loi 47, §. 3, ff. *de leg.* 1°. que le débiteur le peut. Pothier, n°. 250, est d'un avis contraire. On a préféré cette dernière opinion.

Sur la seconde partie de l'article, il faut observer qu'il ne parle que du cas où le débiteur est en faute à l'égard des deux choses, ou de l'une d'elles; car s'il n'y avait pas de faute de sa part, il ne devrait plus rien.

Art. 1194. « Lorsque dans les cas prévus par
» l'article précédent, le choix avait été déféré, par
» la convention, au créancier;

» Ou l'une des choses seulement est périe, et
» alors si c'est sans la faute du débiteur, le créancier
» doit avoir celle qui reste; si le débiteur est en faute,
» le créancier peut demander la chose qui reste,
» ou le prix de celle qui est périe;

» Ou les deux choses sont péries; et alors, si le
» débiteur est en faute à l'égard des deux, ou même
» à l'égard de l'une d'elles seulement, le créancier
» peut demander le prix de l'une ou de l'autre, à
» son choix. »

Les décisions renfermées dans cet article sont

très-conformes à l'équité, comme on peut s'en convaincre par l'explication qu'en a donnée M. Bigot.

ART. 1195. « Si les deux choses sont péries sans
» la faute du débiteur et avant qu'il soit en demeu-
» re, l'obligation est éteinte, conformément à l'ar-
» ticle 1302.

ART. 1196. « Les mêmes principes s'appliquent
» aux cas où y a plus de deux choses comprises dans
» l'obligation alternative. »

SECTION IV.

Des obligations solidaires.

PARAGRAPHE PREMIER.

De la solidarité entre les créanciers.

ART. 1197. « L'obligation est solidaire entre plu-
» sieurs créanciers, lorsque le titre donne express-
» sément à chacun d'eux le droit de demander le
» paiement du total de la créance, et que le paie-
» ment fait à l'un d'eux libère le débiteur, encore
» que le bénéfice de l'obligation soit partageable et
» divisible entre les divers créanciers. »

Il n'y a point de solidarité entre les créanciers,
à moins d'une convention formelle, qui est rarement pratiquée. L. 11, §. 1, ff. *de duobus reis*,
quoique la loi 2 *eod.* semble dire le contraire.

*Et que le paiement fait à l'un d'eux libère le
débiteur.* Il n'est pas nécessaire que le titre porte
cette seconde clause, pour que les créanciers soient
solidaires, il suffit de la première; la seconde est

plutôt l'effet de la solidarité; elle a été mal à propos ajoutée à l'article.

ART. 1198 « Il est au choix du débiteur de » payer à l'un ou à l'autre des créanciers solidaires, » tant qu'il n'a pas été prévenu par les poursuites » de l'un d'eux.

» Néanmoins la remise qui n'est faite que par » l'un des créanciers solidaires ne libère le débi- » teur que pour la part de ce créancier »

La première partie de l'article est conforme à la loi 16 *de duobus reis.*

La seconde est contraire à la loi 2 *eòd.* et 16 , *de acceptil.* Les lois romaines étaient plus conséquentes aux principes, notre article, à l'équité.

ART. 1199. « Tout acte qui interrompt la pres- » cription à l'égard de l'un des créanciers solidai- » res profite aux autres créanciers, »

Plures enim eamdem actionem habentes , unius loca sunt , dit la loi 9 *eòd.*

La loi 28 , ff. *de jurejurando,* dit que l'un des créanciers solidaires peut déférer le serment au débiteur; la loi 34 ff. *de recept. arbit.,* qu'il peut compromettre. La loi 31 , ff. *de novat.,* qu'il peut nover, ce qui déplaît à Faber, et est en effet contraire à la loi 27 , ff. *de pactis.* Je crois que cette dernière loi doit être suivie, comme plus conforme à l'esprit qui a dicté la seconde partie de l'article précédent.

§. II.

De la solidarité de la part des débiteurs.

ART. 1200. « Il y a solidarité de la part des débi-
» teurs, lorsqu'ils sont obligés à une même chose ,
» de manière que chacun puisse être contraint pour
» la totalité, et que le paiement fait par un seul li-
» bère les autres envers le créancier. »

C'est encore ici l'effet de la solidarité des débiteurs, qui est décrit plutôt que la manière dont
elle se forme.

Par le droit ancien, suivi même dans les *Instit.*
tit. *de duobus reis ,* on était débiteur solidaire, par
cela seul qu'on avait promis conjointement la même
chose; mais par la Nov. 99, Justinien voulut qu'il
n'y eût de solidarité qu'autant qu'elle avait été expressément promise. *Hoc itd si pactum fuerit
speciale unumquemque teneri in solidum.* Et c'est
aussi ce que dit l'article 1202.

ART. 1201. « L'obligation peut être solidaire,
» quoique l'un des débiteurs soit obligé différem-
» ment de l'autre au paiement de la même chose;
» par exemple, si l'un n'est obligé que condition-
» nellement, tandis que l'engagement de l'autre est
» pur et simple, ou si l'un a pris un terme qui n'est
» point accordé à l'autre. »

Cela est très-vrai, mais arrive rarement.

ART. 1202. « La solidarité ne se présume point ;
» il faut qu'elle soit expressément stipulée.

» Cette règle ne cesse que dans les cas où la so-

» lidarité a lieu de plein droit en vertu d'une dispo-
» sition de la loi. »

Par exemple les associés en fait de commerce, et tous les complices d'un délit sont solidaires de droit.

On demanda ici qu'il fût fait mention de la solidarité qui s'établit, dit-on, de plein droit entre marchands qui font un achat en commun ; on répondit que les usages du commerce seraient maintenus par un article général.

Boutaric, Instit. p. 444, rappelle en effet un arrêt de Toulouse qui condamna comme solidaires des marchands qui avaient acheté une chose en commun, sans être autrement associés ; mais il observe que cet arrêt est antérieur à l'ordonnance de 1673, qui ne déclare solidaires que les négocians associés, et qu'il est formellement contraire à la loi 31, ff. *pro socio*. Cependant il faut convenir que cet arrêt est au moins conforme à l'intérêt des particuliers et à celui même du commerce.

ART. 1203. « Le créancier d'une obligation con-
» tractée solidairement peut s'adresser à celui des
» débiteurs qu'il veut choisir, sans que celui-ci
» puisse lui opposer le bénéfice de division. »

C'est ici une abrogation de la seconde disposition de la Nov. 99, qui accordait le bénéfice de division à tous les débiteurs solidaires. Mais Bretonnier sur Henris, *tom. 2, p.* 419, observe avec raison que la renonciation au bénéfice de division et discussion était devenue de style dans les obligations solidaires, et Henris soutient même qu'il est contraire à l'essence de la solidarité.

Art. 1204. « Les poursuites faites contre l'un des
» débiteurs n'empêchent pas le créancier d'en exer-
» cer de pareilles contre les autres. »

On critiqua cet article, comme pouvant amener
des frais considérables et inutiles contre plusieurs
débiteurs ; on répondit qu'il serait injuste de limi-
ter le droit qu'a le créancier de se pourvoir contre
ses débiteurs solidaires.

Art. 1205. « Si la chose due a péri par la faute
» ou pendant la demeure de l'un ou de plusieurs
» des débiteurs solidaires, les autres co-débiteurs
» ne sont point déchargés de l'obligation de payer
» le prix de la chose; mais ceux-ci ne sont point te-
» nus des dommages et intérêts.

» Le créancier peut seulement répéter les dom-
» mages et intérêts, tant contre les débiteurs par
» la faute desquels la chose a péri, que contre ceux
» qui étaient en demeure. »

La seconde partie de cet article est contraire à la
rigueur des principes; mais il peut être défendu par
l'équité.

Art. 1206. « Les poursuites faites contre l'un des
» débiteurs solidaires interrompent la prescription
» à l'égard de tous. »

Conforme à la Loi dernière, Cod, *de duob. reis.*

Art. 1207. « La demande d'intérêts, formée
» contre l'un des débiteurs solidaires, fait courir
» les intérêts à l'égard de tous. »

Arrêts conformes, dans Catellan, liv. 7, ch. 12.
La Loi 40, §. 2, ff. *de pactis*, ajoute que la perception des intérêts, faite de l'un des débiteurs

solidaires, conserve l'action du créancier contre tous.

ART. 1208. « Le co-débiteur solidaire poursuivi
» par le créancier, peut opposer toutes les excep-
» tions qui résultent de la nature de l'obligation,
» et toutes celles qui lui sont personnelles, ainsi que
» celles qui sont communes à tous les co-débiteurs.

» Il ne peut opposer les exceptions qui sont pu-
» rement personnelles à quelques-uns des autres
» co-débiteurs. »

Voyez L. 7, ff. *de except.*

ART. 1209. « Lorsque l'un des débiteurs devient
» héritier unique du créancier, ou lorsque le
» créancier devient l'unique héritier de l'un des dé-
» biteurs, la confusion n'éteint la créance solitaire
» que pour la part et portion du débiteur ou du
» créancier.

ART. 1210 « Le créancier qui consent à la divi-
» sion de la dette à l'égard de l'un des co-débiteurs
» conserve son action solidaire contre les autres,
» mais sous la déduction de la part du débiteur
» qu'il a déchargé de la solidarité. »

ART. 1211. « Le créancier qui reçoit divisément
» la part de l'un des débiteurs, sans réserver dans
» la quittance la solidarité ou ses droits en général,
» ne renonce à la solidarité qu'à l'égard de ce dé-
» biteur.

» Le créancier n'est pas censé remettre la solida-
» rité au débiteur lorsqu'il reçoit de lui une somme
» égale à la portion dont il est tenu, si la quittance
» ne porte pas que c'est *pour sa part.*

» Il en est de même de la simple demande for-
» mée contre l'un des co-débiteurs *pour sa part*,
» si celui-ci n'a pas acquiescé à la demande, ou s'il
» n'est pas intervenu un jugement de condamna-
» tion. »

Suivant la Loi *Si creditores*, Cod. *de pactis*, le créancier qui reçoit de l'un des débiteurs solidaires la portion qui le regarde, sans réserve ni protestation, est présumé avoir voulu faire la même grace aux autres co-obligés, et renoncer à la solidarité qu'il avait contr'eux. A plus forte raison, s'il avait expressément consenti à la division de la dette vis-à-vis de l'un des débiteurs solidaires.

Mais la Jurisprudence n'avait point admis, sans réserve, la disposition de cette loi, et l'on jugeait assez généralement qu'il n'y avait de division, en vertu d'une simple quittance, que tout autant qu'il en résultait que telle avait été l'intention du créancier; par exemple, s'il avait expressément déclaré que c'était pour la part du débiteur. *V.* Bacquet, *Justice*. ch. 21, n°. 244; Maynard, liv. 8, chap.. 39; Boutaric, *Instit.*, p. 445.

Il en était autrement, si le créancier déchargeait de la solidarité l'un des débiteurs; alors on jugeait que la division était acquise de droit aux autres. Basnage, art. 21, p. 80; Rousseaud, verbo *Solidarité*, n°. 2.

Cette dernière opinion avait d'abord été adoptée par le Conseil, et c'est sur les observations du Tribunat, que l'article 1210 a été refondu tel qu'il se trouve. Le Tribunat observa avec raison que parce

que le créancier avait déchargé l'un de ses débiteurs
de la solidarité, il ne s'ensuivait pas du tout qu'il
eût voulu la remettre à tous les autres. .

Quant à la manière dont le créancier peut être
censé remettre à l'un des débiteurs la solidarité,
l'article 1211 s'est conformé à la meilleure jurisprudence. *Voyez* Pothier, n°. 277.

Art. 1212. « Le créancier qui reçoit divisément
» et sans réserve la portion de l'un des co-débiteurs
» dans les arrérages ou intérêts de la dette, ne perd
» la solidarité que pour les arrérages ou intérêts
» échus, et non pour ceux à échoir, ni pour le ca-
» pital, à moins que le paiement divisé n'ait été con-
» tinué pendant dix ans consécutifs. »

Cet article est conforme à l'opinion de Pothier
et des meilleurs auteurs, dans sa première partie;
mais il y est contraire en ce qu'il dit que la solidarité se perd par le paiement divisé pendant dix
ans; Pothier en exigeait trente; et Lapeyrère, lettre S, n. 49; rapporte plusieurs arrêts qui l'avaient
ainsi jugé; mais on a voulu favoriser, du moins en
ce point, la libération.

Art. 1213. « L'obligation contractée solidaire-
» ment envers le créancier, se divise de plein droit
» entre les débiteurs, qui n'en sont tenus entre eux
» que chacun pour sa part et portion. »

Art. 1214. « Le co-débiteur d'une dette solidaire
» qui l'a payée en entier, ne peut répéter contre les
» autres que les part et portion de chacun d'eux.

» Si l'un d'eux se trouve insolvable, la perte qu'oc-
» casionne son insolvabilité se répartit par contri-

» bution entre tous les autres co-débiteurs solva-
» bles et celui qui a fait le paiement. »

Dans la Jurisprudence des pays de Droit écrit,
et même dans l'ancienne Jurisprudence du Parlement de Paris, on distinguait le cas où le débiteur
solidaire avait pris cession du créancier, et s'était
fait subroger à ses droits, d'avec celui où il n'a-
vait pas eu cette précaution ; dans le premier cas,
il pouvait agir solidairement contre ses co-débiteurs,
sa part néanmoins déduite ; mais dans le second
cas, il ne pouvait exiger de chacun que de sa part.
Boutaric, *Inst.* pag. 446 ; Lapeyrère, Lettre S,
n°. 50 ; Louet et Brodeau, lettre *R*, n. 11.

Mais le Parlement de Paris avait changé sa jurisprudence, pour éviter le circuit des actions.
V. Rousseaud, verbo *Solidarité*, n. 1, et les auteurs qu'il y cite. On a suivi cette dernière jurisprudence.

Quant à la seconde partie de l'article, son équité
évidente l'avait fait admettre par-tout.

ART. 1215. « Dans le cas où le créancier a re-
» noncé à l'action solidaire envers l'un des débi-
» teurs, si l'un ou plusieurs des autres co-débi-
» teurs, deviennent insolvables, la portion des
» insolvables sera contributoirement répartie entre
» tous les débiteurs, même entre ceux précé-
» demment déchargés de la solidarité par le créan-
» cier. »

C'est que la décharge donnée par le créancier à
l'un des débiteurs solidaires ne doit pas du moins

nuire aux autres, dès qu'elle ne leur profite pas. *V*. Pothier, n. 278.

Art. 1216. « Si l'affaire pour laquelle la dette a
» été contractée solidairement ne concernait que
» l'un des co-obligés solidaires, celui-ci serait tenu
» de toute la dette vis-à-vis des autres co-débiteurs,
» qui ne seraient considérés, par rapport à lui, que
» comme ses cautions. »

Boutaric, p. 447, demande si la perte résultante pour les co-débiteurs de l'insolvabilité de l'un d'eux, doit retomber également sur tous les autres, quoique la somme qui est la cause de l'obligation, eût été inégalement répartie entr'eux, et il décide, d'après Catellan, que la perte doit être supportée par chacun, en raison de ce qu'il a reçu.

Section V.

Des Obligations divisibles et indivisibles.

Art. 1217. « L'obligation est divisible ou indivi-
» sible, selon qu'elle a pour objet ou une chose qui
» dans sa livraison, ou un fait qui dans l'exécution,
» est ou n'est pas susceptible de division, soit ma-
» térielle, soit intellectuelle. »

La définition est bien exacte, mais c'est son application dans la pratique qui est très-difficile. Dumoulin a fait un savant Traité *de divid. et individ.*, d'où Pothier a tiré presque tout le chapitre 4 de la seconde partie du sien, et c'est à cette source qu'il faut recourir, si l'on veut avoir une parfaite connais-

sance de cette matière. Mais l'on peut, avec moins
de travail, en prendre une idée assez exacte dans le
chapitre 36 du livre 2 *Partitionum juris* de Vinnius. Après beaucoup de recherches, on trouve
qu'il n'y a guères que quelques servitudes qui soient
indivisibles par leur nature. *V*. les observations
sur l'article 710.

Art. 1218. « L'obligation est indivisible, quoique
» la chose ou le fait qui en est l'objet soit divisible
» par sa nature, si le rapport sous lequel elle est
» considérée dans l'obligation, ne la rend pas sus-
» ceptible d'exécution partielle. »

Obligatio divisionis expers est, dit Vinnius,
*aut naturâ rei quæ nullam sectionem partitur,
nec corpore, nec intellectu, aut formâ et con-
ceptione conventionis*. Dans ce second cas, il ne
trouve que trois sortes de stipulations qui rendent
l'obligation indivisible, *in homine generaliter
promisso; in stipulatione alternativâ; in pœnâ
promissa, si totâ sors certo tempore non solvitur.*

Art. 1219 « La solidarité stipulée ne donne point
» à l'obligation le caractère d'indivisibilité. »

C'est l'observation de Pothier, n. 287. Toute obligation solidaire n'est pas indivisible; mais toute
obligation indivisible est par cela seul solidaire: *V*.
l'art. 1222.

PARAGRAPHE PREMIER.

Des effets de l'obligation indivisible.

Art. 1220. « L'obligation qui est susceptible de

3.   5

» division doit être exécutée entre le créancier et
» le débiteur comme si elle était indivisible. La di-
» visibilité n'a d'application qu'à l'égard de leurs
» héritiers, qui ne peuvent demander la dette, ou
» qui ne sont tenus de la payer que pour les parts
» dont ils sont saisis, ou dont ils sont tenus comme
» représentant le créancier ou le débiteur. »

Sans doute entre les deux contractans, l'obligation doit toujours être exécutée en entier, et sans
division ; mais elle se divise entre leurs héritiers.
V. l'article 573.

ART. 1221. « Le principe établi dans l'article précédent reçoit exception à l'égard des héritiers du
» débiteur,

» 1.° Dans le cas où la dette est hypothécaire ;

» 2.° Lorsqu'elle est d'un corps certain ;

» 3.° Lorsqu'il s'agit de la dette alternative de
» choses au choix du créancier, dont l'une est indi-
» visible ;

» 4.° Lorsque l'un des héritiers est chargé seul
» par le titre, de l'exécution de l'obligation ;

5°. « Lorsqu'il résulte, soit de la nature de l'en-
» gagement, soit de la chose qui en fait l'objet, soit
» de la fin qu'on s'est proposée dans le contrat, que
» l'intention des contractans a été que la dette ne
» pût s'acquitter partiellement.

» Dans les trois premiers cas, l'héritier qui pos-
» sède la chose due ou le fonds hypothéqué à la det-
» te, peut être poursuivi pour le tout sur la chose

» due ou sur le fonds hypothéqué, sauf le recours
» contre ses co-héritiers. Dans le quatrième cas,
» l'héritier seul chargé de la dette, et dans le cin-
» quième cas, chaque héritier peut aussi être pour-
» suivi pour le tout, sauf son rec urs contre ses co-
» héritiers.

Le premier cas se trouve déjà excepté par l'ar-
c le 873.

Le second cas est forcé par la nature de la chose.
C'est à celui qui possède le corps dû à le délivrer.

Le troisième est fondé sur ce que les héritiers ne
peuvent préjudicier au droit qu'a le créancier de
choisir.

Les quatrième et cinquième se justifient assez
par le seul exposé.

M. Bigot a joint ici deux décisions tirées de Pothier ; l'une que si la chose due vient à périr par la
faute de l'un des co-héritiers, il en est seul tenu,
et que le créancier n'a point d'action pour ses dommages et intérêts, contre les autres, parce qu'il n'en
aurait pas eu contre le défunt, si la chose eût péri
sans sa faute. La seconde, que si après le partage
une fois fait entre les co-héritiers, soit du créancier, soit du débiteur, les portions se réunissent
sur la même tête, il n'y a plus lieu au paiement
par parties. La raison en est qu'il n'y avait originairement qu'une obligation, que le partage seul
avait rendu divisible.

§. II.

Des effets de l'obligation indivisible.

Art. 1222. « Chacun de ceux qui ont contracté
» conjointement une dette indivisible en est tenu
» pour le total, encore que l'obligation n'ait pas été
» contractée solidairement. »

Art. 1223. « Il en est de même à l'égard des hé-
» ritiers de celui qui a contracté une pareille obli-
» gation. »

La raison de ces articles est que la dette indivisible ne peut pas être acquittée par parties. Il faut
voir cependant dans Pothier la différence qu'il trouve entre les effets de l'obligation indivisible, et ceux
de l'obligation solidaire.

Art. 1224. « Chaque héritier du créancier peut
» exiger en totalité l'exécution de l'obligation indi-
» visible.

» Il ne peut seul faire la remise de la totalité de
» la dette ; il ne peut recevoir seul le prix au lieu
» de la chose. Si l'un des héritiers a seul remis la
» dette, ou reçu le prix de la chose, son co-héri-
» tier ne peut demander la chose indivisible qu'en
» tenant compte de la portion du co-héritier qui a
» fait la remise ou qui a reçu le prix. »

Chaque héritier du créancier ne peut seul faire
remise de la dette, ni intervenir l'obligation, parce
qu'il n'en est pas seul propriétaire. *Voyez* l'art. 1198.

L'équité a dicté la dernière partie de l'article ;

mais son application n'est pas facile : comment tenir compte en effet de la portion d'une chose qu'on suppose ne pouvoir être acquittée par parties? Pothier, n°. 527, dit qu'on le peut en estimant la chose, en tenant compte d'une quote du prix de l'estimation. Mais il faudra donc en ce cas que le co-héritier qui n'aura pas fait remise, se contente de son chef du restant du prix de la chose, et ne puisse exiger la chose même; ou bien s'il exige la chose, qu'il paie au débiteur une partie du prix correspondante à la remise. Dumoulin dit que le choix en ce cas appartient au créancier.

ART. 1225. « L'héritier du débiteur assigné pour
» la totalité de l'obligation peut demander un délai
» pour mettre en cause ses co-héritiers, à moins que
» la dette soit de nature à ne pouvoir être acquittée
» que par l'héritier assigné, qui peut alors être con-
» damné seul, sauf son recours en indemnité contre
» ses co-héritiers. »

C'est encore l'équité qui a motivé cet article contre la rigueur du droit.

SECTION VI.

Des obligations avec clauses pénales.

ART. 1226. « La clause pénale est celle par laquelle
» une personne, pour assurer l'exécution d'une con-
» vention, s'engage à quelque chose en cas d'inexé-
» cution. »

Quelqu'un proposa d'abord de supprimer cet article, comme trop vague, et pouvant être remplacé par l'article 1229. On lui répondit que ces deux articles n'étaient pas contradictoires, que la peine était bien la compensation du dommage souffert par l'inexécution, mais que les parties devaient la régler ; que cette compensation pouvait même se faire autrement que par une somme d'argent.

Alors un autre proposa de dire que la clause pénale est la compensation convenue du dommage, etc. On lui répondit que l'article qui dit qu'une obligation consiste à donner, à faire ou à ne pas faire, détruisait le vague qu'on croyait trouver dans l'article proposé. Et il fut conservé en conséquence.

Il me semble cependant qu'il aurait mieux valu fondre ensemble les deux articles 1226 et 1229, pour ne pas obliger le lecteur à chercher dans deux endroits ce que c'est qu'une clause pénale.

ART. 1227. « La nullité de l'obligation principale » entraîne celle de la clause pénale.

» La nullité de celle-ci n'entraîne point celle de » l'obligation principale. »

Conforme aux lois 129, *de reg., jur.*, et 126, *de verb. oblig.*

ART. 1228. « Le créancier, au lieu de demander » la peine stipulée contre le débiteur qui est en de- » meure, peut poursuivre l'exécution de l'obliga- » tion principale. »

Conforme à la loi 28, ff. *de art. emp.*

ART. 1229. « La clause pénale est la compensa- » tion des dommages et intérêts que le créancier » souffre de l'inexécution de l'obligation principale,

» Il ne peut demander en même tems le prin-
» cipal et la peine, à moins qu'elle n'ait été stipu-
» lée pour le simple retard. »

Voyez l'observation sur l'art. 1226.

Pothier, n. 342, enseigne, d'après la loi 28, *de
act. empt.* déjà citée, que si les dommages et
intérêts résultant de l'inexécution de l'obligation
principale excèdent la peine commune, le créancier peut exiger le surplus. Cette décision est
contraire à l'art. 1152, et a sans doute été omise à
dessein.

Art. 1230. « Soit que l'obligation primitive con-
» tienne, soit qu'elle ne contienne pas un terme
» dans lequel elle doive être accomplie, la peine
» n'est encourue que lorsque celui qui s'est obligé,
» soit à livrer, soit à prendre, soit à faire, est en
» demeure. »

Suivant la loi *Magnum*, cod. *de contrah., vel.
comm. stip.*, lorsqu'il y avait un terme fixé pour
l'exécution de la convention, la peine stipulée
était due sans interpellation du jour de l'échéance
du terme. La maxime était : *Dies. interpellat pro
homine.* Quelques auteurs tenaient à cette décision,
et distinguaient ce cas de celui où on avait seulement promis des dommages et intérêts. *Voyez* Lapeyrère, lett. C., n. 75; mais dans l'usage général
il fallait une interpellation judiciaire pour mettre
le débiteur en demeure. Pothier, n. 349.

M. Bigot dit ici qu'on a pris un parti mitoyen entre la loi romaine et nos usages, que la peine est
encourue, soit qu'il y ait un terme fixe ou non,

lorsque le débiteur *est en demeure;* mais qu'il sera considéré comme étant en demeure, par la seule échéance du terme, si telle est la stipulation, c'est-à-dire, s'il est dit dans l'acte qu'il serait en demeure, sans qu'il fût besoin d'autre interpellation.

Cette exception avait été en effet ajoutée à l'article dans un §. qui fut supprimé après, sans discussion.

Mais l'article lui-même prête assez à cette interprétation. Observez en effet qu'il ne dit pas que la peine n'est encourue que lorsque le débiteur est *mis* en demeure; mais *est en demeure.* Et l'on ne conçoit pas même que le débiteur ne soit pas en demeure, dès que le terme dans lequel il a promis est échu. L'opinion des Jurisconsultes romains m'a toujours paru la meilleure.

ART. 1231. « La peine peut être modifiée par le » juge lorsque l'obligation principale a été exécutée » en partie. »

Mais dans ce cas seulement, et non parce qu'elle paraîtrait excéder les dommages – intérêts réels. *Voyez* l'art. 1152.

ART. 1232. « Lorsque l'obligation primitive con- » tractée avec une clause pénale est d'une chose » indivisible, la peine est concourue par la contra- » vention d'un seul des héritiers du débiteur, et » elle peut être demandée, soit en totalité contre » celui qui a fait la contravention, soit contre cha- » cun des co-héritiers pour leur part et portion, » et hypothécairement pour le tout, sauf leur re- » cours contre celui qui a fait encourir la peine. »

La peine est encourue par la contravention d'un seul, dès que la chose promise est indivisible, comme un droit de passage, parce que l'opposition d'un seul me prive de la jouissance du droit.

Dumoulin et Pothier s'escriment à trouver, dans les lois, des raisons pour décider que le co-héritier contrevenant peut être convenu pour la totalité de la peine ; mais le bon sens le dit assez tout seul, *pœnae suos tenant auctores*. L'action contre les autres ne devrait être que subsidiaire.

ART. 1233. « Lorsque l'obligation primitive con-
» tractée sous une peine est divisible, la peine n'est
» encourue que par celui des héritiers du débiteur
» qui contrevient à cette obligation, et pour la part
» seulement dont il était tenu dans l'obligation prin-
» cipale, sans qu'il y ait d'action contre ceux qui
» l'ont exécutée.

» Cette règle reçoit exception lorsque la clause
» pénale ayant été ajoutée dans l'intention que le
» paiement ne pût se faire partiellement, un co-
» héritier a empêché l'exécution de l'obligation
» pour la totalité. En ce cas, la peine entière peut
» être exigée contre lui, et contre les autres co-hé-
» ritiers, pour leur portion seulement, sauf leur
» recours. »

Dès que c'est une chose divisible qui est le sujet de l'obligation, les héritiers du débiteur n'en sont plus tenus que pour leur part, et pour leur fait personnel.

La seconde partie de l'article est une conséquence de l'art. 1218.

CHAPITRE V.

De l'extinction des obligations.

ART. 1234. « Les obligations s'éteignent,

» Par le paiement,

» Par la novation,

» Par la remise volontaire,

» Par la compensation,

» Par la confusion,

» Par la perte de la chose,

» Par la nullité ou la rescision,

» Par l'effet de la condition résolutoire, qui a été expliqué au chapitre précédent,

» Et par la prescription, qui fera l'objet d'un titre particulier. »

SECTION PREMIÈRE.

Du Paiement.

PARAGRAPHE PREMIER.

Du paiement en général.

ART. 1235. « Tout paiement suppose une dette ; ce qui a été payé sans être dû est sujet à répétition.

» La répétition n'est pas admise à l'égard des obligations naturelles qui ont été volontairement acquittées.

Il faut voir sur cet article les titres du ff. et du

Code, *de conditione indebiti*, dont il ne donne que le sommaire. Il faut voir encore ce qui a été déjà dit sur la cause des obligations, et ce qui le sera sur les transactions. Il faut voir surtout le chapitre 1.er du titre 3 de ce Livre.

M. Bigot a expliqué ce qu'on entend dans cet article par obligations naturelles; ce ne sont pas celles auxquelles les lois romaines refusaient l'action civile, parce qu'elles n'avaient pas la qualité des contrats, ni la forme des stipulations, mais bien celles dont l'exécution ne peut être forcée par les lois civiles, soit par la turpitude de leur motif, soit par l'incapacité de la personne qui s'est obligée, soit par les exceptions péremptoires qu'on pouvait leur opposer.

Ainsi on peut se faire restituer envers une obligation qu'on a contractée en minorité, l'on peut aussi se dispenser d'acquitter une obligation prescrite. Mais si on la paie, on ne peut pas répéter ce qu'on a donné, *t.* 13, ff. *de cond. indeb. Voyez* cependant l'art. 2222.

Quand à la turpitude de l'obligation, on distingue: ou elle existe dans les deux parties, comme si un voleur donne de l'argent pour n'être pas dénoncé, et il n'y a pas de repétition. *Potior est conditio possidentis*, l. 3 et 8, ff. *de condict. ob turpem*: ou elle existe de la part seulement de celui qui donne, comme si le don est fait à une fille publique, et il n'y a pas non plus de répétition, l. 4, §. 3, eòd. *Illa enim turpiter facit quod si meretrix. Non, turpiter accepit, cùm si meretrix:*

ou il n'y a de turpitude que de la part de celui qui reçoit, *veluti ob restituenda quæ subtraxerat*, et alors il y a répétition. l. 4, §. 2, *eòd.*

Ce qui n'était dû que sous condition, étant payé par erreur avant l'événement de la condition, peut être répété, *l.* 16, ff. *de cond. ind.*

Je dis *par erreur*, car la règle est, *indebitum sciens, prudensque solvens, non repetit*, l. 1, ff. *de condict. indeb.*

Arr. 1236. « Une obligation peut être acquittée » par toute personne qui y est intéressée, telle » qu'un co-obligé ou une caution.

» L'obligation peut même être acquittée par un » tiers qui n'y est point intéressé, pourvu que ce » tiers agisse au nom et en l'acquit du débiteur, ou » que, s'il agit en son nom propre, il ne soit pas » subrogé aux droits du créancier. »

La première partie de l'article n'a pas besoin d'explication.

La finale de la seconde partie pourrait induire en erreur. L'obligation n'est pas acquittée par un étranger qui se fait subroger, c'est-à-dire qu'elle n'est pas éteinte, et qu'elle passe seulement du créancier originaire à celui qui se fait subroger, mais il est d'ailleurs décidé par les lois 40, ff. *de solut.* et 17, *Cod. eod.* qu'un étranger, peut acquitter la dette, sans avoir même aucun mandat du débiteur; seulement il ne peut pas obliger alors le créancier à subroger. Dumoulin, *de usuris.*, n. 331 et 332. Cette dernière décision reçoit même une exception à l'égard de celui qui acquitte une lettre de change protestée, et non tirée sur lui, lequel est subrogé de droit au porteur. *Voy.* l'art. 3, tit. 5 de l'ordonnance du commerce.

ART. 1257. « L'obligation de faire ne peut être
» acquittée par un tiers, contre le gré du créancier,
» lorsque ce dernier a intérêt qu'elle soit remplie
» par le débiteur lui-même. »

Par exemple, si j'avais chargé un tel peintre de faire mon portrait.

ART. 1258. « Pour payer valablement il faut être
» propriétaire de la chose donnée en paiement, et
» capable de l'aliéner.

» Néanmoins le paiement d'une somme en ar-
» gent, ou autre chose qui se consomme par l'usa-
» ge, ne peut être répété contre le créancier qui l'a
» consommée de bonne foi, quoique le paiement
» en ait été fait par celui qui n'en était pas proprié-
» taire, ou qui n'était pas capable de l'aliéner. »

On sent bien que si je donne en paiement une pièce de terre qui ne m'appartient pas, le propriétaire peut la réclamer, et que le créancier a évincé son recours contre moi; mais si c'est une somme d'argent, ou une certaine quantité de bled, que j'aie donnée pour me libérer, et que le créancier en ait disposé de bonne foi, ceux auxquels elles appartenaient ne peuvent pas les répéter; c'est là l'application de la maxime, *nulla repetitio est ab eo qui suum recepit.* Et cette maxime est fondée sur l'équité, plutôt que sur les raisons subtiles qu'en donne Pothier, n. 461. *Voy.* l'art. 1377.

ART. 1239. « Le paiement doit être fait au créan-

» cier ou à quelqu'un ayant pouvoir de lui, ou qui
» soit autorisé par justice ou par la loi à recevoir
» pour lui.

» Le paiement fait à celui qui n'aurait pas pou-
» voir de recevoir pour le créancier est valable si
» celui-ci le ratifie, ou s'il en a profité. »

La dernière partie de l'article occasionna des débats. On dit qu'il autoriserait des injustices et même
des fraudes. Le débiteur de Jean pourrait payer
Pierre, créancier de ce dernier, et se prétendre
ainsi libéré, quoique Jean eût d'autres créanciers
plus urgens et plus favorables ; il pourrait même,
en traitant avec les créanciers de Jean, se libérer
pour moins qu'il ne devait.

On répondit, 1.° que l'article devait s'entendre
dans ce sens, que le paiement fait à des tiers ne
porterait point de préjudice au créancier, et on
avait même d'abord convenu de mettre cette restriction à l'article.

On répondit en second lieu que l'article ne s'appliquait qu'à la dette directe de Pierre à Jean, et
non de celle de Jean à d'autres, laquelle était différente ; que le paiement fait par Pierre aux créanciers de Jean devait se régler par les règles sur la
subrogation dont il n'était pas question dans ce
moment.

Au reste, on ne peut pas empêcher que Pierre
ne s'arrange avec les créanciers de Jean, et qu'il
n'oppose ensuite la compensation.

ART. 1240. « Le paiement fait de bonne foi à ce-
» lui qui est en possession de la créance, est vala-

» ble, encore que le possesseur en soit par la suite
» évincé. »

Pothier, n.° 467, cite en exemple le paiement des
rentes fait au possesseur d'une terre, et des créances d'une succession, à celui qui jouissait comme
héritier; quoiqu'ils en soient ensuite évincés, le
paiement à eux fait n'en est pas moins valable.

Art. 1241. « Le paiement fait au créancier n'est
» point valable s'il était incapable de le recevoir, à
» moins que le débiteur ne prouve que la chose
» payée a tourné au profit du créancier. »

Exemple. Si on avait payé à un mineur, ou à une
femme mariée, sans l'autorisation du tuteur ou du
mari : mais si le mineur ou la femme ont employé
utilement la chose payée, on ne peut plus en leur
nom demander un second paiement. L. 7, §. 2, ff.
de minorib. L. 47, ff. *de solut.*

Art. 1242. « Le paiement fait par le débiteur à
» son créancier, au préjudice d'une saisie ou d'une
» opposition, n'est pas valable à l'égard des créan_
» ciers saisissans ou opposans : ceux-ci peuvent, se-
» lon leur droit, le contraindre à payer de nouveau,
» sauf, en ce cas seulement, son recours contre le
» créancier. »

A l'égard des créanciers ; mais le paiement est
très-valable entre le créancier et le débiteur.

Art. 1243. « Le créancier ne peut être contraint
» de recevoir une autre chose que celle qui lui est
» due. quoique la valeur de la chose offerte soit
» égale ou même plus grands. »

Aliud pro alio invito creditore solvi non potest.

L. 3, *ff. de rebus cred.* La nov. 41, cap. 3, avait cependant permis au débiteur d'une somme d'argent qui ne pouvait s'en procurer, de donner du fonds; et Roussgaud, *verbo* paiement, n. 1, dit que cela s'observait dans les pays de droit écrit du ressort de Paris; mais Pothier, n°. 494, atteste le contraire. *Idem*, Boutaric, p. 504.

Art. 1244. « Le débiteur ne doit point forcer le » créancier à recevoir en partie le paiement d'une » dette même divisible.

» Les juges peuvent néanmoins, en considéra-» tion de la position du débiteur, et en usant de » ce pouvoir avec une grande réserve, accorder des » délais modérés pour le paiement, et surseoir » l'exécution des poursuites, toutes choses demeu-» rant en état. »

La seconde partie de l'article est conforme à l'art. , tit. de l'ordonnance de 1667.

On demanda si la faculté accordée aux Juges s'étendrait au cas où il y aurait une stipulation contraire dans l'obligation, et il fut répondu négativement.

On demanda encore si la Cour de cassation pourrait examiner si les juges avaient bien ou mal à propos accordé un délai au débiteur : il ne fut pas répondu directement à cette question : mais il est bien constant que la Cour s'en rapporte à ce qui est décidé par les juges, sur les faits et les circonstances.

Art. 1245. « Le débiteur d'un corps certain et » déterminé est libéré par la remise de la chose en

» l'état où elle se trouve lors de la livraison, pourvu
» que les détériorations qui y sont survenues ne
» viennent point de son fait ou de sa faute, ni de·
» celles des personnes dont il est responsable, ou
» qu'avant ces détériorations il ne fût pas en de-
» meure. »

ART. 1246. « Si la dette est d'une chose qui ne
» soit déterminée que par son espèce, le débiteur
» ne sera pas tenu, pour être libéré, de la donner
» de la meilleure espèce; mais il ne pourra l'offrir
» de la plus mauvaise. »

Les lois romaines distinguaient le cas de l'obligation, de celui du legs; dans le premier cas, le
débiteur pouvait offrir la chose la plus mauvaise de
l'espèce. L. 42, ff. *mandati*, mais dans le second,
ne optimus vel pessimus accipiatur. L. 37, ff. *de
leg*. 1°. Notre article a fait de cette seconde décision
une règle générale.

ART 1247. « Le paiement doit être exécuté dans
» le lieu désigné par la convention. Si le lieu n'y est
» pas désigné, le paiement, lorsqu'il s'agit d'un
» corps certain et déterminé, doit être fait dans le
» le lieu ou était, au tems de l'obligation, la chose
» qui en fait l'objet.

» Hors ces deux cas, le paiement doit être fait
» au domicile du débiteur. »

La première partie de l'article est conforme à l'é-
quité et à la Loi 47, §. 1, *de leg*. 1°.

La seconde est conforme à l'usage du commerce.
Le créancier se présente chez le débiteur pour avoir
le paiement des billets et lettres de change. Mais

3.   6

dans les autres cas, Dumoulin, sur l'art. 85 de la Coutume de Paris, *gl.* 1°., *n.* 104, dit que si le créancier et le débiteur demeurent dans le même lieu, le dernier doit aller trouver l'autre ; que s'ils sont éloignés, le créancier doit aller demander son paiement au débiteur. Mais notre article établit une règle uniforme.

ART. 1248. « Les frais du paiement sont à la charge » du débiteur. »

On demanda si le créancier pourrait être forcé de recevoir une somme considérable en monnaie de billon. On cita Gaspard *Ksaure*, qui dit que, dans l'usage du Piémont, on peut payer un tiers en or, un tiers en argent, et l'autre tiers en monnaie de cuivre : on répondit qu'à Paris on ne pouvait donner qu'un quarantième en cette dernière monnaie. La question fut renvoyée à la Section, pour présenter un article à ce sujet. Mais on a jugé depuis qu'il serait mieux placé dans le Code de Commerce.

§. II.

Du paiement avec subrogation.

ART. 1249. « La subrogation dans les droits du » créancier au profit d'une tierce personne qui le » paie, est ou conventionnelle ou légale. »

ART. 1250. « Cette subrogation est convention- » nelle,

1°. « Lorsque le créancier recevant son paiement » d'une tierce personne, la subroge dans ses droits,

» actions, privilèges ou hypothèques contre le dé-
» biteur : cette subrogation doit être expresse, et
» faite en même-temps que le paiement ;

2°. » Lorsque le débiteur emprunte une somme à
» l'effet de payer sa dette, et de subroger le prêteur
» dans les droits du créancier. Il faut, pour que cette
» subrogation soit valable, que l'acte d'emprunt et
» la quittance soient passés devant notaires ; que
» dans l'acte d'emprunt il soit déclaré que la somme
» a été empruntée pour faire le paiement, et que
» dans la quittance il soit déclaré que le paiement
» a été fait des deniers fournis à cet effet par le nou-
» veau créancier. Cette subrogation s'opère sans le
» concours de la volonté du créancier. »

La subrogation ne peut être faite après coup. L.
76, ff. *de solut.*

La seconde partie de l'article est conforme à un
arrêté du Parlement de Paris du 6 juillet 1690 qui
se trouve dans le Journal du Palais.

ART. 1251. « La subrogation a lieu de plein droit,

1°. » Au profit de celui qui, étant lui-même créan-
» cier, paie un autre créancier qui lui est préféra-
» ble à raison de ses privilèges ou hypothèques ;

2°. » Au profit de l'acquéreur d'un immeuble,
» qui emploie le prix de son acquisition au paie-
» ment des créanciers auxquels cet héritage était
» hypothéqué ;

5°. « Au profit de celui qui étant tenu avec d'au-
» tres ou pour d'autres, au paiement de la dette,
» avait intérêt de l'acquitter ;

4°. » Au profit de l'héritier bénéficiaire qui a » payé de ses deniers les dettes de la succession. ».

Le premier n°. de l'article est conforme à la Loi 12, §. 6, ff. *qui pot. in pign.* Le second à la *Loi* 17, *cod.* Le troisième est contraire à Renusson, *des Subrogations,* ch. 7, n°. 68, il me paraît cependant fondé sur l'équité, mais il doit être concilié avec l'article 1214. Le quatrième est aussi conforme à l'équité.

Dans l'ancienne Jurisprudence, celui qui payait des dettes privilégiées, comme frais funéraires, et de dernière maladie, l'associé dans les Fermes, qui payait le Roi, étaient aussi subrogés de plein droit; *Renusson,* ch. 3, n. 50 et suiv.; mais notre article exige que celui qui paie soit créancier lui-même.

ART. 1252. « La subrogation établie par les arti- » cles précédens a lieu tant contre les cautions que » contre les débiteurs : elle ne peut nuire au créan- » cier lorsqu'il n'a été payé qu'en partie : en ce » cas, il peut exercer ses droits pour ce qui lui reste » dû, par préférence à celui dont il n'a reçu qu'un » paiement partiel. »

La première partie de l'article est contraire à *Renusson,* ch. 9, et à la Jurisprudence qu'il atteste.

La seconde est conforme à l'ancien usage.

Creditor non videtur cessisse contrà se, dit Dumoulin, *de usuris.,* quest. 89.

§. I I I

De l'imputation des paiemens.

ART. 1253. « Le débiteur de plusieurs dettes a
» le droit de déclarer, lorsqu'il paie, qu'elle dette
» il entend acquitter. »

De déclarer; mais le créancier a aussi le droit
de refuser le paiement, lorsque le débiteur prétend le faire d'une manière injuste et nuisible au
créancier : par exemple, si le débiteur voulait le
faire sur le capital, lorsqu'il doit des intérêts. *V.*
l'article suivant. Mais si le créancier consentait à
imputer le paiement sur le capital, cette imputation
ne pourrait plus être contestée. *L.* 102, §. 1, ff.
de solut.

ART. 1254. « Le débiteur d'une dette qui porte
» intérêt ou produit des arrérages, ne peut point,
» sans le consentement du créancier, imputer le
» paiement qu'il fait sur le capital par préférence
» aux arrérages ou intérêts : le paiement fait sur le
» capital et intérêts, mais qui n'est point intégral,
» s'impute d'abord sur les intérêts. »

Cet article est conforme à la loi 1, Cod. *de solut.*
et à la jurisprudence des pays de Droit écrit. Boutaric, *Inst.* pag. 505; Lapeyrère, verbo *Paiement.*
Mais on observa qu'il était contraire à celle du Parlement de Paris, qui n'imputait les paiemens sur
les intérêts que lorsqu'ils étaient dus *ex naturâ rei,*
et non en vertu d'une condamnation. On répondit
que la jurisprudence du Droit écrit était plus con-

forme aux principes et à la législation actuelle, qui considère l'argent comme susceptible de produire des intérêts.

ART. 1255. « Lorsque le débiteur de diverses det-
» tes a accepté une quittance par laquelle le créan-
» cier a imputé ce qu'il a reçu sur l'une de ces
» dettes spécialement, le débiteur ne peut plus de-
» mander l'imputation sur une dette différente, à
» moins qu'il n'y ait eu dol ou surprise de la part
» du créancier. »

Quand le débiteur ne fait pas ce choix, le créan-
cier peut le faire, mais d'une manière équitable, et telle, dit la loi 97, ff. *de solut.*, qu'il aurait voulu qu'on l'eût fait, s'il eût été débiteur. *Æquissimum enim visum est, créditorem itâ agere rem debi toris ut suam ageret.* Que si le débiteur accepte une quittance qui lui soit préjudiciable, il ne peut plus régulièrement revenir contre, à moins, comme dit notre article, qu'il n'y eût dol ou surprise de la part du créancier; mais on le présumerait facile-ment si le débiteur était un homme ignorant et il-lettré. Pothier, n°. 592.

ART. 1256. « Lorsque la quittance ne porte au-
» cune imputation, le paiement doit être imputé
» sur la dette que le débiteur avait pour lors le
» plus d'intérêt d'acquitter entre celles qui sont pa-
» reillement échues; sinon, sur la dette échue, quoi-
» que moins onéreuse que celles qui ne le sont point,
» Si les dettes sont d'égale nature, l'imputation
» se fait sur la plus ancienne : toutes choses égales,
» elle se fait proportionnellement. »

Ainsi l'imputation doit se faire sur une dette claire et liquide, plutôt que sur celle qui était contestée, sur celle exigible par corps, sur celle qui produit intérêt, sur une dette hypothécaire, sur celle pour laquelle on a donné caution, plutôt que sur celles qui sont dans un état contraire. Pothier, n°. 530.

Mais pour cela il faut qu'elles fussent échues, car si elles n'étaient pas exigibles, l'imputation se ferait plutôt sur celles qui l'étaient, quoique moins dures, L. 103, ff. *de solut.* Pothier observe cependant que si la dette exigible par corps était à la veille d'échoir, c'est sur elle, quoique non encore échue, que le paiement devrait être présumé fait.

La troisième partie de l'article est conforme aux lois 5 et 8, ff. *de solut.*

Section VI.

Des offres de paiemens et de la consignation.

ART. 1257. « Lorsque le créancier refuse de re-
» cevoir son paiement, le débiteur peut lui faire des
» offres réelles, et au refus du créancier de les ac-
» cepter, consigner la somme ou la chose offerte.

» Les offres réelles, suivies d'une consignation,
» libèrent le débiteur, elles tiennent lieu à son
» égard de paiement, lorsqu'elles sont valablement
» faite, et la chose ainsi consignée demeure aux ris-
» ques du créancier. »

Obligatione totius debitæ pecuniæ solemniter factâ, liberatio contingit, l. 9, Cod. *de solut.*

Depuis le jour de la consignation, la chose consignée est aux risques du créancier, parce qu'elle tient lieu de paiement. Ainsi, dès ce jour, la perte, la diminution ou l'augmentation qui peuvent arriver sur les espèces, sont pour lui.

Autrefois même on jugeait que c'était depuis les offres réelles que les intérêts cessaient de courir, et que la chose était aux risques du créancier ; mais cette jurisprudence avait été changée par un arrêt du 14 février 1759, rapporté par Rousseaud, verbo *Consignation*, et notre article s'y est conformé.

Art. 1258. « Pour que les offres réelles soient
» valables, ils faut,

1°. » Qu'elles soient faites au créancier ayant la
» capacité de recevoir, ou à celui qui a pouvoir de
» recevoir pour lui ;

2°. » Qu'elles soient faites par une personne capa-
» ble de payer ;

5°. » Qu'elles soient de la totalité de la somme
» exigible, des arrérages ou intérêts dus, des frais
» liquidés, et d'une somme pour les frais non li-
» quidés, sauf à la parfaire ;

4°. » Que le terme soit échu, s'il a été stipulé en
» faveur du créancier ;

5°. Que la condition sous laquelle la dette a été
» contractée soit arrivée ;

6°. Que les offres soient faites au lieu dont on est
» convenu pour le paiement, et que, s'il n'y a pas
» de convention spéciale sur le lieu du paiement,
» elles soient faites ou à la personne du créancier,
» ou à son domicile, ou au domicile élu pour l'exé-
» cution de la convention ;

7°. Que lés offres soient faites par un officier mi-
» nistériel ayant caractère pour ces sortes d'actes.

Sur le n°. 3 , je me rappelle qu'il y eût une discussion dans la Section sur ce n°. ; on convenait bien
généralement qu'il était presqu'impossible de
cousigner au juste le montant des frais non liquidés ; mais quelqu'un soutenait aussi qu'il était injuste d'accorder la libération dans une circonstance
où il y aurait pour mille écus de frais , sur l'offre
d'un écu , de faire cesser cependant les intérêts et
d'éteindre le capital , tandis que les frais devaient
être payés avant tout. Qu'il fallait au moins que la
somme offerte pour les frais fût approchante de la
vérité , et ne s'en écartât pas au-delà d'une quotité
qu'on pourrait fixer. Mais on s'en tint à l'usage de
Paris.

ART. 1259. « Il n'est pas nécessaire pour la vali-
» dité de la consignation qu'elle ait été autorisée
» par le juge ; il sufit ,

1°. » Qu'elle ait été procédée d'une sommation
» signifiée au créancier , et contenant l'indication
» du jour , de l'heure et du lieu où la chose offerte
» sera déposée ;

2°. » Que le débiteur se soit dessaisi de la chose
» offerte , en la remettant dans le dépôt indiqué par
» la loi pour recevoir les consignations , avec les in-
» térêts jusqu'au jour du dépôt ;

3°. » Qu'il y ait eu procès-verbal dressé par l'of-
» ficier ministériel , de la nature des espèces offer-
» tes , du refus qu'a fait le créancier de les recevoir
» ou de sa non-comparution , et enfin du dépôt :

4°. » Qu'en cas de non-comparution de la part
» du créancier, le procès-verbal du dépôt lui ait été
» signifié avec sommation de retirer la chose dé-
» posée. »

La première partie de cette article est contraire
à la dernière Jurisprudence de Paris, où il fallait
une ordonnance du juge qui permît la consignation.
Rousseaud, *eòd.* On a suivi l'avis de Pothier, n°. 540,
qui dit qu'elle n'est pas nécessaire : et en effet, dès
que la consignation équipolle au paiement, il est
contre le bon sens de prétendre que je ne puisse pas
me libérer en offrant valablement à mon créancier
tout ce que je lui dois : je n'ai pas plus besoin de
la permission du juge en pareil cas, que pour retirer une quittance de ce créancier. Aussi la Jurisprudence contraire relevée dans la discussion fut-
elle rejettée.

Elle a été cependant utile jusqu'à la publication
du Code, pour faire annuller quantité de consignations de papier-monnaie qui n'étaient que de vérita-
bles vols faits par des débiteurs de mauvaise foi à
des créanciers légitimes.

Art. 1260. « Les frais des offres réelles et de la
» consignation sont à la charge du créancier, si
» elles sont valables. »

Il est toujours bien juste que les frais de la consignation soient à la charge du créancier qui a déjà
refusé de recevoir; mais il me semble que ceux des
offres réelles devraient être pour le compte du débiteur, à moins qu'il ne fût déjà constant que le
créancier ne voulait pas accepter le paiement.

Il me semble donc qu'il faut distinguer, ou le créancier accepte les offres, sans qu'il soit nécessaire de passer à la consignation, et alors les frais des offres doivent être à la charge du débiteur, s'il ne conste déjà du refus du créancier; ou il refuse les offres, et nécessite la consignation, et alors c'est le cas de l'article, et le créancier doit payer les frais du tout.

ART. 1261. « Tant que la consignation n'a point
» été acceptée par le créancier, le débiteur peut la
» retirer; et, s'il la retire, ses co-débiteurs ou ses
» cautions ne sont point libérés. »

ART. 1262. « Lorsque le débiteur a lui-même ob-
» tenu un jugement passé en force de chose jugée,
» qui a déclaré ses offres et sa consignation bonnes
» et valables, il ne peut plus, même du consente-
» ment du créancier, retirer sa consignation au
» préjudice de ses co-débiteurs ou de ses cautions.»

C'était une grande question que celle de savoir si le débiteur retirant la somme consignée, ses co-débiteurs et cautions demeuraient obligés. On peut en voir la discussion dans Pothier, n.º 545. On l'a décidée d'après son avis, et conformément à la distinction qu'il avait imaginée.

ART. 1263. « Le créancier qui a consenti que le
» débiteur retirât sa consignation après qu'elle a
» été déclarée valable par un jugement qui a acquis
» force de chose jugée, ne peut plus pour le paie-
» ment de sa créance exercer les priviléges ou hy-
» pothèques qui y étaient attachés; il n'a plus d'hy-
» pothèque que du jour où l'acte, par lequel il a

» cousenti que la consignation fût retirée, aura
» été revêtu des formes requises pour emporter l'hy-
» pothèque. »

C'est parce qu'il a nové sa créance originaire.

ART. 1264. « Si la chose due est un corps cer-
» tain qui doit être livré au lieu où il se trouve, le
» débiteur doit faire sommation au créancier de
» l'enlever, par acte notifié à sa personne ou à son
» domicile, ou au domicile élu pour l'exécution de
» la convention. Cette sommation faite, si le créan-
» cier n'enlève pas la chose, et que le débiteur ait
» besoin du lieu dans lequel elle est placée, celui-ci
» pourra obtenir de la justice la permission de la
» mettre en dépôt dans quelque autre lieu. »

Rousseaud, verbo *offres*, dit, d'après la glose sur
la loi 19, cod *de usuris*, que les offres seules de ce
qui ne peut pas être consigné, déchargent celui qui
les fait du péril de la chose.

§. V.

De la cession de bien.

ART. 1265. « La cession de biens est l'abandon
» qu'un débiteur fait de tous ses biens à ses créan-
» ciers, lorsqu'il se trouve hors d'état de payer ses
» dettes. »

La loi 11, ff. *quib. ex causis infam.* l'appelle
miserabile auxilium, flebile adjutorium. Autrefois ceux qui y avaient eu recours étaient obligés de porter un bonnet vert, pour avertir le public qu'on ne devait pas contracter avec eux; et

leurs créanciers devaient leur fournir le premier,
bonnet, Louet et Brodeau, lett. C, n.º 16; Lapeyrère, verbo *cession*. Mais Louis XIII, par son ordonnance de 1629, art. 143, les dispensa de cette mar-
que honteuse. Cela fait honneur à son humanité,
mais peut-être pas à sa prévoyance.

Art. 1266. « La cession de biens est volontaire
» ou judiciaire. »

Art. 1267. « La cession de biens volontaire est
» celle que les créanciers acceptent volontairement,
» et qui n'a d'effet que celui résultant des stipula-
» tions mêmes du contrat passé entr'eux et le débi-
» teur. »

Art. 1268. « La cession judiciaire est un béné-
» fice que la loi accorde au débiteur malheureux
» et de bonne foi, auquel il est permis, pour avoir
» la liberté de sa personne, de faire en justice l'a-
» bandon de tous ses biens à ses créanciers, nonobs-
» tant toute stipulation contraire. »

V. Bornier, sur l'art. 1.ᵉʳ tit. 10 de l'ordonnance
de 1673, qui explique les principes enseignés dans
les trois articles ci-dessus.

Art. 1269. « La cession judiciaire ne confère
» point la propriété aux créanciers; elle leur donne
» seulement le droit de faire vendre les biens à leur
» profit, d'en percevoir les revenus jusqu'à la
» vente. »

De ce que cet article et le suivant ne parlent que
de la cession judiciaire, il suit que la cession volontaire transporte la propriété réelle aux créanciers, et que ceux-ci n'ont dans ce cas aucun droit

sur les biens que le débiteur pourra acquérir par la suite, excepté qu'ils ne l'eussent réservé par la cession. Bornier en donne cette raison, c'est que la cession judiciaire s'est faite malgré eux. Il faut pourtant convenir que si, au moyen de cette cession, les créanciers n'ont que le droit de faire vendre les biens de leur débiteur, ils n'acquièrent rien qu'ils n'eussent déjà avant elle.

Art. 1270. « Les créanciers ne peuvent refuser
» la cession judiciaire, si ce n'est dans les cas excep-
» tés par la loi.

» Elle opère la décharge de la contrainte par
» corps.

» Au surplus, elle ne libère le débiteur que jus-
» qu'à concurrence de la valeur des biens abandon-
» nés; et dans le cas où ils auraient été insuffisans,
» s'il lui en survient d'autres, il est obligé de les
» abandonner jusqu'au parfait paiement. »

Si ce n'est dans les cas exceptés par la loi.

On demanda que ces cas fussent spécifiés ici, mais on persista à les renvoyer au Code de commerce. En attendant on peut dire que l'ancienne jurisprudence en excluait les fermiers, les marchands en détail, particulièrement les bouchers, les tuteurs pour reliquat de tutelle, les administrateurs des deniers publics ou des hôpitaux, ceux qui avaient obtenu des lettres de répit, les débiteurs par consignation ou dépôt, et généralement tous ceux qui l'étaient pour dettes provenant de ce crime, dol ou fraude. *Voyez* à ce sujet Bornier sur l'art. 2, tit. 10 de l'ordonnance de 1673; Coquille sur Nivernois, quest. 207; Lapeyrère, verbo *Cession*; Boutaric, *inst.*, p. 543 et 544, etc.

Section II.

De la Novation.

Art. 1271. « La novation s'opère de trois manières,

1°. » Lorsque le débiteur contracte envers son » créancier une nouvelle dette substituée à l'an-» cienne, laquelle est éteinte;

2°. » Lorsqu'un nouveau débiteur est substitué » à l'ancien, qui est déchargé par le créancier;

3°. » Lorsque, par l'effet d'un nouvel engagement, » un nouveau créancier est substitué à l'ancien, en-» vers lequel le débiteur se trouve déchargé. »

Novatio est prioris debiti in aliam obligationem transfusio, ità ut prior perimatur. L. 1, ff. de novat.

Aussi dans chaque n.° de cet article a-t-on eu soin d'ajouter que l'ancienne créance est éteinte, que l'ancien débiteur est déchargé.

Art. 1272. « La novation ne peut s'opérer qu'en-» tre personnes capables de contracter. »

Article bien inutile après ceux qui statuent en général sur la capacité de contracter.

Art. 1273. « La novation ne se présume point; » il faut que la volonté de l'opérer résulte claire-» ment de l'acte. »

La loi dernière, Cod. *de novat.*, s'exprime en termes plus forts, *nisi specialiter remiserint prio-*

rem obligationem. Nec subintelligitur novatio ex rebus ipsis, dit Godefroi, en restituant la der-nière partie de cette loi : mais comme on ne vou-lait pas assigner à la novation des termes sacramen-tels, on a dit qu'ils pouvaient être suppléés par une volonté manifeste de nover, dont l'estimation est laissée à la prudence des juges.

ART. 1274. « La novation par la substitution d'un » nouveau débiteur peut s'opérer sans le concours » du premier débiteur. »

Potest fieri ignorante reo, si quod debet, alius promittat, novationis causâ. L. 8, §. ult. de nov.

ART. 1275. « La délégation par laquelle un débi-» teur donne au créancier un autre débiteur qui s'o-» blige envers le créancier n'opère point de nova-» tion, si le créancier n'a expressément déclaré qu'il » entendait décharger son débiteur qui a fait la dé-» légation. »

Delegare est vice suâ alium reum dare credi-tori. L. 11, ff. de novat.

Pour qu'il y ait véritablement délégation, il faut le concours de trois personnes, 1°. du débiteur qui en donne un autre à sa place; 2°. du débiteur délé-gué qui s'oblige envers le créancier à la place du premier; 3°. du créancier qui accepte le second et décharge le premier.

De là il suit que lorsque le créancier ne décharge pas le débiteur originaire, il n'y a pas de délégation réelle, ni par conséquent de novation; car la délé-gation parfaite opère toujours novation, quelque-fois même elle en contient deux, celle de l'obligation du déléguant envers son créancier, et celle du délégué envers le déléguant. *Voyez* Pothier, n. 664 et 665.

ART. 1276. « Le créancier qui a déchargé le dé-
» biteur par qui a été faite la délégation, n'a point
» de recours contre ce débiteur si le délégué devient
» insolvable, à moins que l'acte n'en contienne une
» réserve expresse, ou que le délégué ne fût déjà en
» faillite ouverte ou tombé en déconfiture au mo-
» ment de la délégation. »

On a suivi ici l'équité, contre la rigueur des principes qui veulent que la délégation opère essentiellement novation, et par conséquent extinction de
la première obligation; telle est l'opinion de Cujas,
contre celle de Despeisses; Pothier, n. 568, croyait
cependant que si le créancier connaissait, à l'époque de la délégation, l'insolvabilité du délégué, il
n'avait pas de recours contre le déléguant. Mais notre
article n'admet pas cette exception, sans doute, parce
qu'un pareil cas est purement hypothétique.

ART. 1277. « La simple indication faite par le dé-
» biteur, d'une personne qui doit payer à sa place,
» n'opère point novation.

» Il en est de même de la simple indication faite
» par le créancier, d'une personne qui doit rece-
» voir pour lui. »

ART. 1278. « Les priviléges et hypothèques de
» l'ancienne créance ne passent point à celle qui
» lui est substituée, à moins que le créancier ne
» les ait expressément réservés. »

La novation équivaut au paiement de la première

3.

7

obligation, et l'éteint ; de là il suit qu'elle libère les cautions données pour l'exécution de cette obligation, et les biens même qui y étaient affectés. L. 18, ff. *de novat.* Seulement il est possible que les hypothèques de la première obligation soient transférées à la seconde. L. 12, §. 5, ff. *qui potior in hyp.*

ART. 1279. « Lorsque la novation s'opère par la » substitution d'un nouveau débiteur, les privilè- » ges et hypothèques primitifs de la créance ne » peuvent point passer sur les biens du nouveau » débiteur. »

Ils ne peuvent point y passer, parce qu'on ne peut pas nuire aux privilèges et hypothèques déjà acquis à d'autres créanciers sur les biens du nouveau débiteur.

ART. 1280. « Lorsque la novation s'opère entre » le créancier et l'un des débiteurs solidaires, les » privilèges et hypothèques de l'ancienne créance » ne peuvent être réservés que sur les biens de ce- » lui qui contracte la nouvelle dette. »

Par la novation, la première créance est éteinte, et tous les co-débiteurs libérés ; or, une fois libérés, il est bien évident qu'on ne peut pas, sans leur consentement, engager de nouveau leurs biens ; mais il faut toujours supposer qu'il y a effectivement novation.

ART. 1281. « Par la novation faite entre le créan- » cier et l'un des débiteurs solidaires, les co-débi- » teurs sont libérés.

» La novation opérée à l'égard du débiteur prin-
» cipal libère les cautions.

  » Néanmoins, si le créancier a exigé, dans le
» premier cas, l'accession des co-débiteurs, ou dans
» le second, celle des cautions, l'ancienne créance
» subsiste si les co-débiteurs ou les cautions refu-
» sent d'accéder au nouvel arrangement. »

La raison de la troisième partie de l'article, est
que la novation n'est alors que conditionnelle.

On a omis dans cette section une décision bien
essentielle, c'est que le débiteur délégué et consen-
tant à la délégation ne peut pas opposer à son nouveau créancier, l'exception qu'il aurait eue contre
son créancier originaire, quand même il l'aurait
ignorée, lors de la délégation; sauf, en ce cas d'ignorance, son recours contre le créancier originaire.
L. 12 et 19, ff. *de novat. doli exceptio*, dit cette
dernière loi, *quæ poterat deleganti opponi, cessat
in personâ creditoris cui quis delegatus est; idem-
que est, in cœteris similibus exceptionibus......
imò et in macedoniano..... aliud in velleiano,
ndæ et in secundâ promissione intercessio est,
et in minore qui circumscriptus delegatur.*

SECTION III.

De la remise de la dette.

Art. 1282. « La remise volontaire du titre origi-
» nal sous signature privée, par le créancier au dé-
» biteur, fait preuve de la libération. »

Conforme à la loi 2, ff. *de pactis.*

ART. 1283. « La remise volontaire de la grosse » du titre fait présumer la remise de la dette ou le » paiement, sans préjudice de la preuve contrai-» re. »

Nous avions dit dans notre projet : « *La simple » remise de la grosse du titre ne suffit pas pour » faire présumer la remise de la dette ou le paie-» ment.* »

La Section avait proposé de dire au contraire : « *La remise volontaire de la grosse du titre suf-» fit pour faire présumer la remise de la dette » ou le paiement. La preuve que la remise a été » volontaire est à la charge du débiteur.* »

Cet article fut corrigé, après une longue discussion, de la manière qu'on le voit.

Il me semble que dans aucune des trois versions on n'a fait assez d'attention à la valeur du mot *remise* qui annonce essentiellement la volonté de mettre le titre en la possession du débiteur, en sorte que *remise volontaire* est un pléonasme; or il est bien constant que dès que je remets à mon débiteur la grosse que j'avais levée pour l'obliger à exécuter son obligation, je suis censé lui avoir remis l'obligation même, et tout le monde en convenait. Que s'il m'a volé ma grosse, ou si je l'ai perdue, qu'il l'ait trouvée, et qu'il la garde, je ne la lui ait certainement pas remise.

Il fallait dire, *l'existence de la grosse dans les mains du débiteur fait présumer, ou, ne fait pas présumer la remise de la dette.*

Au fonds, il n'y avait pas beaucoup de différence

dans les trois propositions, et tous convenaient que la seule existence de la grosse dans les mains du débiteur, ne faisait pas nécessairement présumer la remise de la créance, parce qu'il pouvait l'avoir eue autrement que par une tradition volontaire, et chaque parti s'appuyait de Pothier, qui dit cela même, n.° 573.

La seule question etait de savoir si c'était au créancier à prouver que c'était sans son aveu que la grosse était dans les mains du débiteur, ou au débiteur à établir qu'elle lui avait été remise par le créancier.

D'un côté, on disait que l'existence de la grosse dans les mains du débiteur n'éteignait pas l'obligation, parce que la minute en conservait la preuve, et que le créancier pouvait, en cas de perte de la grosse, s'en procurer une seconde expédition ; que ce n'était que la remise de cette grosse par le créancier qui faisait présumer l'extinction de l'obligation, et que c'était au débiteur à prouver ce fait qui lui servait de défense, *reus in excipiendo fit actor.*

De l'autre côté, on disait que la grosse était une seconde minute du titre, et si bien que si le créancier venait à la perdre, il ne pouvait en avoir une autre sans la permission du juge ; que son existence dans les mains du débiteur devait faire présumer la libération, si le créancier ne prouvait pas qu'elle lui avait été soustraite, que cette soustraction serait elle-même un délit, qu'on ne pouvait supposer sans preuve.

Des deux côtés on alléguait la difficulté, souvent
même l'impossibilité des preuves, et les procès auxquels une décision contraire à son opinion donne-
rait lieu. Il faut avouer cependant qu'il est ordinairement plus facile de prouver un accident qui nous
a privé d'une grosse, qu'il ne le serait au débiteur
d'établir qu'elle lui a été remise par le créancier ;
et cette considération, jointe à la faveur de la libération, dut faire pencher la balance du côté du
débiteur.

Art. 1284. « La remise du titre original sous si-
» gnature privée, ou de la grosse du titre à l'un des
» débiteurs solidaires, a le même effet au profit de
» ses co-débiteurs. »

Dès que la dette est éteinte, il ne peut plus exister de débiteurs.

Art. 1285. « La remise ou décharge convention-
» nelle au profit de l'un des co-débiteurs solidaires,
» libère tous les autres, à moins que le créancier
» n'ait expressément réservé ses droits contre ces
» derniers.

» Dans ce dernier cas, il ne peut plus répéter la
» dette que déduction faite de la part de celui au-
» quel il a fait la remise. »

Chaque co-débiteur solidaire étant tenu de toute
la dette, la remise faite à l'un profite à tous, à
moins de réserve contraire.

Art. 1286. « La remise de la chose donnée en
» nantissement ne suffit point pour faire présumer
» la remise de la dette. »

C'est qu'on peut remettre le nantissement, sans vouloir pour cela remettre la dette.

Art. 1287. « La remise ou décharge conven-
» tionnelle accordée au débiteur principal libère
» les cautions.

» Celle accordée à la caution ne libère pas le dé-
» biteur principal.

» Celle accordée à l'une des cautions ne libère
» pas les autres :

Une dette peut exister sans caution, mais la caution ne peut exister sans dette. On peut se contenter d'une caution, ou en exiger plusieurs. *Voyez*
l'article suivant.

Art. 1288. « Ce que le créancier a reçu d'une
» caution pour la décharge de son cautionnement
» doit être imputé sur la dette, et tourner à la dé-
» charge du débiteur principal et des autres cau-
» tions. »

On agita d'abord la question de savoir si le créancier peut même décharger l'une des cautions
sans les autres. Pour la négative, on disait qu'en
en déchargeant une seule, le créancier reportait
sur les autres tout le poids de l'engagement commun, et que la solidarité n'avait été établie entr'elles
qu'afin qu'il fût partagé. Pour l'affirmative, on dit
que toutes les cautions n'étaient pas solidaires entr'elles ; qu'il fallait une convention expresse pour
cela, qui se réglerait alors par ses propre clauses.

Sur cet objet, le conseil arrêta qu'un créancier
avait le droit de décharger l'une des cautions, lorsqu'elles ne seraient pas solidaires entr'elles.

Et sans doute le créancier ne peut, par la dé-charge qu'il accordera à l'une des cautions, dé-truire les engagemens qu'elles auront formées en-tre elles ; mais rien n'empêche que, relativement à lui, il ne puisse renoncer à agir contre l'une des cautions, comme il peut le faire à l'égard de l'un de ses débiteurs solidaires, et sans nuire à leur re-cours entr'eux. *Voyez* l'art. 1210.

Vint ensuite la question de savoir si ce que le créancier reçoit d'une caution pour lui accorder sa décharge, doit demeurer au profit du créancier, ou être imputé sur la dette.

Pour la première opinion, on dit que le créan-cier, en déchargeant l'une de ses cautions, dimi-nue ses sûretés, qu'il peut recevoir un prix pour ce risque, et que le débiteur principal et les autres cautions ne doivent pas en profiter ; que commu-nément même, la caution ne s'engage qu'en par-ticipant aux bénéfices du débiteur, et que le créan-cier seul mérite la protection de la loi.

Pour l'opinion contraire, on dit que le caution-nement est de soi un office gratuit, et que les lois ne peuvent le considérer que comme tel ; que sous cet aspect, il mérite toute leur faveur ; que la moin-dre qu'on puisse accorder aux cautions, est de faire tourner à leur libération, un remboursement par-tiel qui diminue réellement la dette ; que l'objet du créancier, en prenant une caution, est d'assurer sa créance, et qu'en recevant de la caution, il remplit son but à concurrence de ce qui lui est payé.

La faveur de la libération, plus que la rigueur

des principes, fit adopter cette dernière opinion. On peut voir une question analogue à celle-là, traitée dans Pothier, n. 582.

Section IV.

De la Compensation.

Art. 1289. « Lorsque deux personnes se trouvent débitrices l'une envers l'autre, il s'opère entr'elles une compensation qui éteint les deux dettes, de la manière et dans les cas ci-après exprimés. »

Conpensatio est débiti et crediti inter se contributio. L. 1, ff. de compensat.

Necessaria est quid interest nostrâ potiùs non solvere, quàm solutum repetere. L. 3, eod.

Art. 1290. « La compensation s'opère de plein droit par la seule force de la loi, même à l'inçu des débiteurs; les deux dettes s'éteignent réciproquement, à l'instant où elle se trouvent exister à-la-fois, jusqu'à concurrence de leurs quotités respectives. »

Ipso jure procedit. L. 4 eod. Ex omnibus actionibus. L. ult. Cod. eod. Quoad concurrentes quantitates. L. 4. Cod. eod.

Elle s'opère, quoique la dette de l'un porte intérêt, et non celle de l'autre; et dès le moment que quelqu'un devient créancier pour une somme qui ne produit pas d'intérêts, de celui auquel il devait une somme produisant intérêt, les intérêts de la

dernière cessent de courir jusqu'à quantité concour-
rente. *Ità ut concurrentis quantitatis usuræ
non præstentur. L. 11, ff ead. L. 7, Cod. de solut.*

ART. 1291. « La compensation n'a lieu qu'entre
» deux dettes qui ont également pour objet une
» somme d'argent, ou une certaine quantité de
» choses fongibles de la même espèce, et qui sont
» également liquides et exigibles. »

» Les prestations en grains ou denrées, non con-
» testées, et dont le prix est réglé par les mercuria-
» les, peuvent se compenser avec des sommes liqui-
» des et exigibles. »

Liquides et exigibles. Quelqu'un proposa d'é-
tendre l'article aux créances facile à liquider. Il dit
que si la créance opposée en compensation était certaine, et que pour en fixer le montant précis, il ne
fallut plus qu'une estimation, il serait injuste d'o-
bliger celui auquel elle appartient, de payer au demandeur ce qu'il lui doit pour autre cause. On al-
légua en faveur de cette proposition la loi dernière
au Cod. *cod.*, qui n'exclut en pareil cas que les
compensations opposées *moratoriis umbagibus....
et quæ ampliorem indaginem exposcant.* ; le sen-
timent de Dumoulin, *ad tit. Cod. de compens.* ;
de Ricard, sur Paris, art. 105; de Vinnius, *partit
juris,* p. 277, etc.

On répondit que la proposition était conforme
aux usages des pays de Droit écrit; mais qu'elle ne
pouvait se concilier avec le principe qui veut que
la compensation s'opère de plein droit, que l'addition proposée ne ferait que multiplier les diffi-

cultés dans les procès, parce que tous les débiteurs
prétendraient qu'ils avaient des compensations faci-
les à liquider; que tant qu'il est incertain si une
créance existe, et qu'elle est sa quotité, il ne peut
y avoir de compensation; qu'il ne fallait pas confondre la compensation de droit avec celle de fait;
que l'effet de celle de droit était tel qu'au moment
où les deux créances se rencontrent, elles s'éteignent réciproquement, et que les intérêts cessent.
Le juge n'ordonne pas la compensation, il ne fait
que la déclarer; mais lorsque la créance opposée
en compensation paraît constante et peut être facilement liquidée, le juge déférant à l'équité, peut
suspendre le paiement de celle qui est l'objet de
la demande, pour donner le temps au défendeur de
liquider la sienne.

On ajouta que jamais les tribunaux ne font cesser les intérêts que depuis la liquidation de la créance
opposée en compensation. Cette proposition fut contestée comme contraire aux principes, elle a en
effet besoin d'explication. Sans doute, lorsque les
tribunaux voient que la demande est liquide et fondée en titre; et que la compensation n'est ni constante, ni liquide, ils condamnent le défendeur au
paiement du capital et des intérêts, et ordonnent
une plus ample instruction sur la compensation;
mais si le défendeur vient ensuite à prouver que
son exception était légitime, la compensation s'est
opérée de plein droit du jour où les deux créances
se sont rencontrées, et le demandeur doit restituer et le capital et les intérêts dont il aurait mal-

à-propos obtenu la condamnation. C'est ce qui résulte des termes formels de la loi 4, *Cod. compens.*
Ipso jure compensationem pro soluto haberi oportet ex eo tempore ex quo ab utrâque parte debetur.; Despeisses, de la *Compensation,* n°. 2; Rousseaud, *ibid.*, n°. 1. C'est ce qui semble résulter encore des principes même convenus de part et d'autre, que ce n'est pas le juge qui fait la compensation, et que seulement il déclare celle que la loi a déjà opérée; mais soit que le demandeur convienne ou non, de la compensation, il est bien constant que si en effet le défendeur avait une créance sur lui, la compensation s'est opérée du moment où la créance a existé.

Au fond, dans cette discussion, il ne s'agissait que de savoir si le juge pouvait suspendre la condamnation de la demande principale, lorsque la créance opposée en compensation lui paraissait certaine, et il fut convenu qu'il avait ce droit, et que le procès-verbal expliquerait suffisamment.

ART. 1292. « Le terme de grâce n'est point un obstacle à la compensation. »

On a voulu dire que si le juge accorde un délai pour le paiement d'une dette déjà échue, et que le débiteur devienne, avant l'échéance du délai de grâce, créancier de son créancier, il ne peut pas empêcher la compensation, sous prétexte que ce délai de grâce n'est pas encore échu. *L.* 16, § 1, *ff. de compens.*

ART. 1293. « La compensation a lieu, quelles que

» soient les causes de l'une ou l'autre des dettes,
» excepté dans le cas,

» 1°. De la demande en restitution d'une chose
» dont le propriétaire a été injustement dépouillé;

» 2°. De la demande en restitution d'un dépôt et
» du prêt à usage;

» 3°. D'une dette qui a pour cause des alimens dé-
» clarés insaisissables. »

Le n°. premier de l'article est conforme à la loi
dernière, Cod. *eod.*

Le deuxième à la loi dernière, *Cod. de comod.*

Sur le troisième on distinguait les alimens pour
le tems passé d'avec ceux pour le tems à venir. On
pouvait compenser pour les premiers, mais non
relativement aux seconds, Despeisses, *de la compensation*, n°. 23. On a préféré d'excepter seulement de la compensation, les alimens donnés avec
la clause qu'ils seraient insaisissables.

On demanda qu'il fût déclaré que la compensation ne pouvait être opposée au trésor public, pour
les impositions. On répondit que cela n'était pas nécessaire, et que jamais cette compensation n'avait
été admise. Telle est en effet la disposition de la loi
46, §. 5, ff. *de jure fisci.* On ajouta qu'on ne pouvait compenser avec le trésor public, que lorsqu'il
doit à la manière des particuliers, et qu'on lui doit
de la même manière; c'est-à-dire, lorsque la dette
naît de contrats régis par le droit civil, par exemple, d'un contrat de vente; c'est aussi ce que dit
la loi déjà citée. Encore la loi 1, Cod. *de compens.*

veut-elle, pour que la compensation puisse être opposée au fisc, que les dettes respectives soient payables au même bureau, *in eâdem statione.*

Art. 1294. « La caution peut opposer la compen-
» sation de ce que le créancier doit au débiteur
» principal.

» Mais le débiteur principal ne peut opposer la
» compensation de ce que le créancier doit à la
» caution.

» Le débiteur solidaire ne peut pareillement op-
» poser la compensation de ce que le créancier doit
» à son co-débiteur. »

Dans le premier cas de l'article, la caution a intérêt de faire valoir les actions du principal débiteur, pour se libérer elle-même.

Le motif de la seconde décision est que ce n'est
pas la caution qui doit directement au créancier.

La raison de la troisième décision, c'est que chaque débiteur solidaire doit en son particulier toute
la somme.

Art. 1295. « Le débiteur qui a accepté purement
» et simplement la cession qu'un créancier a faite
» de ses droits à un tiers, ne peut plus opposer au
» cessionnaire la compensation qu'il eût pu, avant
» l'acceptation, opposer au cédant.

» A l'égard de la cession qui n'a point été accep-
» tée par le débiteur, mais qui lui a été signifiée,
» elle n'empêche que la compensation des créances
» postérieures à cette notification. »

La raison de cet article, c'est qu'en acceptant la
cession, le débiteur est censé avoir renoncé à se ser-

vir contre son nouveau créancier, des exceptions qu'il avait contre son créancier originaire. Mais autre chose est s'il n'a pas accepté ; pour lors il ne devient débiteur du nouveau créancier que du jour que la cession a été notifiée.

ART. 1296. « Lorsque les deux dettes ne sont pas » payables au même lieu, on n'en peut opposer la » compensation qu'en faisant raison des frais de la » remise. »

Conforme à la loi 15, ff. *eòd.*

ART. 1297. « Lorsqu'il y a plusieurs dettes com- » pensables dues par la même personne, on suit pour » la compensation les règles établies pour l'imputa- » tion par l'article 1256. »

C'est que la compensation est une espèce de paiement.

ART. 1298. « La compensation n'a pas lieu au pré- » judice des droits acquis à un tiers. Ainsi celui qui » étant débiteur est devenu créancier depuis la sai- » sie-arrêt faite par un tiers entre ses mains, ne » peut, au préjudice du saisissant, opposer la com- » pensation. »

ART. 1299. « Celui qui a payé une dette qui était » de droit éteinte par la compensation, ne peut plus » en exerçant la créance dont il n'a point opposé la » compensation, se prévaloir, au préjudice des tiers, » des privilèges ou hypothèques qui y étaient atta- » chés, à moins qu'il n'ait eu une juste cause d'i- » gnorer la créance qui devait compenser sa dette. »

La règle est que celui qui a payé une dette éteinte par la compensation, peut répéter ce qu'il a payé ;

*qui omissâ compensatione solvit, condicere po^* *test.* L. 10, ff. eod. Mais s'il a payé volontairement et connaissant la compensation qu'il pouvait op-poser, il ne peut pas alors reprendre son rang au préjudice des tiers; il en serait autrement s'il avait avait payé malgré lui, et s'il y avait été condamné comme dans les cas agités sous l'art. 1291.

Section V.

De la confusion.

Art. 1300. « Lorsque les qualités du créancier » et de débiteur se réunissent dans la même per-» sonne, il se fait une confusion de droit qui éteint » les deux créances. »

Confusione extinguitur obligatio, perindè ac solutione. L. 21, §. 1, ff. *de liber. leg.*

Art. 1301. « La confusion qui s'opère dans la » personne du débiteur principal profite à ses cau-» tions.

» Celle qui s'opère dans la personne de la cau-» tion n'entraîne point l'extinction de l'obligation » principale.

» Celle qui s'opère dans la personne du créan-» cier ne profite à ses co-débiteurs solidaires que » pour la portion dont il était débiteur. »

Dans le premier cas, l'obligation principale étant éteinte, l'accessoire ne peut subsister. L. 129, *de reg. jur.* Mais l'obligation principale peut très-bien subsister sans caution. A l'égard des débiteurs so-lidaires, chacun ayant son recours contre les au-

tres pour leur part, la confusion ne doit aussi opérer l'extinction, que de la part dont était tenu celui sur la tête duquel cette confusion s'opère.

SECTION VI.

De la perte de la chose due.

ART. 1302. « Lorsque le corps certain et déter-
» miné qui était l'objet de l'obligation vient à pé-
» rir, est mis hors du commerce, ou se perd de
» manière qu'on en ignore absolument l'existence,
» l'obligation est éteinte si la chose a péri ou a été
» perdue sans la faute du débiteur, et avant qu'il
» fût en demeure.

» Lors même que le débiteur est en demeure, et
» s'il ne s'est pas chargé des cas fortuits, l'obliga-
» tion est éteinte dans le cas où la chose fût égale-
» lement périe chez le créancier, si elle lui eût été
» livrée.

» Le débiteur est tenu de prouver le cas fortuit
» qu'il allègue.

» De quelque manière que la chose volée ait pé-
» ri ou ait été perdue, sa perte ne dispense pas ce-
» lui qui l'a soustraite, de la restitution du prix. »

Le corps certain et déterminé, par exemple,
un certain cheval; car si c'était un cheval en général qui fût l'objet de l'obligation, la mort d'un animal de cette espèce que le débiteur se proposait de
livrer, et que le créancier n'aurait pas encore agréé,
n'éteindrait pas l'obligation; *idem*, de l'une de

deux choses, dans l'obligation alternative. *Voyez* l'art. 1193.

Si la chose avait péri par la faute du débiteur, ou depuis qu'il est en demeure, il en devrait toujours le prix, excepté qu'elle n'eût également péri chez le créancier, si elle lui avait été livrée. L. 14, §. 1, ff. *depositi*.

C'est au débiteur à prouver le cas fortuit, parce que c'est son exception. *Reus in excipiendo fit actor*.

On suppose dans cet article que le débiteur ne s'est pas chargé des cas fortuits; car s'il s'en était chargé, il n'en serait pas moins tenu de payer le prix de la chose, malgré sa perte. L. 13, §. 5, ff. *locati*.

Enfin, c'est en haine du vol qu'on condamne le voleur à payer le prix de la chose volée, quoiqu'elle ait péri par cas fortuit. L. fin. ff. *de condict. furt.*

ART. 1303. « Lorsque la chose est périe, mise
» hors du commerce, ou perdue, sans la faute du
» débiteur, il est tenu, s'il y a quelques droits ou
» actions en indemnité par rapport à cette chose,
» de les céder à son créancier. »

SECTION VII.

De l'action en nullité ou en rescision des Conventions.

ART. 1304. « Dans tous les cas où l'action en nul-
» lité ou en rescision d'une convention n'est pas li-

» mitée à un moindre tems par une loi particuliè-
» re, cette action dure dix ans.

» Ce tems ne court, dans le cas de violence, que
» du jour où elle a cessé; dans le cas d'erreur ou
» de dol, du jour où ils ont été découverts; et pour
» les actes passés par les femmes mariées non au-
» torisées, du jour de la dissolution du mariage.

» Le tems ne court, à l'égard des actes faits par
» les interdits, que du jour où l'interdiction est le-
» vée; et à l'égard de ceux faits par les mineurs,
» que du jour de la majorité. »

Le principe de cet article est conforme à l'ordonnance de 1539, art. 134.,

On distingue ce qui est nul d'avec ce qui peut
seulement être rescindé; un acte nul est celui qui
est fait contre la prohibition de la loi; un acte seulement rescindable, est celui que la loi ne prohibe
pas, mais qui peut être renversé par quelque moyen
pris des circonstances du fait, ou de la qualité de
l'une des parties.

On distinguait encore les nullités absolues et
prononcées pour l'intérêt public, d'avec celles qui
n'avaient pour objet que l'intérêt des particuliers:
parmi les premières on comptait l'aliénation des
choses dont le commerce était interdit pour une
cause publique et perpétuelle, les conventions qui
emportaient quelque délit ou quelque turpitude,
et la maxime était que cette nullité ne pouvait être
couverte par aucun espace de tems. Au rang des secondes, on mettait l'aliénation des fonds dotaux et
des biens des mineurs, et l'on tenait qu'elles pou-

-vaient être opposées pendant trente ans. *Voyez* Du-nod, *prescriptions*, pag. 47 et suiv.

Quant à la simple rescision des actes, elle devait être demandée dans les dix ans, d'après l'ordonnance déjà citée.

M. Bigot a dit que notre article faisait un grand changement à l'ancienne jurisprudence, en bornant à dix ans l'action même en nullité des contrats. Il me semble que cela ne devrait regarder que les nullités de la seconde espèce, et que celles qui sont prononcées pour l'intérêt public, devraient avoir un terme plus long.

Quant au tems depuis lequel commence à courir le délai pour se faire restituer, on a suivi l'ancienne jurisprudence. *Voy.* Rousseaud, verbo *Restitution.*

ART. 1305. « La simple lésion donne lieu à la res-
» cision, en faveur du mineur non émancipé, con-
» tre toutes sortes de conventions; et en faveur du
» mineur émancipé, contre toutes conventions qui
» excèdent les bornes de sa capacité, ainsi qu'elle
» est déterminée au titre *de la Minorité, de la Tu-*
» *telle et de l'Emancipation.* »

Minor non restituitur tanquàm minor, sed tanquàm læsus. C'est la règle générale. L. 11, 13 et 44, ff. *de Minorib.* Mais il est présumé lésé, quand il aliène ses fonds, sans les formalités requises, qu'il accepte une succession, ou qu'il y renonce, ainsi que le tout est expliqué au titre de la minorité.

ART. 1306. « Le mineur n'est pas restituable pour

» cause de lésion, lorsqu'elle ne résulte que d'un
» événement casuel et imprévu.

Conforme à la loi 21 , §. 4 et 5 , ff. *de minor.*

ART. 1307. « La simple déclaration de majorité,
» faite par le mineur, ne fait pas obstacle à sa res-
» titution. »

Cet article est contraire à la loi 2 *Cod. si minor
se majorem dixerit;* mais elle n'était pas suivie
dans l'usage, parce que cette déclaration était communément l'effet du dol de ceux qui contractaient
avec les mineurs, pour les exclure de la restitution. Arrêt du 6 février 1690, au Journal des audiences; Boutaric, pag. 108.

ART. 1308. « Le mineur commerçant, banquier
» ou artisan, n'est point restituable contre les en-
» gagemens qu'il a pris, à raison de son commerce
» ou de son art. »

Conforme à l'ancienne jurisprudence. *Voy.* Rousseaud et les auteurs qu'il cite, verbo *Restitution*
sect 2, n°. 10. L'intérêt public nécessite cette exception.

ART. 1309. « Le mineur n'est point restituable
» contre les conventions portées en son contrat de
» mariage lorsqu'elles ont été faites avec le consen-
» tement et l'assistance de ceux dont le consentement
» est requis pour la validité de son mariage. »

Voyez l'art. 1095 et les observations y faites.

ART. 1310. « Il n'est point restituable contre les
» obligations résultant de son délit ou quasi-délit. »

Placet, in delictis, minoribus non subveniri.
L. 9, §. 2, ff. de minoribus. *Ne sit ætis excusatia*

adversùs præcepta legum, ei qui dùm leges invocat contrà eas committit. L. 37, eòd.

ART. 1311. « Il n'est plus recevable à revenir con-
» tre l'engagement qu'il avait souscrit en minorité,
» lorsqu'il l'a ratifié en majorité, soit que cet enga-
» gement soit nul en sa forme, soit qu'il fût seule-
» ment sujet à restitution. »

Conforme à la loi 3, *eòd.*, et au titre du Code,
si maj. fact. Il faut voir Rousseaud, verbo *Restitution*, sect. 2 ; n°. 17, qui distingue les cas où il
y a réellement ratification.

ART. 1312. « Lorsque les mineurs, les interdits
» ou les femmes mariées sont admis en ces qualités
» à se faire restituer contre leurs engagemens, le
» remboursement de ce qui aurait été, en consé-
» quence de ces engagemens, payé pendant la mi-
» norité, l'interdiction ou le mariage, ne peut en
» être exigé, à moins qu'il ne soit prouvé que ce
» qui a été payé a tourné à leur profit. »

*Minor restituitur, si pecunia ei soluta sit et
eam perdidit.* L. 7, §. 2, eod. C'est à celui qui a
contracté avec ceux dont il est question dans l'article, à prouver que l'argent a tourné à leur profit; mais si cela est, ils doivent le rendre. L. 1, *Cod.
de rep. qu.* Car la restitution est introduite pour
qu'ils ne soient pas trompés, et non pour qu'ils
trompent les autres et s'enrichissent à leurs dépens.
Feminem ex alterius jacturâ locupletari debere.

ART. 1313. « Les majeurs ne sont restitués pour
» cause de lésion que dans les cas ou sous les con-

» ditions spécialement exprimés dans le présent
» Code. »

Les majeurs sont restitués pour dol, violence,
erreur de fait et lésion ; c'est principalement sur ce
dernier moyen que le Code donne des règles nouvelles qu'on trouvera dans le titre de la vente.

ART. 1314. « Lorsque les formalités requises à l'é-
» gard des mineurs ou des interdits, soit pour alié-
» nations d'immeubles, soit dans un partage de suc-
» cession, ont été remplies, ils sont, relativement
» à ces actes, considérés comme s'ils les avaient faits
» en majorité, ou avant l'interdiction. »

Voyez les art. 466 et 840.

Ainsi, malgré que toutes les formalités prescrites pour l'aliénation des biens des mineurs, ou les
partages dans lesquels ils sont intéressés, aient été
remplies, ils seront restituables, s'ils ont souffert
une lésion qui autoriserait la restitution des majeurs.

CHAPITRE VI.

De la Preuve des Obligations, et de celle du Paiement.

ART. 1318. « Celui qui réclame l'exécution d'une
» obligation doit la prouver.

» Réciproquement, celui qui se prétend libéré
» doit justifier le paiement ou le fait qui a produit
» l'extinction de son obligation. »

ART. 1316. « Les règles qui concernent la preuve
» littérale, la preuve testimoniale, les présomptions,

» l'aveu de la partie et le serment, sont expliquées
» dans les sections suivantes. »

SECTION PREMIÈRE.

De la preuve littérale.

PARAGRAPHE PREMIER.

Du titre authentique.

ART. 1317. « L'acte authentique est celui qui a
» été reçu par officiers publics ayant le droit d'ins-
» trumenter dans le lieu où l'acte a été rédigé, et avec
» les solennités requises. »

Autrefois les notaires de Paris, d'Orléans et de
Montpellier, avaient le privilège de pouvoir instru-
menter dans tout le royaume; mais il a cessé depuis la révolution, et par la loi du notariat.

ART. 1318. « L'acte qui n'est point authentique par
» l'incompétence ou l'incapacité de l'officier ou par
» un defaut de forme, vaut comme écriture privée,
» s'il a été signé des parties. »

Cela doit s'entendre des actes qu'on peut faire sous
signature privée; car une donation, par exemple,
faite devant notaire, qui manquerait par quelqu'un
des vices désignés dans l'article, serait radicalement
nulle, quoique signée des parties, parce que la loi
veut qu'elles se fassent devant notaire.

On demanda si l'acte passé devant notaire qui se
trouve nul comme tel, mais qui est signé des parties, vaudra comme une écriture privée, même dans
les conventions synallagmatiques qui, suivant l'ar-

ticle 1325, doivent être faits doubles : on répondit que dans l'hypothèse de notre article, l'acte étant retenu dans un dépôt public, il n'y avait pas de raison pour exiger qu'il fût double. *Voyez* les articles 6 et 68 de la loi sur le notariat, du 25 ventôse an 11.

ART. 1319. « L'acte authentique fait pleine foi
» de la convention qu'il renferme entre les parties
» contractantes et leurs héritiers ou ayant-causes.
» Néanmoins, en ce cas de plaintes en faux prin-
» cipal, l'exécution de l'acte argué de faux sera sus-
» pendue par la mise en accusation : et en cas d'ins-
» cription de faux faite incidemment, les tribunaux
» pourront, suivant les circonstances, suspendre
» provisoirement l'exécution de l'acte. »

Suivant la loi 2, *Cod. ad leg. Corn. de fals.*, l'acte argué de faux devait toujours être exécuté par provision, jusqu'à ce que le faux fût prouvé; *si morandæ solutionis gratiâ à debitore falci crimen objicitur, nihilominùs ad solutionem compelli oportet,* et tel était l'usage. Notre article a pris à cet article un juste tempérament. Il est d'ailleurs conforme à l'art. 19 de la loi sur le notariat.

On avait d'abord dit que dans le cas de faux principal, l'exécution de l'acte serait suspendue par la mise en accusation *de celui qui poursuivait l'exécution.* On observa qu'il ne fallait pas mettre cette restriction, parce que l'auteur du faux pourrait être un tiers, tel que le notaire, et l'article fut rédigé tel qu'il se trouve.

ART. 1320. « L'acte, soit authentique, soit sous

» seing privé, fait foi entre les parties, même de
» ce qui n'y est exprimé qu'en termes énonciatifs,
» pourvu que l'énonciation ait un rapport direct
» à la disposition. Les énonciations étrangères à la
» disposition ne peuvent servir que d'un commen-
» cement de preuves. »

Cet article est pris de Dumoulin sur la Cout. de
Paris, S. 8, gl. 1, n. 10.

Pothier cite pour exemple d'une énonciation qui
a un rapport direct à la disposition, le cas de la
reconnaissance d'une rente dans laquelle il serait
dit : *Jean reconnaît que tel fonds est chargé envers Pierre d'une rente de... dont les arrérages
ont été payés jusqu'à ce jour.* Ces mots, *dont les
arrérages ont été payés,* doivent faire preuve du
paiement, quoique Pierre ne dise pas qu'il les a
reçus. Mais si dans un contrat de vente de tel fonds,
il était dit qu'il me vient de la succession de Jacques, un tiers co-héritiers de Jacques ne pourrait
pas fonder, sur cette énonciation seule, la revendication d'une partie de ce fonds. Cependant on
en tirerait contre moi un violent argument.

Au surplus, on a omis ici une maxime très-con-
nue, *in antiquis enunciativa probant,* même
contre des tiers, lorsque la possession s'y trouve
conforme. *Voyez* Pothier, n°. 705.

Art. 1321. « Les contre-lettres ne peuvent avoir
» leur effet qu'entre les parties contractantes : elles
» n'ont point d'effet contre les tiers. »

On demanda que les contre-lettres fussent pros-
crites, d'une manière absolue, comme favorisant

la fraude, souvent contre les particuliers, et toujours contre le trésor public. On cita vaguement un jugement, sans dire de quelle cour, qui venait d'annuller une contre-lettre, par laquelle les parties avaient ajouté au prix d'une vente.

Il fut répondu que les contre-lettres étaient surtout abusives relativement aux contrats de mariage, et qu'on y avait pourvu sous le tit. 5 de ce livre. *Voyez* les articles 1396 et 1397. Qu'elles étaient en outre nulles à l'égard des tiers, et que c'était par cette raison qu'elles ne pouvaient porter préjudice au trésor public qui était aussi un tiers; mais qu'il serait injuste de les proscrire absolument entre les parties contractantes, parce que toutes les contre-lettres n'avaient pas pour objet la fraude, et qu'il devenait souvent nécessaire de modifier et d'éclaircir les conventions qu'on avait déjà faites.

On ajouta qu'il vaudrait mieux, pour l'intérêt du trésor public, condamner à une amende les parties qui les produiraient, pour ne les avoir pas fait enregistrer de suite. Il fut observé sur ce dernier motif, que plus l'amende serait forte, et plus on s'appliquerait à dérober à la régie la connaissance de la contre-lettre. Cette observation était très-juste, et conforme à la doctrine de Montesquieu.

Quant au jugement dont on parla, l'art. 40 de la loi du 22 frimaire an 7, est ainsi conçu:

Toute contre-lettre faite sous signature privée, qui aurait pour objet une augmentation du prix stipulé dans un acte public, ou dans un acte sous seing privé, précédemment enregistré, est déclarée nulle et de nul effet ; néanmoins lorsque l'existence en sera constatée, il y aura lieu d'exiger, à titre d'amende, une somme triplée du droit qui aurait été dû sur ces sommes et valeurs ainsi stipulées.

Laurier, acquéreur de Chenon, lui avait fait une contre-lettre de 600 liv. pour supplément du prix; il refuse ensuite de payer cette somme, sur le motif que la contre-lettre est nulle.

Le 23 ventôse an 10, jugement en dernier ressort, du tribunal de Chinon, qui condamne Laurier à payer, attendu que la nullité n'est prononcée par la loi, que dans l'intérêt du fisc, et non entre les parties elles-mêmes; qu'il serait même contradictoire que la loi prononçât une amende pour une convention qui serait absolument nulle.

Pourvoi en cassation de la part de Laurier.

Le 13 fructidor an 12, arrêt de la Section civile qui casse le jugement de Chinon, par la raison que la loi prononçant sans exception ni réserve, et d'une manière absolue, la nullité de la contre-lettre, il n'appartient pas aux juges d'y faire de distinction, et que d'ailleurs il n'y a pas de contradiction entre la disposition de la loi qui prononce la nullité, et celle qui prononce l'amende.

§. II.

De l'Acte sous seing privé.

ART. 1322. « L'acte sous seing privé, reconnu par celui auquel on l'oppose, ou légalement tenu

» pour reconnu, a, entre ceux qui l'ont souscrit et
» entre leurs héritiers et ayant-causes, la même
» foi que l'acte authentique. »

ART. 1323. « Celui auquel on oppose un acte sous
» seing privé est obligé d'avouer ou de désavouer
» formellement son écriture ou sa signature.

» Ses héritiers ou ayant-causes peuvent se con-
» tenter de déclarer qu'ils ne connaissent point l'é-
» criture ou la signature de leur auteur. »

Je suis obligé de reconnaître ma propre signature ; mais je puis, sans dol, méconnaître celle de
mes parens.

ART. 1324. « Dans le cas où la partie désavoue
» son écriture ou sa signature, et dans le cas où ses
» héritiers ou ayant-causes déclarent ne les point
» connaître, la vérification en est ordonnée en jus-
» tice.

Il y a sur cette matière une déclaration du mois
de décembre 1684, dont les dispositions sont très-
judicieuses.

ART. 1325. « Les actes sous seing privé, qui con-
» tiennent des conventions synallagmatiques, ne
» sont valables qu'autant qu'ils ont été faits en au-
» tant d'originaux qu'il y a de parties ayant le
» même intérêt distinct.

» Il suffit d'un original pour toutes les person-
» nes ayant un intérêt.

» Chaque original doit contenir la mention du
» nombre des originaux qui en ont été faits.

» Néanmoins le défaut de mention que les origi-
» naux ont été faits doubles, triples, etc., ne peut

» être opposée par celui qui a exécuté de sa part
» la convention portée dans l'acte. »

Il faut dans les conventions synallagmatiques que chaque partie ait le moyen d'obliger l'autre à les exécuter; il faut donc qu'il en soit fait des doubles pour chacune, dès que la convention est sous seing privé; mais s'il n'était pas dit dans l'acte qu'il a été fait par double ou triple, etc., la partie refusante pourrait toujours prétendre que l'acte est nul, et qu'il n'a pas été fait double.

Si l'une des parties avait déjà exécuté l'acte, il ne doit pas être reçu à opposer qu'il n'a pas été fait double. Mais il y aura souvent de l'embarras à prouver cette exécution. On admettait un autre exception à la règle posée dans l'article, c'est lorsque l'une des parties n'avait pas d'intérêt à avoir un double. Par exemple, je fais une vente sous seing privé, j'en reçois le prix : on jugeait que la vente était valable, quoiqu'elle ne fût pas faite par double; mais on l'aurait jugée nulle, s'il était resté quelque partie du prix à payer.

ART. 1326. « Le billet ou la promesse sous seing
» privé par lequel une seule partie s'engage envers
» l'autre à lui payer une somme d'argent ou une
» chose appréciable, doit être écrit en entier de la
» main de celui qui le souscrit, ou du moins il faut
» qu'outre sa signature il ait écrit de sa main un
» *bon* ou un *approuvé* portant, en toutes lettres,
» la somme ou la quantité de la chose.

» Excepté dans le cas où l'acte émane de mar-

» chands, artisans, laboureurs, vignerons, gens de
» journée et de service. »

Cet article est conforme à la déclaration du 22
septembre 1733.

D'un côté on demanda que les banquiers fussent
nommément compris dans la seconde disposition
de l'article, et on répondit qu'ils l'étaient sous le
terme générique de marchands ; de l'autre, on dit
qu'il y aurait peut-être quelqu'inconvénient à obliger les négocians à exprimer en toutes lettres la
somme au bas des lettres de change, et qu'il valait
mieux renvoyer cette question au Code du commerce ; il fut répondu que le Code du commerce n'était
pas fait encore, et qu'en attendant il était urgent
d'ôter aux créanciers de mauvaise foi le moyen de
changer le montant de l'obligation dans le corps du
billet.

J'ai souvent entendu critiquer l'exception mise
à la règle générale posée par cet article, et par la
déclaration de 1733.

Le motif que Pothier, n°. 710, donne à cette exception, c'est que le commerce serait gêné, si des
gens qui ne savent que signer, tels que des marchands, artisans, laboureurs, vignerons et gens de
campagne, étaient obligés, pour la validité de leurs
billets, d'ajouter à leur signature le montant de la
somme : mais d'après cela on n'aurait pas dû comprendre dans la règle générale, les négocians et banquiers qui sont bien présumés savoir écrire.

D'un autre côté, il semblerait que ce serait plutôt les billets de ces gens, qui savent à peine lire,

qu'il faudrait déclarer nuls, si la somme pour laquelle ces billets sont faits, n'est pas exprimée par
eux en toutes lettres, puisqu'ils sont bien plus aisés
à tromper. Je crois que le mieux serait de s'en tenir, dans tous les cas, à la règle générale:

ART. 1327. « Lorsque la somme exprimée au corps
» de l'acte est différente de celle exprimée au *bon*,
» l'obligation est présumée n'être que de la somme
» moindre, lors même que l'acte, ainsi que le *bon*,
» sont écrits en entier de la main de celui qui s'est
» obligé, à moins qu'il ne soit prouvé de quel côté
» est l'erreur. »

Cet article est fondé sur diverses règles du Droit,
qui veulent que dans le doute on penche pour le débiteur et pour la libération; *leg.* 9 *et* 192, ff. *de
reg. jur.* Mais il n'établit qu'une présomption, laquelle doit céder à la preuve contraire, ou même à
une présomption plus forte qui résulterait des circonstances. C'est ce qui fut bien expliqué dans la
discussion de cet article.

Il fut encore convenu que si le corps de la promesse est écrit d'une main étrangère, c'est alors au
bon pour écrit de la main du débiteur, qu'il faut
se tenir. *Voy.* Pothier, n°. 711 et 712.

ART. 1328. « Les actes sous seing privé n'ont de
» date contre les tiers que du jour où ils ont été en-
» registrés, du jour de la mort de celui ou de l'un
» de ceux qui les ont souscrits, ou du jour où leur
» substance est constatée dans des actes dressés par
» des officiers publics, tels que procès-verbaux de
» scellé ou d'inventaire. »

Les actes sous seing privé n'ont de date contre les tiers qu'à compter des époques énoncées dans l'article, parce que, ces époques exceptées qui constatent leur existence, rien n'empêcherait ceux qui les font de leur donner une date à volonté.

ART. 1329. « Les registres des marchands ne font » point, contre les personnes non marchandes, » preuve des fournitures qui y sont portées ; sauf ce » qui sera dit à l'égard du serment. »

Ne font point preuve, c'est-à-dire, que les registres des marchands ne font point preuve entière des fournitures, de sorte que sur le relevé seul de ces livres, les juges puissent condamner un particulier à payer ; mais ils font une preuve quelconque, puisque les juges sont autorisés à déférer le serment au marchand, et que l'art. 1367 ne permet cette délation que lorsque la demande n'est pas totalement dénuée de preuves.

Tel était aussi l'usage d'après l'avis de Dumoulin : mais il faut observer que cette délation est facultative de la part des juges, et qu'ils ne doivent déférer le serment au marchand, que lorsqu'il jouit d'une réputation de probité, que ses livres sont en règle, et encore lorsque les fournitures sont vraisemblables ; ainsi tout cela est laissé à leur prudence.

Je crois que M. Bigot s'est mépris lorsqu'il a entendu le serment réservé par cet article, du serment déféré au particulier par le marchand. Celui-ci n'a pas besoin de registres pour déférer le serment à son débiteur. L'usage est d'ailleurs contraire à cette interprétation. *Voy*. Pothier, n. 719.

3.   9

Contre les personnes non marchandes. De ces expressions, on doit conclure que les registres des marchands font preuve contre d'autres marchands; tel était encore l'usage, ou du moins ces registres étaient censés avoir plus de force entre marchands; mais c'est toujours sous la condition qu'ils soient bien régulièrement tenus. Que si les registres des deux marchands n'étaient pas d'accord, les juges devraient se décider en faveur de celui qui jouirait de la meilleure réputation, et dont les articles présenteraient le plus de vraisemblance.

ART. 1330. « Les livres des marchands font preuve » contre eux; mais celui qui en veut tirer avantage, » ne peut les diviser en ce qu'ils contiennent de con- » traire à sa prétention. »

Il y eut ici une discussion pour savoir si les marchands étaient obligés d'exhiber leurs livres sur la demande de leur partie, sans que celle-ci offrît de s'y rapporter, si encore les juges pouvaient ordonner cette exhibition d'office.

Il est bien constant que l'ordonnance du commerce, tit. 3, art. 9 et 10, n'autorise cette exhibition qu'en cas de faillite, ou lorsque la partie offre de s'y rapporter : tel est aussi l'avis des commentateurs. La raison en est que cette inspection indiscrette pourrait nuire au crédit du commerçant.

Mais d'un autre côté on alléguait un usage contraire, et la discussion de cet article n'offre pas un résultat assez clair pour qu'il ne soit pas prudent d'attendre à cet égard la décision que portera le *Code du Commerce.*

En attendant, les principes de notre article sont très-raisonnables. Les livres des marchands doivent faire preuve contre eux, mais celui qui veut en tirer avantage ne peut pas les diviser.

ART. 1351. « Les registres et papiers domestiques » ne font point un titre pour celui qui les a écrits. » Ils font foi contre lui, 1°. dans tous les cas où ils » énoncent formellement un paiement reçu; 2°. lorsqu'ils contiennent la mention expresse que la note » a été faite pour suppléer le défaut du titre en faveur de celui au profit duquel ils énoncent une » obligation. »

Sur la première partie de l'article, il faut voir l'art. 1781, au titre du *Louage*. Puisque le maître est cru sur son affirmation pour la fixation et le paiement du salaire de ses domestiques, à plus forte raison, lorsque cette affirmation est conforme à ce qu'il a écrit sur son registre domestique. *Voyez* aussi l'art. 46 du Code.

ART. 1352. « L'écriture mise par le créancier à la » suite, en marge ou au dos d'un titre qui est toujours resté en sa possession, fait foi, quoique non » signée ni datée par lui, lorsqu'elle tend à établir » la libération du débiteur.

» Il en est de même de l'écriture mise par le » créancier au dos, ou en marge, ou à la suite du » double d'un titre ou d'une quittance, pourvu que » ce double soit entre les mains du débiteur. »

§. III.

Des Tailles.

Art. 1333. « Les tailles corrélatives à leurs échan-
» tillons, font foi entre les personnes qui sont dans
» l'usage de constater ainsi les fournitures qu'elles
» font et reçoivent en détail. »

Ce sont les boulangers qui se servent principalement de ces tailles. On fend un morceau de bois ;
le boulanger en garde une partie, qui conserve le
nom de taille, et donne à sa pratique, la partie correspondante qui s'appelle *échantillon* : lorsqu'il
livre du pain, il fait des coches sur les deux ; et ensuite, pour compter la quantité fournie, on appa-
tronne les deux morceaux.

§. IV.

Des Copies de titres.

Art. 1334. « Les copies, lorsque le titre original
» subsiste, ne font foi que de ce qui est contenu
» au titre, dont la présentation peut toujours être
» exigée. »

Quand l'original subsiste, et que l'une des parties en demande l'apport, la copie ne prouve plus
rien.

Art. 1335. « Lorsque le titre original n'existe
» plus, les copies font foi, d'après les distinctions
» suivantes :

» 1°. Les grosses ou premières expéditions font

» la même foi que l'original ; il en est de même des
» copies qui ont été tirées par l'autorité du magis-
» trat, parties présentes ou duement appelées, ou
» de celles qui ont été tirées en présence des par-
» ties, et de leur consentement réciproque.

» 2°. Les copies qui, sans l'autorité du magistrat
» ou sans le consentement des parties, et depuis
» la délivrance des grosses ou premières expéditions,
» auront été tirées sur la minute de l'acte par le
» notaire qui l'a reçu, ou par l'un de ses successeurs,
» ou par officiers publics, qui, en cette qualité,
» sont dépositaires des minutes, peuvent en cas de
» perte de l'original faire foi, quand elles sont an-
» ciennes.

» Elles sont considérées comme anciennes, quand
» elles ont plus de trente ans.

» Si elles ont moins de trente ans, elles ne peu-
» vent servir que de commencement de preuve
» par écrit.

3°. » Lorsque les copies tirées sur la minute d'un
» acte, ne l'auront pas été par le notaire qui l'a reçu,
» ou par l'un de ses successeurs, ou par officiers
» publics, qui, en cette qualité, sont dépositaires
» des minutes, elles ne pourront servir, quelque soit
» leur ancienneté, que de commencement de preuve
» par écrit.

4°. » Les copies de copies pourront, suivant les
» circonstances, être considérées comme simples
» renseignemens. »

Sur le n°. 1, Pothier, n°. 733, dit, d'après Dumoulin, que lorsque la copie tirée par l'autorité du

juge est ancienne, on présume que cette autorité
est en effet intervenue, quoique l'ordonnance du
juge ne soit pas rapportée; il ajoute que la copie
est présumée ancienne, quand elle est faite depuis
dix ans.

Sur le n°. 2. Il est fondé sur l'autorité de Dumoulin et de Pothier, n°. 736 et 737. Cependant,
il y a des auteurs qui tiennent que la copie tirée
par le notaire qui a reçu l'original fait foi indistinctement, quand l'original est perdu. *V.* Rousseaud,
et les autorités qu'il cite, verbo *Preuve*, sect. 2,
n° 5. Tel était aussi l'usage dans les pays de Droit
écrit. Despeisses, tom. 2, pag. 520; Lapeyrère, verbo
Preuve. On ne conçoit pas même de raison bien
décisive de la différence que Pothier fait pour l'an-
tiquité, entre une copie tirée par l'ordonnance du
juge, et celle qui l'est par le notaire qui avait reçu
l'original, pour dire que la première est censée
ancienne après dix ans, et l'autre seulement après
trente.

ART. 1336. « La transcription d'un acte sur les
» registres publics ne pourra servir que de com-
» mencement de preuve par écrit, et il faudra même
» pour cela,

1°. « Qu'il soit constant que toutes les minutes du
» notaire, de l'année dans laquelle l'acte paraît avoir
» été fait, soient perdues; ou que l'on prouve que
» la perte de la minute de cet acte a été faite par un
» accident particulier;

2°. » Qu'il existe un répertoire en règle, du no-

» taire, qui constate que l'acte a été fait à la même
» date.

» Lorsqu'au moyen du concours de ces deux cir-
» constances, la preuve par témoins sera admise,
» il sera nécessaire que ceux qui ont été témoins
» de l'acte, s'ils existent encore, soient entendus. »

Il y a sur cette matière un arrêt du parlement de
Bordeaux, de l'année 1773, rendu entre Gamot et
Lacombe, qui a rejeté l'offre que faisait Gamot de
prouver qu'il avait été institué héritier dans un testament, enregistré au contrôle, avec mention de
l'institution, quoiqu'il offrît de prouver en même
temps que les papiers de ce notaire avaient été dis-
sipés, et que ses héritiers en avaient donné à qui
en avait voulu.

§. V.

Des Actes récognitifs et confirmatifs.

Art. 1337. « Les actes récognitifs ne dispensent
» point de la représentation du titre primordial,
» à moins que sa teneur n'y soit spécialement re-
» latée.

» Ce qu'ils contiennent de plus que le titre pri-
» mordial, ou ce qui s'y trouve de différent, n'a
» aucun effet.

» Néanmoins, s'il y avait plusieurs reconnaissan-
» ces conformes, soutenues de la possession, et dont
» l'une eût trente ans de date, le créancier pour-
» rait être dispensé de représenter le titre primor-
» dial.

Les principes sur lesquels cet article est fondé étaient originairement établis pour les cens et les rentes féodales, et peut-être a-t-on mal fait de les appliquer à toutes les autres créances, maintenant que la féodalité est abolie. Lorsqu'elle régnait, il était très-intéressant, sans doute, de défendre les emphitéotes contre les usurpations des seigneurs, et c'est pour cela qu'il était de jurisprudence qu'une seule reconnaissance ne suffisait pas pour établir un cens ou rente; encore y avait-il des exceptions à cette règle, qu'on peut voir dans Dumoulin, sur Paris, §. 8, glos 1; Boutaric, Traité des Droits seigneuriaux: Henris et Bretonnier, tom. 1, liv. 3, quest. 1 et 6, etc. C'est pour cela encore qu'en cas de diversité dans les reconnaissances on s'en tenait à la plus faible; que lorsque les reconnaissances portaient un cens plus fort que le titre primordial, on revenait au titre; que cependant, si elles en portaient un moins fort, on s'en tenait aux reconnaissances, et l'on jugeait qu'il y avait prescription contre le titre. *Voyez* les mêmes auteurs.

Tout cela était très-bon, très-utile à l'égard des cens et des fiefs; mais il est douteux si les règles ont le même caractère de justice à l'égard des autres créances.

Une reconnaissance est un aveu, mais *non est major probatio quàm confessio partis.* Dumoulin, §. 51; gl. 1. Ai-je besoin de plus d'un aveu de mon débiteur pour établir ma créance.

Sans doute si le débiteur prouve par la représentation du titre primordial que la somme due est

moindre qu'il n'est dit dans la reconnaissance, il
faut se tenir au titre, excepté qu'il ne parût qu'il
y a eu de justes motifs pour augmenter le devoir,
car c'est une exception qu'il faut faire à la seconde
partie de notre article ; mais n'est-ce pas au débiteur à prouver par la représentation du titre, qu'il
y a en effet surcharge par la reconnaissance ?

Une obligation sans cause est nulle suivant l'article 1131 ; mais lorsque la cause est exprimée, c'est
au débiteur a prouver qu'elle est fausse. Tout défendeur est demandeur dans son exception.

Je n'affirme rien, mais il me semble que cet article
mérite de sérieuses réflexions.

Observez au surplus que dans la seconde partie
de l'article, on a justement éloigné la distinction
que l'on faisait entre le cas où les reconnaissances
portaient un devoir plus fort, et celui où elles en
portaient un moindre, et que c'est toujours au
titre qu'il faut se tenir.

Art. 1338. « L'acte de confirmation ou ratifica-
» tion d'une obligation contre laquelle la loi ad-
» met l'action en nullité ou en rescision, n'est va-
» lable que lorsqu'on y trouve la substance de cette
» obligation, la mention du motif de l'action en
» rescision, et l'intention de reparer le vice sur le-
» quel cette action est fondée.

» A défaut d'acte de confirmation ou ratification,
» il suffit que l'obligation soit exécutée volontaire-
» ment après l'époque à laquelle l'obligation pou-
» vait être valablement confirmée ou ratifiée.

» La confirmation, ratification, ou exécution vo-

» lontaire dans les formes et à l'époque déterminée
» par la loi, emporte la renonciation aux moyens
» et exceptions que l'on pouvait opposer contre
» cet acte, sans préjudice néanmoins du droit des
» tiers. »

Art. 1339. « Le donateur ne peut réparer par
» aucun acte confirmatif les vices d'une donation
» entre-vifs : nulle en la forme, il faut qu'elle soit
» refaite en la forme légale. »

Voyez sur ces deux articles les observations faites
sur les articles 912 et 1318.

Art. 1340. « La confirmation ou ratification, ou
» exécution volontaire d'une donation par les hé-
» ritiers ou ayant-causes du donateur, après son
» décès, emporte leur renonciation à opposer soit
» les vices de forme, soit toute autre exception. »

Exécution volontaire ; car si elle était forcée,
elle n'emporterait pas d'acquiescement, ni de renonciation. C'est la règle générale à l'égard des jugemens, pour savoir si on peut en appeler, ou se
pourvoir contre eux.

SECTION II.

De la Preuve testimoniale.

Art. 1341. « Il doit être passé acte devant no-
» taires ou sous signature privée, de toutes choses
» excédant la somme ou valeur de cent cinquante
» francs, même pour dépôts volontaires; et il n'est
» reçu aucune preuve par témoins contre et outre
» le contenu aux actes, ni sur ce qui serait allégué

» avoir été dit avant, lors ou depuis les actes, en-
» core qu'il s'agisse d'une somme ou valeur moindre
» de cent cinquante francs ;

» Le tout sans préjudice de ce qui est prescrit
» dans les lois relatives au commerce. »

Cet article est pris de l'art. 2 , tit. 20 de l'ordonnance de 1667, et celui-ci l'était de l'art. 54 de l'ordonnance de Moulins.

Il y a sur cette matière un savant traité de Boi-
ceau, commenté encore par Danti, que l'on con-
sulte communément sur les questions fréquentes
auxquelles cette disposition des ordonnances donne
lieu.

De toutes choses , et non pas seulement *des conventions ;* les ordonnances disaient aussi *de toutes
choses ;* cependant, malgré cette expression générique, on admettait beaucoup d'exceptions à la règle
générale, on tenait particulièrement que la preuve
des faits, celle des livraisons de denrées, du dol et
de la fraude, n'était pas prohibée par la loi, et
comme notre article ne fait que répéter la disposition des ordonnances, sans proscrire nommément
les exceptions bien connues que la jurisprudence
y admettait, on peut croire qu'elles sont admissi-
bles encore. On peut les voir plus précisément énu-
mérées dans Rodier sur le tit. 20.

Les ordonnances n'excluaient la preuve par témoins qu'au-dessus de 100 liv. Notre article a permis de prouver par témoins jusqu'à 150 francs ; et
par cette disposition on a réellement borné, au lieu
d'étendre la preuve testimoniale ; car 150 fr. d'au-

jourd'hui ne valent pas les 100 liv. de 1667; mais c'est qu'on a cru que la corruption des mœurs avait encore plus augmenté que la valeur numérique des espèces.

ART. 1342 « La règle ci-dessus s'applique au cas
» ou l'action contient, outre la demande du capi-
» tal, une demande d'intérêts qui, réunis au capi-
» tal, excèdent la somme de cent cinquante francs. »

Ainsi les intérêts dus s'accumulent au capital pour déterminer la somme qu'on peut établir par témoins. Mais autre chose est des intérêts qui courent depuis la demande, et telle est aussi la règle donnée pour régler la compétence des tribunaux par la loi du 3 brumaire an 2, et celle du 24 août 1790.

ART. 1343. « Celui qui a formé une demande ex-
» cédant cent cinquante francs, ne peut plus être
» admis à la preuve testimoniale, même en restrei-
» gnant sa demande primitive. »

Conforme à l'ancienne jurisprudence.

ART. 1344. « La preuve testimoniale sur la de-
» mande d'une somme, même moindre de cent cin-
» quante francs, ne peut être admise lorsque cette
» somme est déclarée être le restant ou faire par-
» tie d'une créance plus forte qui n'est point prou-
» vée par écrit. »

Lorsque cette somme est déclarée. Il suit de cette expression, que si la somme était simplement demandée, sans dire qu'elle était le restant d'une somme plus forte, la preuve par témoins devait être admise; tel est aussi l'avis de Pothier, n°. 756.

Art. 1345. « Si, dans la même instance, une par-
» tie fait plusieurs demandes dont il n'y ait point
» de titre par écrit, et que, jointes ensemble, elles
» excèdent la somme de cent cinquante francs, la
» preuve par témoins n'en peut être admise, encore
» que la partie allègue que ces créances proviennent
» de différentes causes, et qu'elles se soient formées
» en différens tems, si ce n'était que ces droits pro-
» cédassent, par succession, donation ou autrement,
» de personnes différentes.

Conforme à l'art. 5, titre 20 de l'ordonnance de
1667.

Art. 1346. « Toutes les demandes, à quelque titre
» que ce soit, qui ne seront pas entièrement justi-
» fiées par écrit, seront formées par un même em-
» ploi, d'après lequel les autres demandes dont il
» n'y aura point de preuve par écrit, ne seront pas
» reçues.

C'est pour empêcher qu'on élude la disposition
des articles précédens.

Art. 1347. « Les règles ci-dessus reçoivent excep-
» tion lorsqu'il existe un commencement de preuve
» par écrit.

» On appelle ainsi tout acte par écrit qui est émané
» de celui contre lequel la demande est formée, ou
» de celui qu'il représente, et qui rend vraisembla-
» ble le fait allégué.

Conforme à l'article 5 de l'ordonnance hic.

Voyez ce que nous avons dit du commencement
de preuve par écrit, sous l'art. 324.

Art. 1348. « Elles reçoivent encore exception tou-

» tes les fois qu'il n'a pas été possible au créancier de
» se procurer une preuve littérale de l'obligation
» qui a été contractée envers lui. »

Cette seconde exception s'applique,

« 1°. Aux obligations qui naissent des quasi-con-
» trats et des délits ou quasi-délits;

» 2°. Aux dépôts nécessaires faits en cas d'in-
» cendie, ruine, tumulte ou naufrage, et à ceux
» faits par les voyageurs en logeant dans une hôtel-
» lerie, le tout suivant la qualité des personnes et
» les circonstances du fait;

» 3°. Aux obligations contractées en cas d'acci-
» dens imprévus où l'on ne pourrait pas avoir fait
» des actes par écrit;

» 4°. Au cas où le créancier a perdu le titre qui
» lui servait de preuve littérale, par suite d'un cas
» fortuit, imprévu et résultant d'une force majeure. »

Cette seconde exception est conforme à la jurisprudence. *Voyez* Rodier, au lieu déjà cité.

Il faut observer sur le n°. 2, que dans les cas qu'il
exprime, les juges ne sont pas obligés d'admettre
indistinctement la preuve par témoins, et qu'il doivent se déterminer par les circonstances. *Voyez* les
articles 1592 et 1593.

SECTION III.

Des Présomptions.

ART. 1349. « Les présomptions sont des consé-
» quences que la loi ou le magistrat tire d'un fait
» connu à un fait inconnu. »

Cette définition vaut mieux que celle de Godefroi ur le titre du ff. *de prob. et praf.* qui dit, *præsumptio est conjectura, seu divinatio in rebus dubiis.* Cujas sur le même titre, au Code, dit, *præsumptio ex eo quod plerumque fit.* Il y a un ample traité de Menochius sur les présomptions, où la matière est épuisée.

On distingue trois espèces de présomptions, celles qu'on appelle *præsumptiones juris et de jure,* celles dites *præsumptiones juris,* et les simples présomptions.

Les présomptions *juris et de jure,* sont celles auxquelles la loi attache un tel caractère de vérité, qu'elle n'admet pas de preuve contraire : telle est la loi qui déclare nul et frauduleux, tout transport fait par un débiteur dans les dix jours avant la faillite ; telle est celle qui déclare frauduleuse la donation faite au père d'une personne incapable : ceux auxquels cette présomption est opposée, ne sont pas admis à prouver que les actes dont s'agit étaient sincères et avaient une cause légitime. Telle est encore la présomption qui résulte de la chose jugée, ou du serment décisoire : ceux auxquels cette chose jugée et ce serment sont opposés, ne sont pas reçus à prouver que la chose a été mal jugée, et le serment pris à faux.

Les présomptions *juris* sont celles qu'une loi a établies comme indiquant la vérité, mais sans exclure la preuve contraire. Ainsi, suivant l'art. 1283, la remise de la grosse du titre fait présumer le paiement, mais sans préjudice de la preuve contraire.

Les simples présomptions sont celles qui ne sont pas établies par une loi précise, et que le juge tire des conséquences du fait. Elles sont abandonnées à ses lumières et à sa prudence, comme le dit l'article 1353.

PARAGRAPHE PREMIER.

Des Présomptions établies par la loi.

ART. 1350. « La présomption légale est celle qui
» est attachée par une loi spéciale, à certains actes,
» ou à certains faits; tels sont :
» 1°. Les actes que la loi déclare nuls, comme pré-
» sumés faits en fraude de ses dispositions, d'après
» leur seule qualité;
» 2°. Les cas dans lesquels la loi déclare la pro-
» priété ou la libération résulter de certaines cir-
» constances déterminées;
» 3°. L'autorité que la loi attribue à la chose
» jugée;
» 4°. La force que la loi attache à l'aveu de la par-
» tie, ou à son serment. »

Voyez les observations sur l'article précédent.

ART. 1351. « L'autorité de la chose jugée n'a lieu
» qu'à l'égard de ce qui a fait l'objet du jugement.
» Il faut que la chose demandée soit la même; que
» la demande soit fondée sur la même cause; que
» la demande soit entre les mêmes parties, et for-
» mée par elles et contre elles en la même qualité. »

On entend par une chose jugée ce qui est défi-
nitivement, et dont il ne peut pas y avoir d'appel.

Les sentences et jugemens qui doivent passer en force de chose jugée, dit l'art. 5, tit. 27 de l'ordonnance, *sont ceux rendus en dernier ressort, et dont il n'y a appel, ou dont l'appel n'est pas recevable, soit que les parties y eussent formellement acquiescé, ou qu'elles n'en eussent interjeté appel dans le temps, ou que l'appel ait été déclaré péri.*

Les conditions requises pour qu'on puisse opposer à quelqu'un l'autorité de la chose jugée, sont prises des lois 13 et 14, ff. *de exceptione rei jud. Modò idem corpus sit, idem jus, qualitas eadem, eadem causa petendi, eadem conditio personarum ; quæ nisi omnia concurrant, alia res est.*

ART. 1352. « La présomption légale dispense de » toute preuve celui au profit duquel elle existe.

» Nulle preuve n'est admise contre la présomp- » tion de la loi, lorsque, sur le fondement de cette » présomption, elle annulle certains actes, ou dé- » nie l'action en justice, à moins qu'elle ait réservé » la preuve contraire, et sauf ce qui sera dit sur le » serment et l'aveu judiciaires. »

On a expliqué, sous ce même article, l'effet des présomptions *juris et de jure,* et celui des présomptions *juris.*

§. II.

Des présomptions qui ne sont point établies par la loi.

ART. 1353. «.Les présomptions qui ne sont point

3.

10

» établies par la loi sont abandonnées aux lumières
» et à la prudence du magistrat, qui ne doit ad-
» mettre que des présomptions graves, précises et
» concordantes, et dans le cas seulement où la loi
» admet des preuves testimoniales, à moins que
» l'acte ne soit attaqué pour cause de fraude ou de
» dol. »

Observez bien la restriction que cet article met
au pouvoir des juges, en fait de présomptions qui
ne sont établies par aucune loi, c'est qu'ils ne peuvent se décider par des présomptions, que dans les
cas où la loi admet la preuve par témoins, excepté
que l'acte ne fût attaqué pour cause de fraude ou
de dol. Ainsi une simple présomption ne peut tenir lieu que d'une preuve testimoniale ; cette décision est nouvelle.

SECTION IV.

De l'Aveu de la Partie.

ART. 1354. « L'aveu qui est opposé à une par-
» tie, est ou extrajudiciaire ou judiciaire. »

*Nimis indignum est proprio testimonio resis-
tere.* Loi 13, *de non num. pec.*

On peut avouer une dette, comme le créancier,
un paiement.

ART. 1355. « L'allégation d'un aveu extrajudi-
» ciaire purement verbal, est inutile toutes les fois
» qu'il s'agit d'une demande dont la preuve testi-
» moniale ne serait point admissible. »

L'aveu extrajudiciaire est considéré comme ayant

en général moins de force que le judiciaire ; on distingue s'il a été fait à la partie, ou s'il a été fait à un tiers ; dans le premier cas, on le regarde comme faisant preuve complète ; dans le second cas, Dumoulin prétend qu'il doit être complété par le serment supplétoire. *V*. Pothier, n.° 801. Que s'il s'agissait d'un aveu écrit, quoique fait dans un acte étranger à la partie, comme dans un inventaire, il doit faire une preuve entière. Pothier, *ib dictâ*. *L.* 13.

ART. 1356. « L'aveu judiciaire est la déclaration
» que fait en justice la partie, ou son fondé de pou-
» voir spécial.

» Il fait pleine foi contre celui qui l'a fait.

» Il ne peut être divisé contre lui.

» Il ne peut être révoqué, à moins qu'on ne
» prouve qu'il a été la suite d'une erreur de fait. Il
» ne pourrait être révoqué, sous prétexte d'une
» erreur de droit. »

Confessus in jure pro judicato est. L. 1, 3, et 6, ff. *de confessis.*

Il ne peut être divisé. Non utique existimatur confiteri, qui exceptione utitur. Loi 9, ff. *de excep. præscr. In civilibus confessio non scinditur.* C'est là une maxime vulgaire. On distinguait cependant si l'aveu contenait des choses connexes ou séparées ; Lapeyrère, verbo *Confession*. Mais tout cela est plus subtil que vrai ; et dès que de la déclaration du débiteur, il résulte que, suivant lui, il ne doit pas, certainement il n'avoue pas la dette.

Observez au surplus que, quoique ce soit à l'aveu judiciaire que notre article ait apposé la règle qu'il ne peut pas être divisé, il en est de même de l'aveu extrajudiciaire.

Il ne peut pas être révoqué. C'est la décision de la loi unique, Cod. *de Confess.*

La distinction entre l'erreur de fait et l'erreur de droit, se trouve dans la loi 2, ff. *de Confess.*

Observez qu'il ne s'agit dans cette section, que de l'aveu en matière civile; celui fait en matière criminelle, se régit par d'autres principes.

On n'a pas mis ici la règle du Droit, *Qui tacet consentire videtur,* ni cette autre qui, au fond, en diffère peu, *Qui tacet non utiquè consentit, verumtamen est eum non negare.* Ces règles sont applicables aux interrogatoires faits par le juge. *Qui apud prætorem omninò non respondit, contumax est.* L. 11, §. 4., ff. *de interrog. in jure fac.*

Section V.

Du Serment.

ART. 1357. « Le serment judiciaire est de deux
» espèces :

» 1.° Celui qu'une partie défère à l'autre pour en
» faire dépendre le jugement de la cause : il est ap-
» pelé *décisoire* ;

» 2.° Celui qui est déféré d'office, par le juge, à
» l'une ou l'autre des parties. »

On s'était servi dans le projet des termes *affirmation judiciaire;* on a substitué le mot *serment,* comme plus respectable; mais il ne présente que la même idée. *Jusjurandum est affirmatio religiosa.* Cujas, ad tit. Cod. *de Juris.*

Le même dit : *Voluntarium est quod à parte defertur ; necessarium quod pars cui delatum est , refert delatori. Judiciale quod à judice defertur.* Ad tit. , ff. de Jurej.

PARAGRAPHE PREMIER.

Du Serment décisoire.

ART. 1358. « Le serment décisoire peut être dé-
» féré sur quelqu'espèce de contestation que ce
» soit. »

Soit que l'objet de la contestation excède ou n'excède pas 150 francs.

In omni causâ et actione juratur. L. 3, ff. hic.

ART. 1359. « Il ne peut être déféré que sur un fait
» personnel à la partie à laquelle on le défère. »

L'héritier peut bien être mis au serment pour déclarer s'il ne sait pas que son auteur devait ; mais c'est toujours un fait à lui personnel.

ART. 1360. « Il peut être déféré en tout état de
» cause , et encore qu'il n'existe aucun commence-
» ment de preuve de la demande ou de l'exception
» sur laquelle il est provoqué. »

On peut voir dans Vinnius , *select. quæst. quæst.*
1 , n.º 42 , la réfutation des argumens de ceux qui pensaient que le serment ne pouvait être déféré par celui qui n'avait aucun commencement de preuve. Pothier , n.º 820 , est de l'avis de Vinnius.

Cet article, et le 1358 , décident la question fort

controversée de savoir si l'on peut déférer le serment contre la teneur d'un acte public ; par exemple, si l'argent a été réellement compté et reçu, dans un contrat qui atteste la numération des espèces. *Voyez* à ce sujet Lapeyrère, Lett. D, n.º 121, et lett. P, n.º 87. Pour moi, j'ai toujours cru que le serment décisoire pouvait être alors déféré, et que celui qui refusait de le prendre ou de le déférer, devait être condamné à payer. *Manifestæ turpitudinis est nolle jurare, nec juramentum referre.* L. 38, ff. hic.

ART. 1361. « Celui auquel le serment est déféré, » qui le refuse ou ne consent pas à le référer à son » adversaire, ou l'adversaire à qui il a été référé » et qui le refuse, doit succomber dans sa demande » ou dans son exception. »

Voyez la loi 58 déjà citée.

ART. 1362. « Le serment ne peut être référé quand » le fait qui en est l'objet n'est point celui des deux » parties, mais est purement personnel à celui auquel le serment avait été déféré. »

Même motif que pour l'art. 1359.

ART. 1363 « Lorsque le serment déféré ou référé » à été fait, l'adversaire n'est point recevable à en » prouver la fausseté. »

Perjurii prætextu causâ retractari non potest. L. 1. Cod. de Reb. cred. *Nec aliud quæritur quàm si juratum sit.* L. 5, §. 2, hic. Et ce, quand même on offrirait de prouver la fausseté du serment par des pièces nouvellement recouvrées. *L 31, ff. hic.* Mais cette décision doit être bornée au serment dé-

cisoire dont il s'agit seulement dans ce § ; car il
en est autrement du serment supplétoire, et de
l'interrogatoire sur faits et articles. *Voyez* Domat,
tom. 2, liv 5, tit. 6, sect. 3.

ART. 1364. « La partie qui a déféré ou référé le
» serment ne peut plus se rétracter lorsque l'ad-
» versaire a déclaré qu'il est prêt à faire ce serment. »

D'où il suit qu'elle peut se rétracter avant que
l'autre ait déclaré l'accepter. L. 11, Cod. *de reb.*
cred.; mais cette même loi dit que la partie qui
a rétracté la délation du serment, ne peut plus le
déférer, *idem*, Pothier, n°. 822.

ART. 1365. « Le serment fait ne forme preuve
« qu'au profit de celui qui l'a déféré ou contre lui,
» et au profit de ses héritiers ou ayant-causes ou
« contre eux.

» Néanmoins le serment déféré par l'un des créan-
» ciers solidaires au débiteur, ne libère celui-ci que
« pour la part de ce créancier;

» Le serment déféré au débiteur principal libère
« également les cautions;

» Celui déféré à l'un des débiteurs solidaires pro-
« fite aux co-débiteurs;

« Et celui déféré à la caution profite au débiteur
» principal.

» Dans ces deux derniers cas, le serment du co-dé-
« biteur solidaire ou de la caution ne profite aux
» autres co-débiteurs ou au débiteur principal,
» que lorsqu'il a été déféré sur la dette, et non sur
« le fait de la solidarité ou du cautionnement. »

La première partie de l'article est conforme à la

loi 3, §. 3, ff. *hic,* et à la règle générale, *jusjuran-dum alteri neque nocet, neque prodest.*

La seconde partie a le même motif que le §. de l'article 1198.

Les autres décisions contenues dans l'article sont conformes à ce qui est dit ci-dessus du paiement, car le serment prêté en tient lieu.

L'article ne dit rien du serment déféré par l'un des debiteurs solidaires, à leur créancier; la loi 28, ff. *hic,* décide que si le créancier avoue le paiement, le serment profite à l'autre débiteur. Mais si le créancier niait, son déni ne nuirait pas à ce dernier.

§. II.

Du Serment déféré d'office.

ART. 1366. « Le juge peut déférer à l'une des
» parties le serment, ou pour en faire dépendre la
» décision de la cause, ou seulement pour déter-
» miner le montant de la condamnation. »

Lorsque le serment est déféré par le juge, pour en faire dépendre le jugement de la cause, il s'appelle *juramentum judiciale* ou *suppletorium;* lorsque c'est pour déterminer le montant de la condamnation, on l'appelle *juramentum in litem.*

ART. 1367. « Le juge ne peut déférer d'office le
» serment, soit sur la demande, soit sur l'excep-
» tion qui y est opposée, que sous les deux condi-
» tions suivantes : il faut,

» 1°. Que la demande ou l'exception ne soit pas
» pleinement justifiée :

» 2°. Qu'elle ne soit pas totalement dénuée de
» preuves.

» Hors ces deux cas, le juge doit ou adjuger ou
» rejeter purement et simplement la demande. »

Cet article est pris de la loi 31, ff. *de jurej*. Pothier dit, n°. 831, que le juge doit être très-réservé à déférer ce serment, et que depuis quarante ans il n'a vu arriver que deux fois, qu'une partie fût retenue par ce frein, et se désistât de ce qu'elle avait soutenu : ce n'est plus le cas de se servir de la maxime des Romains, *jurisjurandi ad lites decidendas præcipua vis esto*.

ART. 1368. « Le serment déféré d'office par le
» juge à l'une des parties, ne peut être par elle ré-
» féré à l'autre. »

C'est parce que ce n'est pas la partie qui l'a déféré; et que le juge peut n'avoir pas la même confiance dans les deux, qu'il a dû au contraire, pour se décider à le déférer à l'une, bien examiner toutes les circonstances, soit du fait, soit de la qualité des personnes qui devaient la faire préférer.

ART. 1369. « Le serment sur la valeur de la chose
» demandée ne peut être déféré par le juge au de-
» mandeur que lorsqu'il est d'ailleurs impossible
» de constater autrement cette valeur.

» Le juge doit même, en ce cas, déterminer la
» somme jusqu'à concurrence de laquelle le deman-
» deur en sera cru sur son serment. »

Cet article traite maintenant du serment *in litem*; il trouve souvent son application dans les spoliations d'hérédité, et les vols faits chez les aubergistes.

  Dans notre jurisprudence on a fait un devoir aux juges de ce qui n'était que facultatif chez les Romains, savoir: la limitation de la somme jusqu'à concurrence de laquelle le demandeur doit être cru sur son serment. *Judex modum statuere potest... ne in immensum juretur.* L. 4, §. 2, ff. *de in litem jur.*; il peut même ne pas s'en rapporter entièrement au serment une fois prêté, lorsque la somme lui paraît excessive. L. 4 et 5, *hic.*

Quelquefois il arrive que les juges prennent encore une autre précaution, pour ne pas se livrer entièrement à la foi du demandeur, c'est d'ordonner une enquête sur ses facultés, pour savoir s'il a pu avoir les choses qu'il prétend lui avoir été volées. *Voyez* Rousseaud, verbo *Serment*, n.° 4.

TITRE IV.

Des engagemens qui se forment sans convention.

(Décrété le 19 pluviôse an XII. Promulgué le 29 du même mois.)

Art. 1370. « Certains engagemens se forment sans » qu'il intervienne aucune convention, ni de la part

» de celui qui s'oblige . ni de la part de celui en-
» vers lequel il est obligé. »

» Les uns résultent de l'autorité seule de la loi.
» Les autres naissent d'un fait personnel à celui
» qui se trouve obligé.

» Les premiers sont les engagemens formés in-
» volontairement , tels que ceux entre propriétai-
» res voisins , ou ceux des tuteurs et des autres ad-
» ministrateurs qui ne peuvent refuser la fonction
» qui leur est déférée.

» Les engagemens qui naissent d'un fait person-
» nel à celui qui se trouve obligé, résultent ou des
» quasi-contrats , ou des délits ou quasi-délits. Ils
» font la matière du présent titre. »

CHAPITRE PREMIER.

Des Quasi-contrats.

ART. 1371. « Les quasi-contrats sont les faits pu-
» rement volontaires de l'homme , dont il résulte
» un engagement quelconque envers un tiers , et
» quelquefois un engagement réciproque des deux
» parties. »

ART. 1372. « Lorsque volontairement on gère
» l'affaire d'autrui , soit que le propriétaire con-
» naisse la gestion, soit qu'il l'ignore, celui qui gère
» contracte l'engagement tacite de continuer la ges-
» tion qu'il a commencée et de l'achever , jusqu'à
» ce que le propriétaire soit en état d'y pourvoir

» lui-même ; il doit se charger également de toutes
» les dépendances de cette même affaire.

» Il se soumet à toutes les obligations qui résul-
» teraient d'un mandat exprès que lui aurait donné
» le propriétaire.

Il y a un titre au ff. et au Code *de negotiis gestis*,
où l'on trouve d'excellentes règles sur cette matière.
Celle que notre article donne sur l'obligation où
est celui qui a commencé à gérer l'affaire d'un absent, de la terminer, ou de la continuer, du moins jusqu'à ce que l'absent soit en état d'y pourvoir; cette règle se trouve dans la loi 6, §. 12 et 21, §. 2, ff. *hic*.

Cette décision fut cependant combattue; on dit
qu'en exerçant un acte de charité, on n'entendait
pas s'imposer des engagemens ultérieurs; par exemple, un voisin qui prend soin du champ d'un militaire qui est à l'armée, sera-t-il obligé de le cultiver jusqu'au retour de ce militaire? des circonstances imprévues ne peuvent-elles pas mettre le
negotiorum gestor dans l'impossibilité de continuer à donner ses soins?

On répondit qu'il en serait quitte alors en avertissant le propriétaire; que ses obligations doivent
s'interpréter par l'équité, qu'elles se réduisent à ne
pas abandonner l'affaire intempestivement, et de
manière à causer du préjudice au propriétaire; que
l'esprit de l'article était de contenir des gens toujours prêts à se mêler des affaires d'autrui, souvent
pour les gâter, et qui empêchent ainsi des amis
plus sages de les faire. On convint cependant que
cette règle ne doit pas être appliquée avec trop de

sévérité ; quelques services de bon voisinage ne doivent pas faire supposer qu'on a voulu se constituer *negotiorum gestor ;* mais quand des circonstances plus décisives prouvent qu'on a pris cette qualité, il faut bien qu'on demeure responsable de ce mandat volontaire, et qu'on ne puisse s'en décharger à contre-tems.

L'article fut adopté avec ces amendemens ; cependant il fut reproduit ensuite sans qu'ils y fussent exprimés ; le rapporteur dit que la Section avait pensé que l'intention du Conseil y était suffisamment exprimée.

On pourrait cependant douter de l'exactitude de cette assertion, en comparant le texte avec le commentaire qui en fut fait dans le Conseil ; mais il en résulte pourtant qu'il faut se tenir aux explications, tout autant qu'elles ne se trouveront pas manifestement en opposition avec le texte.

Ainsi, parce que j'aurai cultivé une année le champ de mon voisin absent, je ne serai pas en obligation de le cultiver toujours ; je ne serai pas tenu encore de continuer à gérer, si je me trouve dans l'impuissance de le faire, en prenant cependant, dans les deux cas, les précautions nécessaires, pour que les intérêts de l'absent en souffrent le moins possible.

Celui-là même qui a accepté formellement un mandat du maître, peut y renoncer en avertissant le mandant. *Voyez* l'art, 2007 ; à plus forte raison, le *negotiorum gestor* peut-il y renoncer, pourvu qu'il ne le fasse pas intempestivement, comme il fut dit dans la discussion.

Enfin, on n'est pas *negotiorum gestor in genere,* parce qu'on aura rendu à un absent quelques services de bon voisinage.

ART. 1373. « Il est obligé de continuer sa gestion,
» encore que le maître vienne à mourir avant que
» l'affaire soit consommée, jusqu'à ce que l'héri-
» tier ait pu en prendre la direction. »

On a ici assimilé le *négotiorum gestor* au mandataire. *Voy.* l'art. 1991 ; mais il fut convenu que cela devait s'entendre sous les modifications exprimées sur l'article précédent.

ART. 1374. « Il est tenu d'apporter à la gestion
» de l'affaire tous les soins d'un bon père de fa-
» mille.

» Néanmoins les circonstances qui l'ont conduit
» à se charger de l'affaire, peuvent autoriser le juge
» à modérer les dommages et intérêts qui résulte-
» raient des fautes ou de la négligence du gérant. »

Suivant les lois romaines, *non solum dolum et culpam præstare debet , sed omnem diligentiam.* L. 11, ff. *hic et* 24, *Cod. de usur.*

Qui verò affectione coactus.... non bona distrahantur, se obtulerit, tenetur tantùm de dolo. L. 3, §. 9, ff. *hic.* Cette décision peut s'appliquer à d'autres circonstances.

ART. 1375. « Le maître dont l'affaire a été bien
» administrée, doit remplir les engagemens que
» le gérent a contractés en son nom, l'indemniser
» de tous les engagemens personnels qu'il a pris,
» et lui rembourser toutes les dépenses utiles ou
» nécessaires qu'il a faites. »

Ei qui utiliter gessit, præstatur quidquid eo nomine vel abest, vel ad futurum est. L. 2, ff. *hic. Quid publice utile est absentes à quibuscumque deffendi.* L. 33, ff. *de procur.* Pour juger de l'utilité de la gestion, on ne considère pas la réussite, *modò res sit utiliter cœpta.* L. 10, §. 1, ff. *hic.*

La loi 45, ff. *hic,* porte une décision remarquable. *Inter utilia computatur sumptus honeste factos honores consequendos.*

ART. 1376. « Celui qui reçoit par erreur, ou » sciemment, ce qui ne lui est pas dû, s'oblige à » le restituer à ceux de qui il l'a indûment reçu. »

Il faut voir ici les titres du ff. et du Code *de conditione indebiti,* et ce que nous en avons déjà dit sur l'art. 1235.

ART. 1377. « Lorsqu'une personne qui, par er- » reur se croirait débitrice, a acquité une dette, » elle a le droit de répétition contre le créancier.

» Néanmoins ce droit cesse dans le cas où le » créancier a supprimé son titre par suite du paie- » ment, sauf le recours de celui qui a payé contre » le véritable débiteur. »

La loi 44, ff. *hic,* dit : *nulla repetitio est ab eo qui suum recepit.* Mais cela doit s'entendre lorsque celui qui a payé l'a fait au nom du débiteur : il en est autrement, lorsqu'il se croyait débiteur lui-même, L. 18, §. 6, ff. *hic. Voyez* la glose sur la loi 44.

Quant à la secoude partie de l'article, elle est

fondée sur l'équité, qui ne permet pas que le créancier soit dupe de la faute du payant.

ART. 1378. « S'il y a eu mauvaise foi de la part » de celui qui a reçu, il est tenu de restituer, tant » le capital que les intérêts ou les fruits, du jour » du paiement. »

S'il n'y a pas de mauvaise foi, celui qui a reçu ne doit les fruits ou intérêts que depuis la demande. L. 1, Cod. *hic.*

ART. 1379. « Si la chose induement reçue est un » immeuble, ou un meuble corporel, celui qui l'a » reçue s'oblige à la restituer en nature, si elle » existe, ou sa valeur, si elle est périe ou détério- » rée par sa faute; il est même garant de sa perte » par cas fortuit, s'il l'a reçue de mauvaise foi. »

ART. 1380. « Si celui qui a reçu de bonne foi a » vendu la chose, il ne doit restituer que le prix » de la vente. »

Si res quæ condicitur, modicò distracta sit, sine fraude, hoc solùm venit in condictionem. quod ex pretio habuit. L. 26, §. 12, ff. *hic.*

ART. 1381. « Celui auquel la chose est restituée » doit tenir compte, même au possesseur de mau- » vaise foi, de toutes les dépenses nécessaires et uti- » les qui ont été faites pour la conservation de la » chose. »

C'est la règle introduite par l'équité, même envers le possesseur de mauvaise foi. L. 38, ff. *de petit. hæred.*

CHAPITRE II.

Des Délits et des Quasi-délits.

Art. 1382. « Tout fait quelconque de l'homme
» qui cause à autrui un dommage, oblige celui par
» la faute duquel il est arrivé, à le réparer. »

Par la faute. Aussi la loi 5, §. 1, *ad leg. aquil.*
dit-elle : *Injuriam accipimus damnum culpâ
datum.* La 151°. des Règles du Droit, *damnum
non facit qui jure suo utitur.* Les lois 29 et 49, ff.
ad leg. aquil. : *Non imputatur damnum, si
magnâ vi cogente, aut si ex necessitate, in pe-
riculo datum sit, nullâ interveniente culpâ.* Il
faut voir, sur ce chapitre, les titres du ff. *ad legem
aquiliam,* et *si quadrupes paup. fec. dic.*

Art. 1383. « Chacun est responsable du dom-
» mage qu'il a causé, non-seulement par son fait,
» mais encore par sa négligence ou par son impru-
» dence. »

L. 44 *ad leg. aquil.*, et même par son ignorance
dans les choses appartenantes à sa profession. La loi
7 parle ainsi du chirurgien opérant ; la loi 9, §. 5,
locati, de l'artisan. Mais les avocats et les médecins
n'en sont pas tenus. Voy. *Boutaric*, p. 524. Tant
pis pour celui qui en emploie de mauvais.

Art. 1384. « On est responsable, non-seulement
» du dommage que l'on a causé par son propre fait,
» mais encore de celui qui est causé par le fait des

3.

» personnes dont on doit répondre, ou des choses
» que l'on a sous sa garde.

» Le père et la mère, après le décès du mari, sont
» responsables du dommage causé par leurs enfans
» mineurs habitant avec eux ;

» Les maîtres et les commettans, du dommage
» causé par leurs domestiques et préposés dans les
» fonctions auxquelles ils les ont employés ;

» Les instituteurs et les artisans, du dommage
» causé par leurs élèves et apprentis, pendant le
» tems qu'ils sont sous leur surveillance.

» La responsabilité ci-dessus a lieu, à moins que
» les père et mère, instituteurs et artisans ne prou-
» vent qu'ils n'ont pu empêcher le fait qui donne
» lieu à cette responsabilité. »

Voyez Pothier, n°. 121. Il ne parle pas des artisans à l'égard des apprentis, mais le même motif de
décider a dû engager à étendre sur la règle.

Culpa caret qui sit, sed prohibere non potest.
L. 58, ff. *de reg. jur.* C'est de là qu'a été tirée la
dernière partie de l'article.

On trouve dans son explication une différence notable dans les discours des deux tribuns, *Bertrand
de Greuille*, au tribunat, et *Tarrible*, au corps
législatif : le premier dit que cette dernière partie
ne s'étend pas aux maîtres et commettans ; le second, qu'il s'applique à eux comme aux pères, mè-
res, instituteurs et artisans. Je suis de l'avis du premier, tant par les motifs qu'il en donne, que parce
que les maîtres et commettans ne sont pas rappelés

dans cette dernière partie de l'article. Telle est aussi l'opinion de Pothier.

ART. 1385. « Le propriétaire d'un animal, ou ce-
» lui qui s'en sert, pendant qu'il est à son usage,
» est responsable du dommage que l'animal a causé,
» soit que l'animal fût sous sa garde, soit qu'il fût
» égaré ou échappé. »

Cet article est le résumé des lois sous le titre *Si quadrupes paup.*, etc. La loi des douze tables voulait qu'on fût quitte du dommage en livrant la bête qui l'avait fait. L. 1, *si quadrupes*. Mais Rousseaud, verbo *Dommage*, sect. 1, n° 2, dit que cette loi n'est point observée parmi nous.

Il y a un titre au ff. *de his qui effud.*, duquel nous avions tiré deux articles, pour dire que si d'une maison habitée par plusieurs personnes, il est jeté sur un passant quelque chose qui lui fasse dommage, tous les habitans en sont tenus, à moins qu'on ne sache qui l'a fait; et que l'aubergiste est aussi tenu du même dommage fait par ceux qu'il loge; mais non les logés eux-mêmes, s'il n'est prouvé qu'ils en sont les auteurs. Ces articles furent retranchés, comme n'étant que des exemples du principe général.

ART. 1386. « Le propriétaire d'un bâtiment est
» responsable du dommage causé par sa ruine, lors-
» qu'elle est arrivée par une suite du défaut d'en-
» tretien ou par le vice de sa construction. »

Lorsqu'elle est arrivée par : on proposa d'ajouter simplement *par sa faute*, de peur qu'en annonçant quelques cas, on ne parut exclure les autres.

Cette proposition ne fut pas adoptée ; il est difficile en effet de concevoir d'autres cas que ceux expliqués dans l'article , qui puissent rendre le propriétaire garant.

Non-seulement on est tenu de réparer le dommage une fois arrivé, mais on peut encore être forcé à le prévenir, et il y a là dessus au *ff.* et au Code, un titre *de damno infecto*, qu'il faut voir : notre usage est de faire ordonner une visite du bâtiment qui menace ruine, pour faire condamner ensuite le propriétaire à le réparer ou à l'abattre.

TITRE V.

Du Contrat de Mariage, et des Droits respectifs des Epoux.

(Décrété le 20 pluviôse an XII. Promulgué le 30 du même mois).

Ce titre embrasse deux sujets très-différens, la communauté et le régime dotal : il ne faut point aller chercher dans les livres du Droit romain, le développement des règles de la communauté, elle n'y était pas connue ; c'est dans les traités *ex professo* faits sur cette matière, par Lebrun, Renusson et Pothier, qu'on peut s'en instruire à fond : quan t au régime dotal, il faut voir spécialement les titres 3, 4 et 5 du liv. 23 du ff., et les titres 11, 12, 14 et 23 du liv. 5 du Code.

CHAPITRE PREMIER.

Dispositions générales.

ART. 1387. « La loi ne régit l'association conju-
» gale, quant aux biens, qu'à défaut de conven-
» tions spéciales, que les époux peuvent faire,
» comme ils le jugent à propos, pourvu qu'elles ne
» soient pas contraires aux bonnes mœurs, et, en
» outre, sous les modifications qui suivent. »

ART. 1388. « Les époux ne peuvent déroger ni
» aux droits résultant de la puissance maritale sur
» la personne de la femme et des enfans, ou qui
» appartiennent au mari comme chef, ni aux droits
» conférés au survivant des époux par le titre *de la*
» *Puissance paternelle* et par le titre *de la Mino-*
» *rité, de la Tutelle et de l'Emancipation*, ni
» aux dispositions prohibitives du présent Code. »

Cet article fut critiqué sous plusieurs rapports.

On dit, 1.º qu'il rendait illusoire la liberté que
l'article précédent accordait aux époux de donner
à leur société les règles qu'ils jugeraient à propos ;

2.º Qu'il transformait en Droit public la disposition des coutumes qui défendaient à la femme d'a-
liéner ses biens paraphernaux, sans l'autorisation
de son mari, tandis que dans les pays de Droit écrit
dont on voulait cependant conserver l'usage, elle
pouvait librement disposer de cette espèce de biens ;

3.º Quil vaudrait mieux énoncer de suite toutes
les dispositions prohibitives dont on entendait par-

ler, parce que dans un ouvrage aussi étendu que le Code civil, il était à craindre qu'il ne se glissât, dans des articles par lesquels on n'aurait point voulu établir de prohibition, quelques expressions qui pourraient ensuite paraître prohibitives;

4.º Que cette citation vague des Droits conférés par les titres *de la puissance paternelle* et *de la minorité*, pouvait aussi occasionner des contestations; par exemple, des parens pourront-ils stipuler dans un contrat de mariage, que la femme devenue veuve ne pourra être tutrice, avant d'avoir atteint l'âge de vingt-cinq ans ? Quel motif pour l'empêcher ? On ferait mieux de s'en tenir à la maxime professée jusqu'à présent, et qui n'admettait pour limites des conventions matrimoniales, que l'ordre public et les mœurs.

On a répondu qu'il fallait distinguer, par rapport aux mariages, les règles qui tiennent à l'ordre public, de celles qui ne se rapportent qu'aux intérêts pécuniaires des époux; on ne peut déroger aux premières par aucune convention, mais la loi laisse aux parties toute liberté à l'égard des secondes; tel est le sens des deux articles maintenant discutés; l'article 1388 ne statue que sur celles qui concernent l'ordre public.

Après cette explication, on est descendu dans les détails, et on a dit que l'art. 1388 n'était pas en contradiction avec le précédent, puisque celui-ci restreignait la liberté des stipulations matrimoniales, par les modifications portées dans l'article suivant,

Le mari est par la nature même des choses, le chef de la société conjugale; on ne peut donc le priver de ses droits sans blesser l'ordre naturel; l'article prohibe en conséquence toute stipulation qui tendrait à rendre la femme chef ou indépendante. Il n'a pas d'autre objet. Dailleurs la question des paraphernaux est déjà décidée par l'art. 227. (Job-serve que cette allégation fut contestée, mais l'art. 1576 a levé tous les doutes à cet égard.)

Il serait dangereux de prétendre énoncer de suite toutes les dispositions prohibées : on s'exposerait certainement à des omissions; on a cité quelques cas, mais combien ne peut-il pas en exister d'autres ? Par exemple, un mari peut-il stipuler que sa femme devenue veuve n'aura pas droit de réclusion sur ses enfans mineurs ? Non sans doute; il faudrait donc aussi un article prohibé sur cet objet. Il vaut mieux poser une règle certaine, et en laisser aux juges l'ap-plication.

L'article ne parle de la puissance paternelle que pour défendre les stipulations qui priveraient le père de son pouvoir sur la personne de ses enfans, et de l'usufruit de leurs biens.

Ce qu'il dit de la tutelle est conforme aux princi-pes déjà adoptés sous ce titre. On n'a pas voulu que la mère fût privée de la qualité honorable de tutri-ce; et le pouvoir du père a été borné, par l'art. 391, à donner à sa veuve un conseil spécial La question qu'on a élevée à cet égard est donc encore décidée.

Sur ces observations, l'article fut adopté, en re-tranchant seulement, comme inutiles, les mots *par aucune disposition générale ou spéciale*, qu'on avait mis au commencement, après ceux-ci : *Les époux ne peuvent.*

ART. 1389. « Ils ne peuvent faire aucune conven-
» tion ou renonciation dont l'objet serait de chan-
» ger l'ordre légal des successions, soit par rapport
» à eux-mêmes dans la succession de leurs enfans
» ou descendans, soit par rapport à leurs enfans en-
» tre eux, sans préjudice des donations entre-vifs ou
» testamentaires qui pourront avoir lieu selon les
» formes et dans les cas déterminés par le présent
» Code. »

Cet article a pour objet de prohiber toutes stipulations matrimoniales par lesquelles il serait dit que les époux succéderaient à leurs enfans, ou leurs enfans entre eux, d'une manière contraire à ce qui est réglé par la loi ; l'ordre des successions est en effet de droit public, ainsi qu'il fut observé dans la discussion sur l'article précédent.

On demande si les époux pourraient maintenant, par leur contrat de mariage, faire une donation au premier-né de leurs enfans, de la portion de biens disponible au jour de leur décès. Cette stipulation était autrefois très-ordinaire dans les mariages des personnes d'un certain rang, pour prévenir l'effet de la dissipation des époux, et conserver les biens dans les familles.

Je crois qu'elle est inconciliable avec l'esprit et les dispositions de notre Code; elle aurait l'effet d'une substitution, et le Code n'autorise même les dispositions officieuses, qu'autant que la charge de restitution est au profit de tous les enfans nés et à naître, sans exception ni préférence d'âge ou de sexe. *Voyez* l'art. 1050.

ART. 1390. « Les époux ne peuvent plus stipuler
» d'une manière générale, que leur association sera
» réglée par l'une des coutumes, lois ou statuts lo-
» caux qui régissaient ci-devant les diverses parties
» du territoire français, et qui sont abrogés par le
» présent Code. »

On objecta contre cet article qu'il blessait la liberté que l'art. 1387 laissait aux époux de régler leurs conventions à leur gré, pourvu qu'ils ne stipulassent rien de contraire à l'ordre public, ni aux bonnes mœurs; mais que la convention de se conformer au Droit écrit, par exemple, ne pouvait certainement les choquer; que dans les pays soumis à ce Droit, les notaires ignoraient absolument les règles de la communauté, qu'il fallait leur laisser le tems de les apprendre, et ne pas les forcer, par une défense expresse de rappeler en général les lois romaines, à tromper la confiance de leurs concitoyens.

On répondit que permettre aux époux de se référer pour leurs conventions à telle loi, ou à telle coutume, ce serait perpétuer l'existence de ce nombre infini de lois et de statuts qui se partageaient la France, et manquer le but qu'on s'était proposé en promulgant un Code civil; que les parties pouvaient en détail modeler leurs conventions sur telle loi ou coutume qu'ils jugeraient à-propos; qu'il y aurait même un autre inconvénient à permettre

cette relation générale à une coutume, c'est qu'il
pourrait arriver que ses dispositions ne pussent
plus s'exécuter.

Art. 1391. « Ils peuvent cependant déclarer d'une
» manière générale qu'ils entendent se marier ou
» sous un régime de la communauté, ou sous le
» régime dotal.

» Au premier cas, et sous le régime de la com-
» munauté, les droits des époux et de leurs héri-
» tiers seront réglés par les dispositions du cha-
» pitre II du présent titre.

» Au deuxième cas, et sous le régime dotal, leurs
» droits seront réglés par les dispositions du cha-
» pitre III. »

Le motif de cet article est que les règles de
la communauté et celles du régime dotal sont détaillées dans le Code, et qu'ainsi il n'y a pas d'inconvénient à s'y rapporter.

Art. 1392. « La simple stipulation que la femme
» se constitue ou qu'il lui est constitué des biens en
» dot, ne suffit pas pour soumettre ces biens au
» régime dotal, s'il n'y a dans le contrat de ma-
» riage une déclaration expresse à cet égard.

» La soumission au régime dotal ne résulte pas
» non plus de la simple déclaration faite par les
« époux, qu'ils se marient sans communauté, ou
» qu'ils seront séparés de biens. »

L'article 132 du premier projet de ce titre, disait qu'il y avait exclusion totale de communauté,
1°. par la clause portant que tous les biens de la
femme lui seraient dotaux ; 2°. par la condition qu'ils

lui seront tous paraphernaux ; 3°. par la déclaration formelle que les époux se marient sans communauté ; 4°. par la clause exprimant que les époux
sont séparés de tous biens ; 5°. lorsque partie des
biens de la femme sont stipulés dotaux, et les
autres paraphernaux.

Ce projet fut changé après la discussion dont
on va rendre compte sur l'article suivant.

Il faut cependant observer que notre article ne
contrarie pas le premier numéro de celui du projet. Ce numéro parle du cas où *tous les biens* sont
stipulés dotaux. Notre article suppose celui où il
est constitué seulement *des biens* dotaux; donc
on peut soutenir encore que dans le premier cas,
sans qu'il soit besoin de stipulation expresse, on
est censé se soumettre au régime dotal, et cela paraît très-naturel.

Art. 1395. » A défaut de stipulations spéciales
» qui dérogent au régime de la communauté ou
» le modifient, les règles établies dans la première
» partie du chapitre II formeront le droit commun
» de la France. »

Cet article fut le sujet d'une longue et bien intéressante discussion.

La majorité du conseil, composée de membres
habitués au régime de la communauté, voulait
qu'il fût le droit commun de l'empire; ceux des
pays de Droit écrit auraient bien voulu probablement obtenir la préférence pour le régime dotal,
mais dans l'impuissance d'y parvenir, ils deman-
daient au moins l'égalité, ce qui était bien difficile.

Il faut commencer par se mettre au fait de l'état de la question.

Par le droit romain, il n'y avait point de communauté légale entre le mari et la femme; c'est-à-dire, que le mobilier des époux ne devenait pas commun entre eux, et que la femme n'avait point de part aux acquisitions que le mari pouvait faire : on peut seulement inférer de quelques textes, qu'ils établissaient quelquefois entr'eux cette société d'acquêts par stipulation; mais l'usage ordinaire était que la femme se constituait en dot une grande partie de ses biens, et se réservait l'autre comme paraphernale. Cet usage était si général qu'on mit même en question si la femme pouvait, sans réserve, se constituer tous ses biens; la loi *Nullà Cod. de jure dot.* décida l'affirmative. Le mari jouissait de la dot pour supporter les charges du mariage; les paraphernaux demeuraient à la libre disposition de la femme; elle pouvait même les aliéner sans le consentement de son mari, comme on le verra à la section 4 du ch. 3 de ce titre. Tel était encore l'usage observé dans les pays de Droit écrit à la publication du Code; seulement l'usage de la société d'acquêts s'y était beaucoup étendu.

Dans les pays coutumiers, au contraire, la communauté entre mari et femme était établie de tems immémorial; on prétend même, d'après un passage de César, *lib.* 6, *de bello gallico*, qu'elle était dès-lors pratiquée dans les Gaules. *Quantas pecunias ab uxoribus dotis nomine acceperunt, tantas ex suis bonis cum dotibus communicant;*

*uter eorum vita superarit, ad eum pars utrius-
que pervenit ;* mais ce passage ne me paraît rien
prouver pour la communauté telle que nous la con-
naissons ; l'usage dont parle César pourrait plutôt
avoir été l'origine des augmens et contraugmens,
agencemens, gains de négoce et de survie, familiers
aux diverses parties de l'Empire.

On peut avec plus de fondement faire dériver la
communauté, des lois des peuples Germains. Celle
des Saxons, tit. 8, donnait à la femme la moitié des
acquêts faits durant le mariage, et celle des Ripuaires, tit. 29, le tiers seulement. Cette dernière
loi fut observée de préférence pendant la première
et la seconde race ; ce n'est que dans la troisième
que l'usage des Saxons prévalut, et les coutumes
de Bourgogne, rédigées en 1459, furent les premières
à le consacrer. *Voyez* le ch. 17, liv. 2 des Formules
de Marculphe ; le chap. 9, liv. 4, des Capitulaires ;
Pasquier, *Recherches de la France,* liv. 4, ch. 21.

Cette communauté était, comme l'on voit, réduite dans son origine à une société d'acquêts, et
il serait difficile d'assigner les causes et les époques
des propres qu'elle a faits depuis ; mais ils ne furent
pas uniformes, et l'on distinguait, à cet égard, en
France, avant la publication du Code, quatre sortes de coutumes.

Dans la première classe était la coutume de Paris, dont l'art. 220 dit, *homme et femme conjoints ensemble par mariage, sont communs en
biens meubles et conquêts immeubles faits durant et constant ledit mariage.* Suivant l'art, 221,

les dettes mobilières de l'un et de l'autre devenaient aussi communes. Suivant l'art. 246, les immeubles même donnés à l'un des conjoints par un collatéral ou par un étranger, entraient dans la communauté. La plupart des autres coutumes étaient conformes à celle-là.

La seconde classe était celle des coutumes qui n'admettaient la communauté, sans stipulation, qu'autant que le mariage avait duré au moins un an et un jour. Telles étaient les coutumes de Bretagne, Anjou, Maine, Chartres et le Grand-Perche.

La troisième classe était celle de quelques coutumes, et de tous les pays de Droit écrit qui n'admettaient point de communauté sans stipulation formelle.

La quatrième enfin était celle de la coutume de Normandie, qui, par son article 330, prohibait la stipulation de communauté, et fixait les droits que la femme devait avoir sur les biens du mari après le décès de celui-ci. *Voyez* les articles 329, 389, 392 et 394 de cette coutume.

Il s'agissait de se décider entre ces divers usages, et de savoir quel serait celui qui deviendrait le droit commun.

Pour la communauté on disait, 1°. qu'elle était plus analogue à la situation des époux, et que l'union des personnes devait naturellement entraîner celle des biens. *Justinien*, lui-même, a défini le mariage, *viri et mulieris conjunctio individuam vitæ consuetudinem continens*. Cette société agit sur toutes les circonstances de la vie ; les époux opèrent en commun, mêlent et confondent leurs travaux, pourvoient également à l'éducation et à l'établissement de leurs enfans; ils ne peuvent ni vivre, ni habiter à part; la communauté dérive donc de leur position même. Ils sont sans doute libres de fixer les conditions de leur union : mais s'ils ne le font pas, la loi doit décider comment leurs biens seront administrés, et comment ils contribueront aux charges communes; il n'est pas naturel en effet qu'un seul les supporte, tandis que l'autre en serait pleinement affranchi; mais de-là découlent les règles de la communauté légale.

2°. Ce régime tend à faire prospérer le ménage; le meilleur moyen d'exciter l'émulation de la femme, c'est de l'intéresser au succès; on la décourage si on l'y rend étrangère; peu lui importe que les affaires de son mari prospèrent, lorsque lui seul doit en profiter. On l'a si bien senti dans les pays même de Droit écrit, qu'on y a introduit l'usage de la société d'acquêts.

3°. La communauté est plus conforme aux mœurs de la nation française, elle est établie dans la majorité du territoire; le tribunal d'appel de Montpellier est le seul qui ait réclamé contre le projet d'en faire le Droit commun de la France.

On objecte que le régime dotal protège plus efficacement les femmes, parce qu'il rend leur dot inaliénable; mais d'autre part il les laisse libres de dissiper leurs biens paraphernaux : ces deux extrêmes sont également vicieux.

On dit encore qu'il est injuste de donner à la

femme la moitié des acquêts, parce qu'il n'est pas
vrai qu'elle contribue dans cette proportion à les
faire; mais il est beaucoup de femmes qui contribuent autant que leurs maris à l'aisance de la famille.

Enfin on objecte l'embarras des liquidations et
des partages de communauté; mais si cette communauté est juste et naturelle, il ne faut pas la
repousser à cause de quelque inconvénient qu'elle
peut produire.

Ceux qui n'étaient pas d'avis d'ériger la communauté en droit commun, disaient qu'il n'y avait pas
de nécessité à établir un droit même commun,
et à choisir entre le régime dotal et celui de la communauté; qu'il y avait un tiers parti à prendre, celui de laisser les époux futurs, maîtres d'opter entre l'un et l'autre, sans donner la préférence à aucun; mais on leur répondit, avec raison, que dans
le cas où les époux se seraient mariés sans contrat,
il fallait bien que la loi déterminât sous quel régime ils étaient censés avoir voulu s'unir; qu'il fallait donc nécessairement déterminer quel serait le
droit commun.

Quelqu'un proposa de dire, que dans les pays
de Droit écrit on serait censé s'être marié sous le
régime dotal, et dans les pays coutumiers, sous
celui de la communauté; mais on lui objecta que
ce serait perpétuer cette distinction des pays de
Droit écrit et de Droit coutumier, dont on voulait
abolir la mémoire.

On fut donc obligé d'en venir à l'examen du

fond de la question, et à la discussion des motifs qu'on avait relevés pour faire passer la communauté en droit commun.

1°. Il n'est pas exact de dire que l'union des personnes entraîne nécessairement la communion des biens, on conçoit parfaitement la séparation de ces deux objets : sans doute il est juste que les deux époux vivant ensemble, leurs revenus soient mis en commun, sauf la réserve de quelque pécule que la femme peut faire, même dans les pays coutumiers; mais du mariage il ne suit nullement que tout le mobilier des époux devienne commun, que l'un soit obligé de payer les dettes que l'autre avait contractées avant leur union, encore moins que l'un ait la moitié des immeubles même qui pourront être donnés à l'autre. Toutes ces conséquences dérivent si peu de la seule nature du mariage, qu'il y a au contraire peu de parens sages, même dans les pays coutumiers, qui ne stipulent que les époux ne seront pas tenus des dettes l'un de l'autre, et qui, à moins d'une presqu'égalité de fortune et d'espérance des époux, ne réservent une partie du mobilier comme propre, ainsi que les donations qui pourront échoir : sur cent contrats de mariage qui se passent dans les pays de communauté, il y en a à peine le dixième où l'on ne déroge pas à la coutume; comment donc peut-on proposer comme droit commun une loi dont les désavantages sont si généralement sentis par ceux même qui vivent sous son régime?

2°. Pour intéresser la femme aux soins du mé-

3.

nage, il suffit de l'associer aux acquêts. Tel était l'usage primitif; cet usage était très-bon, et l'extension exubérante qu'il a reçue est contraire au but même qu'on se propose; le régime de la communauté ne tend qu'à accumuler les richesses sur la tête des femmes; mais sont-ce les femmes les plus riches qui sont les moins dissipées, les plus attachées à leur ménage? Consultez là-dessus *Montesquieu*.

3°. Il ne s'agit pas de savoir s'il est quelques femmes qui contribuent autant que leurs maris à l'accroissement de la fortune de leur famille, mais si la généralité des femmes est dans ce cas. Or peut-on de bonne foi soutenir l'affirmative? L'usage des Ripuaires valait mieux que celui des Saxons.

4°. Il n'est pas exact de dire que la majorité de la France fut soumise au régime de la communauté; elle était inconnue dans tous les pays de droit écrit. rejeté dans la vaste province de Normandie, et réduite à la société d'acquêts dans les deux Bourgognes. Elle n'aurait même été reçue nulle part, si, lors de la formation des coutumes, le mobilier, qui n'avait alors presqu'aucune valeur, avait eu l'importance qu'il a reçue depuis par l'extension prodigieuse de l'industrie et du commerce.

5°. On n'exagère point les frais énormes que causent les liquidations et les partages de communauté, lors même que les parties traitent à l'amiable; mais c'est bien autre chose, lorsqu'il faut en venir devant les tribunaux; il n'y a qu'à compulser leurs registres dans les deux pays coutumiers et de Droit écrit, pour savoir dans quelles contrées l'exécution des contrats de mariage entraîne le plus grand nombre de contestations ; et sans aller si loin, ne suffit-il pas de porter ses yeux sur l'étendue et la complication des règles de la communauté, et sur la simplicité de celles du régime dotal, pour se déterminer en faveur de ce dernier ?

Après cette discussion, on proposa de suspendre la décision de la question, jusqu'après l'examen du chapitre II de ce titre, qui contient les règles de la communauté : cette suspension était très-juste ; ce n'était pas en effet le mot *communauté* qui devait effrayer, ou engager à l'admettre, mais bien la manière de la composer et de la régir. Après cet examen et la rédaction du chapitre II, la communauté fut admise comme droit commun.

Pour moi, j'étais fortement d'avis de faire de la société d'acquêts, meubles et immeubles, le droit général de la France, à l'exemple de nos bons aïeux ; mais je n'ai jamais conçu qu'il résultât du seul mariage une communion des biens mobiliers que les époux possèdent en s'unissant, de ceux qui pourront être donnés depuis à l'un deux, et surtout des dettes de chacun. Que les époux se fassent cette libéralité dans leur contrat de mariage, à la bonne heure ; mais que par le fait seul du mariage, la grande majorité des Français dont toute la fortune est en mobilier, soient censés donner à leur femme la moitié de leur bien ; que, d'un autre côté, un père de famille qui croira marier sa fille à un homme aisé, la voie tout-à-coup sans pain par les

dettes mobilières du mari qu'il ne pouvait connaître : voilà ce dont je ne vois pas de raison satisfai-
sante. On dit qu'il est facile de se mettre à l'abri
de ce danger par une stipulation expresse; mais
pourquoi la loi m'y expose-t-elle, sans que je le
dise, et me rend-elle la victime de l'oubli ou de
l'ignorance d'un notaire? J'ai la présomption de
croire qu'un étranger non habitué à la communauté, trouverait ce régime-là fort extraordinaire.
Et puisque la sagesse du législateur a voulu ménager les habitudes de chacun, et nous laisser le
choix, je conseille bien à mes compatriotes de ne
pas oublier de marier leurs enfans *suivant le régime dotal,* et de se borner à la société d'acquêts.

On m'objecta dans la discussion la difficulté qu'il
y aurait à distinguer, à la dissolution du mariage,
les effets mobiliers que chacun aurait apportés. Mais
d'abord cette difficulté n'avait pas bonne grace dans
la bouche des amis de la communauté, qui ne marche qu'avec des inventaires à la main; il n'est sans
doute pas plus difficile d'en faire pour la société
d'acquêts : mais de plus, c'est que ces inventaires
étaient même la plupart du tems inutiles dans notre jurisprudence. A leur défaut, les meubles étaient
censés appartenir à celui dans l'habitation duquel
les époux s'étaient établis ; si chacun avait son domicile meublé, ils étaient présumés appartenir,
par moitié, à chacun; si aucun n'avait de domicile meublé, ils étaient présumés acquêts. Quant
à l'usage des meubles, les règles en ont déjà été
posés au titre *de l'usufruit.* A l'égard de l'argent

et des dettes actives, chacun des époux a soin de se les constituer.

ART. 1394. « Toutes conventions matrimoniales » seront rédigées, avant le mariage, par acte de- » vant notaire. »

Cet article déroge à l'usage ordinaire des pays de Droit écrit, et même de la Normandie, de passer les contrats de mariage sous signature privée : on demanda qu'il fût ajouté que tous ceux qui auraient été passés dans ces pays jusqu'à la publication de la loi, seraient valables, à la charge de les faire enregistrer sans frais, dans le délai qui serait fixé.

On répondit à cette observation que le Code civil ne pouvant avoir d'effet rétroactif, il ne pouvait y avoir de difficultés à élever sur les actes privés dont s'agit.

Il faut donc tenir pour certain que tous les contrats de mariage, passés sous seing privé, dans les pays où ils étaient autorisés par la loi ou par la jurisprudence, doivent avoir leur pleine exécution, quoiqu'ils n'eussent pas été enregistrés avant la publication du Code. Et, en effet, l'enregistrement de ces actes après cette publication, n'aurait rien produit, par cela seul qu'il eût été postérieur, et qu'il n'y a point eu de loi pour le faire dans un délai déterminé.

Dans la première rédaction de cet article, on n'avait point mis les mots *avant le mariage;* cela donna lieu à la question de savoir si l'on pouvait passer le contrat après : il fut répondu qu'on ne le pouvait pas, et les mots *avant le mariage* furent en conséquence ajoutés à l'article. *Voyez* l'observation sur l'article suivant.

Art. 1395. « Elles ne peuvent recevoir aucun » changement après la célébration du mariage. »

On demanda 1°. si nonobstant l'article, on pourrait ajouter à la dot, après la célébration du mariage, comme le veulent le §. 3, *Inst. de donat.* et la loi dernière, Cod. *de don. antè nupt. Dotes constante matrimonio non solùm augentur sed etiam fiunt.* On répondit que ce n'était pas une convention nouvelle, et que rien ne s'opposait à la validité de cette augmentation; cependant le contraire fut ensuite expressément décidé par l'article 1543. *Voyez* les observations sur cet article.

On demanda en 2°. lieu si les changemens qui auraient été faits à des conventions matrimoniales avant la publication du Code civil, auraient leur effet, et on répondit que leur validité serait jugée d'après le droit commun qui existait alors : il faut donc voir quel était ce droit commun.

Suivant l'art. 258 de la coutume de Paris: « *Toutes* » *contre-lettres faites à part, et hors la présence* » *des parens qui ont assisté aux contrats de* » *mariage, sont nulles.* »

Cet article ne distingue pas les contre-lettres faites avant, de celles faites après le mariage; il a pour objet d'empêcher que l'un des époux, ou même des tiers, ne soient la dupe des fraudes qui pourraient être pratiquées à leur préjudice dans des actes secrets. *Clandestinis ac domesticis fraudibus*

*facilè quidvis pro negotii opportunitate confingi
potest, vel quod verè gestum est aboleri.* L. 27 , Cod.
de donat.

Son équité l'avait fait adopter dans la jurisprudence de toute la France ; on peut en voir quantité
d'arrêts dans Louet et Brodeau, lett. C., n°. 18 ; Lapeyrère, au mot *contre-lettre* ; Auzanet, liv. 3,
chap. 40.

Ils ont jugé que, si un père mariant son fils lui
donnait une somme, une terre ou une charge, en
prenant de lui une contre-lettre portant que la donation n'aurait d'effet que pour un objet moindre,
la contre-lettre était nulle relativement à la femme
et aux créanciers du fils ; qu'il en était de même,
lorsque la contre-lettre était donnée à un étranger
donateur ; que la maxime s'appliquait également à
la contre-lettre donnée pour tromper le mari ou
ses parens : que si le mari a donné quittance de la
dot à son beau-père, sans rien recevoir sous une
contre-lettre, ses héritiers n'en sont pas moins obligés de rendre la dot à la femme, et n'en seront pas
quittes en cédant la contre-lettre ; ce qui doit cependant s'entendre du cas où la femme n'est pas hé-
ritière de son père.

Mais la règle dont nous parlons avait aussi ses exceptions.

La première était prise des termes mêmes de l'article cité : la contre-lettre serait valable, quoique
faite en l'absence des parens de l'un des époux, s'ils
n'avaient pas assisté au contrat de mariage. Lapeyrère, lettre C., n°. 113. Brodeau, *loc. cit.*

Elle serait valable si elle n'altérait pas la substance du contrat, et ne faisait que l'expliquer, y
ajouter ou l'exécuter. *Mêmes autorités.*

Enfin une contre-lettre serait valable par laquelle
le mari ne ferait que renoncer à des fruits ou revenus de la dot, puisque cette renonciation ne nuirait qu'à lui, et ne diminuerait pas la dot. Lapeyrère, lettre C., n°. 114. Brodeau, *loc. cit.* Je crois cependant que cette contre-lettre serait nulle relativement aux créanciers du mari.

ART. 1396. « Les changemens qui y seraient faits
» avant cette célébration, doivent être constatés par
» acte passé dans la même forme que le contrat de
» mariage.

» Nul changement ou contre-lettre n'est, au sur-
» plus, valable sans la présence et le consentement
» simultané de toutes les personnes qui ont été par-
» ties dans le contrat de mariage. »

L'article précédent a décidé que toutes contre-
lettres faites depuis la célébration du mariage, étaient
nulles. Celui-ci dit maintenant sous quelles conditions une contre-lettre faite, avant la célébration
du mariage, peut être valide.

Elle doit être faite dans la même forme que le
contrat de mariage, c'est-à-dire, devant notaire.

Elle doit se passer en présence, et avec le consentement simultané de toutes les personnes qui
ont été parties au contrat : mais il n'est pas nécessaire que ce soient les mêmes témoins, ou que des
personnes qui y auraient seulement assisté par honneur ou par amitié, sans s'obliger en aucune ma-

nière, soient présens à la contre-lettre ; c'est ce qui fut aussi expliqué.

On demanda qu'il fût ajouté à la fin de l'article, *ou elles duement appelées,* afin que la mauvaise volonté de l'une des parties ne nuisît point aux contractans.

On répondit que l'article ne concerne que les contractans, et non les témoins ou les tiers.

On insista et l'on dit qu'un tiers peut avoir été partie au contrat : tel serait un donateur étranger à la famille.

On répondit que l'article s'appliquait à tous donateurs même étrangers : que tout est corrélatif dans cette matière, que tel n'a donné au mari, que parce que tel autre donnait à la femme ; qu'il serait trompé, si cet autre révoquait sa donation sans son consentement ; qu'il fallait donc que toutes les parties concourussent aux changemens proposés.

Ces observations sont très-justes, mais elles laissent cependant des nuages sur la question proposée d'abord : dès que l'on appelle toutes les parties à la contre-lettre, on n'est censé vouloir tromper personne, et c'est contre le secret de cette espèce d'actes que la jurisprudence s'est toujours élevée. S'il était absolument nécessaire que toutes les parties comparussent personnellement au nouvel acte dans lequel on voudrait faire quelque changement qui ne concernerait que l'une d'elles, ces changemens deviendraient quelquefois impossibles, et le mariage pourrait se manquer ; ou bien il faudrait faire en entier un nouveau contrat dans lequel on perdrait le fruit de la donation faite par l'absent; et si le donataire était mort, ce serait bien pis encore. Je crois donc qu'il suffit dans cette hypothèse, comme dans toutes les autres, que les parties soient duement appelées pour assister à la contre-lettre. Si elles viennent, elles peuvent protester contre les changemens, et déclarer que s'ils se font, elles révoquent leur bienfait; mais si elles ne se présentent pas, elles sont censées consentir à la contre-lettre.

ART. 1397. « Tous changemens et contre-lettres, » même revêtus des formes prescrites par l'article » précédent, seront sans effet à l'égard des tiers, s'ils » n'ont été rédigés à la suite de la minute du contrat » de mariage; et le notaire ne pourra, à peine des » dommages-intérêts des parties, et sous plus grande » peine s'il y a lieu, délivrer ni grosses ni expédi- » tions du contrat de mariage, sans transcrire à la » suite le changement ou la contre-lettre. »

Dans le projet de cet article, on avait ajouté une autre condition à la validité des contre-lettres relativement à des tiers; c'était qu'il en fût fait mention expresse en marge de l'enregistrement du contrat. Cette condition fut supprimée comme inutile, et comme faisant mal à propos dépendre de la négligence ou de la mauvaise volonté d'un commis, la validité des changemens.

ART. 1398. « Le mineur habile à contracter ma- » riage est habile à consentir toutes les conventions » dont ce contrat est susceptible; et les conven-

» tions et donations qu'il y a faites sont valables,
» pourvu qu'il ait été assisté, dans le contrat, des
» personnes dont le consentement est nécessaire
» pour la validité du mariage. »

Voy. les observations faites sous l'art. 1095.

~~~~~~~~~~~~~~~~

CHAPITRE II.

Du Régime en communauté.

ART. 1399. « LA communauté, soit légale, soit
» conventionnelle, commence du jour du mariage
» contracté devant l'officier de l'état civil ; on ne
» peut stipuler qu'elle commencera à une autre
» époque. »

La première partie de l'article est conforme au
22° de la Coutume de Paris. La seconde partie est
une disposition nouvelle. Laurière observe sur ledit article 220, qu'autrefois la communauté ne
commençait qu'au coucher des époux.

Ire. PARTIE.

De la Communauté légale.

ART. 1400. « La communauté qui s'établit par
» la simple déclaration qu'on se marie sous le ré-
» gime de la communauté, ou à défaut de contrat,
» est soumise aux règles expliquées dans les six
» sections qui suivent. »

SECTION PREMIÈRE.

De ce qui compose la communauté activement et passivement.

PARAGRAPHE PREMIER.

De l'actif de la communauté.

ART. 1401. « La communauté se compose effec-
» tivement,

» 1.° De tout le mobilier que les époux possé-
» daient au jour de la célébration du mariage, en-
» semble de tout le mobilier qui leur échoit pen-
» dant le mariage, à titre de succession ou même
» de donation, si le donateur n'a exprimé le con-
» traire

» 2°. De tous les fruits, revenus, intérêts et ar-
» rérages, de quelque nature qu'ils soient, échus
» ou perçus pendant le mariage, et provenant des
» biens qui appartenaient aux époux lors de sa
» célébration, ou de ceux qui leur sont échus pen-
» dant le mariage, à quelque titre que ce soit;

» 3°. De tous les immeubles qui sont acquis pen-
» dant le mariage. »

Cet article fut critiqué dans deux sens bien opposés ; d'un côté, on proposait de réduire la communauté aux acquêts et conquêts faits durant le
mariage, et nous avons déjà exposé sous l'article
1395, les motifs qui avaient fait rejeter cette opinion ; d'un autre côté, on voulait qu'à moins de
stipulation contraire, la communauté fût univer-

selle, et que tous les biens et droits des époux fussent absolument confondus, pour ne faire qu'une masse, dont la moitié appartiendrait à chacun; on y trouvait l'avantage de prévenir les fraudes qui se pratiquent au préjudice des tiers par de fausses collocations, de fausses reconnaissances de dot; on y trouvait encore celui de simplifier infiniment les partages de communauté.

Cette proposition fut encore rejetée par deux considérations; la première, qu'elle choquait toutes les habitudes, les immeubles propres aux époux n'étant jamais entrés en communauté; la deuxième, qu'elle tendrait à faire passer les biens d'une famille dans l'autre, ce qu'on avait toujours voulu éviter.

Sur le n°. 1 de cet article. On s'est ici écarté de notre projet; par l'article 18 de notre titre *du Contrat de Mariage*, les donations, soit d'immeubles, soit de meubles. n'entraient point en communauté, il n'y avait que les meubles obtenus par succession qui en fissent partie; mais on est revenu au droit commun coutumier, suivant lequel tout le mobilier acquis durant le mariage, par succession, donation, legs ou autrement, entre en communauté, s'il n'y a clause contraire dans le contrat de mariage, donation ou testament. Renusson, ch. 3.

Sur le n°. 2. Il faut se reporter ici à ce qui est dit dans la section première du titre *de l'usufruit*, de la distinction des fruits et de leur échéance. On décidait avant le Code que les fermages n'entraient en communauté qu'autant que la récolte, dont ils étaient le prix, était faite, mais que les loyers de maison y entraient à proportion du tems que la communauté avait duré, étant censés échus jour par jour ; je crois que le Code ne distinguait point entre les divers fruits civils, il faut se régler sur le tout par l'article 586.

Notre article ne décide point une question très controversée avant le Code, savoir si les bénéfices qui échoient pendant le mariage, d'un bail à ferme, d'une entreprise, d'un traité antérieur au mariage, tombent en communauté. M. Merlin, au mot *Communauté*, dans le *Répertoire de Jurisprudence*, a traité cette question à fond ; et il s'est décidé pour l'affirmative d'après un arrêt célèbre de Paris, du 9 mars 1781.

ART. 1402 « Tout immeuble est réputé acquêt » de communauté, s'il n'est prouvé que l'un des » époux en avait la propriété ou possession légale » antérieurement au mariage, ou qu'il lui est échu » depuis, à titre de succession ou donation. »

Voyez nos observations sur la fin de ce titre.

ART. 1403. « Les coupes de bois et les produits » des carrières et mines tombent dans la commu- » nauté pour tout ce qui en est considéré comme » usufruit, d'après les règles expliquées au titre » *de l'Usufruit, de l'Usage et de l'Habitation*.

» Si les coupes de bois qui, en suivant ces rè- » gles, pouvaient être faites durant la communauté, » ne l'ont point été, il en sera dû récompense à » l'époux non propriétaire du fonds ou à ses hé- » ritiers.

» Si les carrières et mines ont été ouvertes pen-
» dant le mariage, les produits n'en tombent dans
» la communauté que sauf récompense ou indem-
» nité à celui des epoux à qui elle pourra être due. »

ART. 1404. « Les immeubles que les époux pos-
» sèdent au jour de la célébration du mariage, ou
» qui leur échoient pendant son cours à titre de
» succession, n'entrent point en communauté.

» Néanmoins, si l'un des époux avait acquis un
» immeuble depuis le contrat de mariage, conte-
» nant stipulation de communauté, et avant la cé-
» lébration du mariage, l'immeuble acquis dans
» cet intervalle entrera dans la communauté, à
» moins que l'acquisition n'ait été faite en exécu-
» tion de quelque clause du mariage, auquel cas
» elle serait réglée suivant la convention. »

Dans le projet de cet article, on avait ajouté au
premier *alinéa*. *Il en est de même des capitaux*
de rentes, c'est-à-dire, qu'on entendait que ces capitaux n'entrassent pas dans la communauté, ce
qui était bien le Droit commun. *Voyez* Pothier,
Communauté, pages 78 et suiv.

On observa que les rentes constituées ayant été
déclarées meubles par l'article 529, ces rentes étant
même devenues hors d'usage par la faculté que
les lois nouvelles donnent, de stipuler des intérêts
pour prêt à terme, il n'y avait pas de motif pour
les distinguer de cette dernière espèce d'obligations, et qu'elles devaient également entrer en communauté.

D'autres soutinrent, au contraire qu'étant très-facile de connaître l'origine des obligations établies par cet acte authentique, et ces obligations composant une partie considérable de la fortune des citoyens, il fallait les exclure toutes de la communauté, et n'y laisser que le mobilier et l'argent dû par billets ou par autre acte sous seing privé.

Le premier avis prévalut, et l'addition faite pour les capitaux de rentes fut retranchée ; on dit que ceux qui les jugeraient trop considérables pour entrer dans la communauté, pourraient les en soustraire par une stipulation particulière.

Il ne faut donc pas se laisser tromper par le mot *arrérages*, qui se trouve dans le second n.° de l'article 1401. Il faut l'expliquer dans le sens que la discussion de celui-ci lui donne.

La seconde partie de l'article semble contraire à l'article 1399, et à l'avis de Renusson, chap. 3, n.°2. Mais elle est fondée sur l'équité. *Voyez* Lebrun, liv. 1, chap. 4, n.° 9. Il faut la considérer comme une exception à l'art. 1399.

ART. 1405. « Les donations d'immeubles qui ne » sont faites, pendant le mariage, qu'à l'un des » deux époux, ne tombent point en communauté, » et appartiennent au donataire seul, à moins que » la donation ne contienne expressément, que la » chose donnée appartiendra à la communauté. »

Cet article est contraire au 246 de la coutume de Paris, qui faisait entrer en communauté les immeubles donnés à l'un des conjoints par un étranger ou même un collatéral. Cette amélioration est due au bon esprit des législateurs, habitués cependant à un autre régime. Elle passa sans contradiction.

ART. 1406. « L'immeuble abandonné ou cédé » par père, mère ou autre ascendant, à l'un des » deux époux, soit pour le remplir de ce qu'il » lui doit, soit à la charge de payer les dettes du » donateur à des étrangers, n'entre point en com- » munauté, sauf récompense ou indemnité. »

Conforme à l'art. 246 de la coutume de Paris, et au droit commun.

ART. 1407. « L'immeuble acquis pendant le ma- » riage, à titre d'échange contre l'immeuble ap- » partenant à l'un des deux époux, n'entre point » en communauté, et est subrogé au lieu et place » de celui qui a été aliéné, sauf la récompense s'il » y a soulte. »

Il était aussi de jurisprudence que, lorsque l'un des conjoints rentrait, durant le mariage dans la possession d'un immeuble qu'il avait aliéné avant, cet immeuble lui demeurait propre, soit qu'il le reprît par rescision ou résolution de la vente, ou en vertu d'une clause de réméré, sauf récompense ; Renusson, chap. 3, n.° 52 ; Dumoulin, d'Argentré, etc. Cette jurisprudence doit sans doute avoir lieu encore.

ART. 1408. « L'acquisition faite pendant le ma- » riage, à titre de licitation ou autrement, de por- » tion d'un immeuble dont l'un des époux était » propriétaire par indivis, ne forme point un con- » quêt, sauf à indemniser la communauté de la » somme qu'elle a fournie pour cette acquisition.

3. 13

« Dans le cas où le mari deviendrait, seul et en
» son nom personnel, acquéreur ou adjudicataire
» de portion ou de la totalité d'un immeuble ap-
» partenant par indivis à la femme, celle-ci, lors
» de la dissolution de la communauté, a le choix ou
» d'abandonner l'effet à la communauté, laquelle
» devient alors débitrice envers la femme de la por-
» tion appartenante à celle-ci dans le prix, ou de
» retirer l'immeuble, en remboursant à la com-
» munauté le prix de l'acquisition. »

La première partie de l'article fut critiquée comme
favorisant trop le mari qui, maître de la communauté, pourra seul se rendre propre l'immeuble
indivis licité, et s'appliquer ainsi le bénéfice qu'il
retirera de l'adjudication ; la femme qui ne dispose
pas des fonds de la communauté, ne pourra faire
la même spéculation.

On répondit que la disposition de l'article était
conforme au principe qui veut que tout ce qui arrive à un co-héritier par partage ou licitation des
biens de la succession, lui soit propre, et soit censé
avoir passé directement des mains du défunt dans
les siennes. *Voyez* Pothier, *Communauté*, pages
157 et suiv.

On ajouta à la seconde partie de l'article, le
choix déféré à la femme par la jurisprudence, d'a-
bandonner l'effet acquis, ou de le retirer. On avait,
dans le projet, décidé simplement qu'il entrerait
en communauté : le but de cette addition est d'empêcher que la femme ne soit dupe des intrigues
du mari.

§. II.

Du passif de la communauté, et des actions qui en résultent contre la communauté.

ART. 1409. « La communauté se compose passi-
» vement,

» 1.º De toutes les dettes mobilières dont les
» époux étaient grevés au jour de la célébration de
» leur mariage, ou dont se trouvent chargées les
» successions qui leur échoient durant le mariage,
» sauf la récompense pour celles relatives aux im-
» meubles propres à l'un ou à l'autre des époux; »

» 2.º Des dettes, tant en capitaux qu'arrérages
» ou intérêts, contractées par le mari pendant la
» communauté, ou par la femme du consentement
» du mari; sauf la récompense dans le cas où elle
» a lieu;

» 3.º Des arrérages et intérêts seulement des ren-
» tes ou dettes passives qui sont personnelles aux
» deux époux;

» 4.º Des réparations usufructuaires des immeu-
» bles qui n'entrent point en communauté;

» 5.º Des alimens des époux, de l'éducation et
» entretien des enfans, et de toute autre charge du
» mariage. »

Cet article est en tout conforme au Droit commun coutumier. *Voyez* l'art. 221 de la coutume
de Paris.

ART. 1410. « La communauté n'est tenue des
» dettes mobilières contractées avant le mariage

» par la femme, qu'autant qu'elles résultent d'un
» acte authentique antérieur au mariage, ou ayant
» reçu avant la même époque une date certaine,
» soit par l'enregistrement, soit par le décès d'un
» ou de plusieurs signataires dudit acte.

» Le créancier de la femme, en vertu d'un acte
» n'ayant pas de date certaine avant le mariage,
» ne peut en poursuivre contre elle le paiement
» que sur la nue propriété de ses immeubles per-
» sonnels.

» Le mari qui prétendrait avoir payé pour sa
» femme une dette de cette nature, n'en peut de-
» mander la récompense ni à sa femme, ni à ses
» héritiers. »

L'objet de cet article est d'empêcher les fraudes et les dissipations que la femme pourrait com-
mettre en antidatant des billets qu'elle ferait pendant le mariage. Il est conforme à plusieurs arrêts
rapportés dans Denisart, au mot *communauté*.
M. Pothier, tome 1, page 309, voulait cependant
qu'on eût égard aux circonstances; mais notre article ne le permet plus.

ART. 1411. « Les dettes des successions pure-
» ment mobilières qui sont échues aux époux pen-
» dant le mariage, sont pour le tout à la charge
» de la communauté. »

C'est une conséquence de l'art. 1401; dès que
les successions mobilières entrent en communauté,
il faut bien que les dettes qui les concernent soient
aussi communes.

ART. 1412. « Les dettes d'une succession pure-

» ment immobilière qui échoit à l'un des époux
» pendant le mariage, ne sont point à la charge
» de la communauté; sauf le droit qu'ont les créan-
» ciers de poursuivre leur paiement sur les immeu-
» bles de ladite succession.

   » Néanmoins, si la succession est échue au mari,
» les créanciers de la succession peuvent poursui-
» vre leur paiement, soit sur tous les biens propres
» au mari, soit même sur ceux de la communauté;
» sauf, dans ce second cas, la récompense due à
» la femme ou à ses héritiers. »

ART. 1413. «Si la succession purement immo-
» bilière est échue à la femme, et que celle-ci l'ait
» acceptée du consentement de son mari, les créan-
» ciers de la succession peuvent poursuivre leur
» paiement sur tous les biens personnels de la
» femme; mais si la succession n'a été acceptée par
» la femme que comme autorisée en justice au re-
» fus du mari, les créanciers; en cas d'insuffisance
» des immeubles de la succession, ne peuvent se
» pourvoir que sur la nue propriété des autres biens
» personnels de la femme. »

Si une succession immobilière est échue au mari, les créanciers de cette succession peuvent se
pourvoir sur les biens de la communauté, parce
qu'il est le maître d'en disposer à son gré, sauf récompense due en ce cas à la femme; mais si c'est
à la femme que soit échue la succession immobilière, les créanciers n'ont rien à voir sur les biens
de la communauté, parce qu'ils ne sont pas à la
disposition de la femme, et ils ne peuvent même

se pourvoir sur ses biens personnels, que dans le cas où le mari l'a autorisée pour accepter la succession, parce qu'il est censé alors avoir consenti aux conséquences que cette acceptation devait avoir. Mais si, sur son refus, la femme a été seulement autorisée par justice, pour lors le mari est censé avoir voulu conserver ses droits sur les biens personnels de la femme, et les créanciers ne peuvent se venger que sur la nue propriété, c'est-à-dire qu'ils ne peuvent saisir ni faire vendre les biens de la femme que sous la réserve de l'usufruit du mari. Tels sont les principes du droit coutumier. *Voyez* Renusson, part. 1, ch. 12, n.° 19 et suivans.

ART. 1414. « Lorsque la succession échue à l'un » des époux est en partie mobilière et en partie » immobilière, les dettes dont elle est grevée ne » sont à la charge de la communauté que jusqu'à » concurrence de la portion contributoire du mo- » bilier dans les dettes, eu égard à la valeur de ce » mobilier comparée à celle des immeubles. »

« Cette portion contributoire se règle d'après » l'inventaire auquel le mari doit faire procéder, » soit de son chef, si la succession le concerne per- » sonnellement, soit comme dirigeant et autorisant » les actions de sa femme, s'il s'agit d'une succes- » sion à elle échue. »

Il y avait autrefois partage d'avis entre les auteurs Lebrun, Renusson et Pothier, sur la manière dont doivent être payées les dettes d'une succession mêlée de meubles et d'immeubles. Les premiers pensaient que la communauté devait être chargée de toutes les dettes mobilières ; le troisième pensait que, dans les coutumes qui chargent le mobilier d'une succession de toutes les dettes mobilières, la communauté était tenue d'acquitter en effet ces dettes; mais que dans celles qui faisaient contribuer les héritiers des différentes espèces de biens aux différentes espèces de dettes, à proportion de ce que chacun prenait dans l'actif, on devait faire la même contribution dans le cas dont s'agit. Mais cette distinction étant devenue inutile par l'abolition des coutumes, et la confusion de toutes les espèces de biens dans les hérédités, notre article a pris la voie la plus simple et la plus juste.

Quant à l'inventaire dont parle l'article dans sa seconde partie, il en sera souvent question dans ce chapitre.

ART. 1415. « A défaut d'inventaire, et dans tous
» les cas où ce défaut préjudicie à la femme, elle
» ou ses héritiers peuvent, lors de la dissolution
» de la communauté, poursuivre les récompenses
» de droit, et même faire preuve, tant par titres et
» papiers domestiques, que par témoins, et au be-
» soin par la commune renommée, de la consis-
» tance et valeur du mobilier non inventorié.

» Le mari n'est jamais recevable à faire cette
» preuve. »

Ce n'est pas seulement dans les pays coutumiers qu'à défaut d'inventaire, et dans les cas où il est requis, ceux que ce défaut lésait étaient reçus, tant par titres que par témoin, et même par la commune renommée, à faire preuve de la consistance du mobilier ; la jurisprudence était la même dans les pays de Droit écrit. Lapeyrère, verbo *Inventaire*, page 186; Catellan, liv. 8, chap. 3.

Le mari n'est pas recevable à faire cette preuve, parce que c'est par sa faute qu'il n'y a pas d'inventaire. *Voyez* cependant l'observation sur l'article 1503.

ART. 141⁵. « Les dispositions de l'art. 1414 ne » font point obstacle à ce que les créanciers d'une » succession en partie mobilière et en partie im- » mobilière, poursuivent leur paiement sur les » biens de la communauté, soit que la succession » soit échue au mari, soit qu'elle soit échue à la » femme, lorsque celle-ci l'a acceptée du consente- » ment de son mari; le tout sauf les récompenses » respectives.

» Il en est de même, si la succession n'a été ac- » ceptée par la femme que comme autorisée en jus- » tice, et que néanmoins le mobilier en ait été con- » fondu dans celui de la communauté sans un in- » ventaire préalable. »

On a voulu dire que l'article 1414 ne règle que la manière dont les dettes doivent être payées entre les époux ou leurs héritiers, dans le cas qu'il suppose; mais non l'action des créanciers sur les biens de la communauté : c'est par ce motif que notre article ajoute, sauf les récompenses respectives.

S'il n'y a pas eu d'inventaire, quoique la femme n'ait accepté la succession que sous l'autorisation de la justice, le mari ne peut pas se faire un titre de cette omission contre les créanciers, pour les empêcher d'agir sur les biens de la communauté.

ART. 1417. « Si la succession n'a été acceptée par
» la femme que comme autorisée en justice au re-
» fus du mari, et s'il y a eu inventaire, les créanciers
» ne peuvent poursuivre leur paiement que sur les
» biens tant mobiliers qu'immobiliers de ladite suc-
» cession ; et, en cas d'insuffisance, sur la nue pro-
» priété des autres biens personnels de la femme. »

Voyez l'observation sur l'article 1413.

ART. 1418. « Les règles établies par les articles 1411
» et suivans régissent les dettes dépendantes d'une
» donation, comme celles résultant d'une succes-
» sion. »

ART. 1419. « Les créanciers peuvent poursuivre
» le paiement des dettes que la femme a contractées
» avec le consentement du mari, tant sur tous les
» biens de la communauté, que sur ceux du mari
» ou de la femme, sauf la récompense due à la com-
» munauté, ou l'indemnité due au mari. »

Il paraît d'abord assez extraordinaire que le mari, par le seul consentement qu'il donne à l'obligation que sa femme contracte, en soit tenu tout comme
elle envers le créancier ; mais cet article a pour objet de prévenir les fraudes du mari, de conserver les
biens de la femme, et de rendre le mari attentif, par
son propre intérêt, à ce qu'elle ne les dissipe pas.

ART. 1420. « Toute dette qui n'est contractée par
» la femme qu'en vertu de la procuration générale
» ou spéciale du mari, est à la charge de la com-
» munauté, et le créancier n'en peut poursuivre le

» paiement, ni contre la femme, ni sur ses biens
» personnels. »

Cet article est l'application des règles générales concernant le mandat.

SECTION II.

De l'administration de la communauté, et de l'effet des actes de l'un et de l'autre époux relativement à la société conjugale.

ART. 1421. « Le mari administre seul les biens » de la communauté. Il peut les vendre, aliéner et » hypothéquer sans le concours de la femme. »

Cet article est conforme aux articles 225 et 233 de la coutume de Paris : le premier dit : *Le mari est seigneur des meubles et conquêts immeubles*, etc. C'était aussi le droit commun coutumier.

ART. 1422. « Il ne peut disposer entre-vifs, à ti- » tre gratuit, des immeubles de la communauté, » ni de l'universalité ou d'une quotité du mobilier, » si ce n'est pour l'établissement des enfans com- » muns.

» Il peut néanmoins disposer des objets mo- » biliers, à titre gratuit et particulier, au profit de » toutes personnes, pourvu qu'il ne s'en réserve pas » l'usufruit. »

C'est une bien juste dérogation à l'art. 225 déjà cité, qui permettait au mari de donner entre-vifs, à personne capable et sans fraude, les biens de la communauté, sans le consentement de sa femme. Aussi plusieurs Coutumes, telles que celles d'Anjou, Maine, Lodunois et Saintonge, avaient-elles refusé au mari ce pouvoir abusif.

La restriction mise au pouvoir accordé au mari de disposer des meubles de la communauté à titre gratuit et particulier, a pour objet de rendre ces donations plus rares ; et en effet, on conçoit qu'il s'y porterait bien plus facilement, s'il pouvait se réserver la jouissance des effets donnés.

Art. 1423. « La donation testamentaire faite par » le mari ne peut excéder sa part dans la commu- » nauté.

» S'il a donné en cette forme un effet de la com- » munauté, le donataire ne peut le réclamer en na- » ture qu'autant que l'effet, par l'événement du » partage, tombe au lot des héritiers du mari : si » l'effet ne tombe point au lot de ces héritiers, le » légataire a la récompense de la valeur totale de » l'effet donné sur la part des héritiers du mari dans » la communauté, et sur les biens personnels de ce » dernier. »

Le principe de l'article est pris du 296°. de la cou- tume de Paris ; et il est véritablement singulier qu'on se soit cru obligé d'en faire une règle.

Art. 1424. « Les amendes encourues par le mari » pour crime n'emportant pas mort civile, peuvent » se poursuivre sur les biens de la communauté, » sauf la récompense due à la femme ; celles encou- » rues par la femme ne peuvent s'exécuter que sur » la nue propriété de ses biens personnels, tant que » dure la communauté. »

Cet article est conforme à la jurisprudence des

pays coutumiers. *Voyez* Pothier, *Communauté*, tom. 1, pag. 292, et suiv. Cependant cette diffé-rence, affligeante pour la femme, entre ses délits et ceux de son mari, bien plus communs que les siens, pourrait bien ne pas paraître à tout le monde fondée sur les règles de l'exacte justice : aussi les Coutumes du Maine, art. 160, et d'Anjou, article 145, avaient-elles rendu la condition des époux égale sous ce rapport.

ART. 1425. « Les condamnations prononcées con-
» tre l'un des deux époux pour crime emportant
» mort civile ne frappent que sa part de la com-
» munauté et ses biens personnels. »

C'est parce que la communauté est dissoute de plein droit par la condamnation à une peine em-portant mort civile. *Voyez* Pothier, *Ibidem.*

ART. 1426. « Les actes faits par la femme sans
» le consentement du mari, et même avec l'auto-
» risation de la justice, n'engagent point les biens
» de la communauté, si ce n'est lorsqu'elle con-
» tracte comme marchande publique et pour le fait
» de son commerce. »

L'exception portée dans cet article, à la règle générale, est tirée de l'art. 234 de la Coutume de Paris, qui dit : « *Marchande publique s'oblige*
» *et son mari, touchant le fait et dépendance*
» *de ladite marchandise.* »

ART. 1426. « *Femme est réputée marchande*
» *publique quand elle fait marchandise sépa-*
» *rée, et autre que celle de son mari.* »

ART. 1427. « La femme ne peut s'obliger ni

» engager les biens de la communauté, même
» pour tirer son mari de prison, ou pour l'établis
» sement de ses enfans, en cas d'absence du mari,
» qu'après y avoir été autorisée par justice. »

C'est uue précaution sage pour empêcher l'abus
qu'on pourrait faire de l'ignorance ou de la faiblesse des femmes.

ART. 1428. « Le mari a l'administration de tous
» les biens personnels de la femme.

» Il peut exercer seul toutes les actions mobi-
» lières et possessoires qui appartiennent à la femme.

» Il ne peut aliéner les immeubles personnels de
» sa femme sans son consentement.

» Il est responsable de tout dépérissement des
» biens personnels de sa femme, causé par défaut
» d'actes conservatoires. »

Il ne faut pas oublier qu'il ne s'agit dans cette
première partie du chap. 2, que de la communauté
légale.

Quoique le mari puisse seul exercer les actions
mobilières et possessoires de la femme, cependant
Dumoulin observe sur l'article 24, chap. 4 de la
Coutume de Bourgogne, qu'elle peut, avec l'autorité de la justice, intervenir dans les procès qui la
concernent, *etiam invito marito, ne colludatur.*

Sur la troisième partie de l'art., *voyez* l'art. 226
de la Coutume de Paris.

ART. 1429. « Les baux que le mari seul a faits des
» biens de sa femme pour un tems qui excède neuf
» ans, ne sont, en cas de dissolution de la commu-
» nauté, obligatoires vis-à-vis de la femme ou de

» ses héritiers que pour le tems qui reste à cou-
» rir, soit de la première période de neuf ans, si
» les parties s'y trouvent encore, soit de la seconde,
» et ainsi de suite, de manière que le fermier n'ait
» que le droit d'achever la jouissance de la période
» de neuf ans ou il se trouve. »

Le mari *seul*; il fut convenu dans la discussion
qu'il en serait autrement si c'était la femme et le
mari conjointement qui eussent passé les baux.

Suivant l'article 227 de la Coutume de Paris, le
mari pouvait faire, *sans fraude*, des baux à loyer
des biens de sa femme, pour six ans, quand il s'a-
gissait de maisons, et pour neuf ans, quand il s'a-
gissait de biens ruraux; des baux excédant neuf ans
étaient regardés comme aliénation, suivant l'ordonnance de Blois, art. 79. Mais aujourd'hui que les
baux peuvent se faire pour le tems que l'on veut,
il a fallu déterminer l'effet qu'un bail à longues années, fait par le mari des biens de sa femme, devrait avoir relativement à cette dernière, ou à ses
héritiers, en cas que la communauté fût dissoute
avant son expiration.

Art. 1430. « Les baux de neuf ans ou au-dessous
» que le mari seul a passés ou renouvelés des biens
» de sa femme, plus de trois ans avant l'expiration
» du bail courant, s'il s'agit de biens ruraux, et
» plus de deux ans avant la même époque s'il s'agit
» de maisons, sont sans effet, à moins que leur exé-
» cution n'ait commencé avant la dissolution de la
» communauté. »

Cet article suppose que les baux de neuf ans ou

au-dessous doivent être exécutés, s'ils n'ont pas été faits par anticipation de plus de deux ou trois ans, suivant l'espèce des biens affermés.

ART. 1431. « La femme qui s'oblige solidairement
» avec son mari pour les affaires de la communauté
» ou du mari, n'est réputée, à l'égard de celui-ci,
» s'être obligée que comme caution ; elle doit être
» indemnisée de l'obligation qu'elle a contractée. »

Il est bien juste que la femme soit indemnisée dans le cas de l'article ; mais elle ne peut pas se faire décharger de l'obligation qu'elle a contractée, même par une renonciation à la communauté. *Voyez* le Répertoire ; mot *Communauté*, pag. 212.

ART. 1432. « Le mari qui garantit, solidairement
» ou autrement, la vente que sa femme a faite d'un
» immeuble personnel, a pareillement un recours
» contre elle, soit sur sa part dans la communauté,
» soit sur ses biens personnels, s'il est inquiété. »

C'est qu'alors ce n'est pas pour la communauté que le mari s'oblige.

ART. 1433. « S'il est vendu un immeuble appar-
» tenant à l'un des époux, de même que si l'on s'est
» rédimé en argent de services fonciers dus à des
» héritages propres à l'un d'eux, et que le prix en
» ait été versé dans la communauté, le tout sans
» remploi, il y a lieu au prélèvement de ce prix sur
» la communauté, au profit de l'époux qui était
» propriétaire, soit de l'immeuble vendu, soit des
» services rachetés. »

Le tout sans remploi. S'il y a remploi, il n'y a plus lieu au prélèvement. *Voyez* l'article 232 de la Coutume de Paris. Il parlait aussi, du remboursement des capitaux de rentes, Mais aujourd'hui ces rentes entrent en communauté. *Voyez* les observations sur l'article 1404.

ART. 1434. « Le remploi est censé fait à l'égard
» du mari toutes les fois que , lors d'une acquisi-
» tion, il a déclaré qu'elle était faite des deniers pro-
» venus de l'aliénation de l'immeuble qui lui était
» personnel, et pour lui tenir lieu de remploi. »

C'est-à-dire que dès-lors l'objet acquis lui devient propre en remplacement de l'objet qu'il avait aliéné.

ART. 1435. « La déclaration du mari que l'acqui-
» sition est faite des deniers provenus de l'immeuble
» vendu par la femme et pour lui servir de remploi,
» ne suffit point, si ce remploi a été formellement
» accepté par la femme; si elle ne l'a pas accepté,
» elle a simplement droit , lors de la dissolution de
» la communauté , à la récompense du prix de son
» immeuble vendu. »

Cet article donna lieu à une discussion interessante: on dit que son objet était de pourvoir aux intérêts de la femme, et d'empêcher qu'elle ne fût en perte, si le remploi n'équivalait pas à son immeuble aliéné; que cependant cet article pourrait lui être préjudiciable , si hors de la dissolution de la communauté; les biens du mari ne suffisaient pas pour la récompense du prix de l'immeuble vendu : on en conclut qu'il fallait, à la dissolution de la communauté , lui permettre d'accepter le remploi, d'autant mieux que ce n'est qu'alors , et par l'inventaire qui la dissout, qu'elle peut connaître les forces et les charges de la communauté. On ajoutait que la femme avait certainement la faculté d'accepter le remploi tant que la communauté subsiste, et qu'il pouvait arriver que la femme eût été empêchée de s'expliquer, soit par la mort inopinée du mari, soit parce qu'elle aurait ignoré la déclaration de remploi qu'il aurait fait.

Quelques opinans accueillirent cette dernière observation, et consentirent à ce que la femme pût accepter le remploi, même après la dissolution de la communauté, lorsque la déclaration de remploi faite par le mari n'aurait pas été connue de la femme.

La majorité pensa au contraire, que dans aucun cas la propriété ne peut demeurer incertaine par rapport aux créanciers; qu'il serait contre le bon ordre de permettre aux époux de se jouer de l'intérêt des tiers, et de remettre après la dissolution de la communauté, à fixer la nature de l'immeuble; qu'il pourrait, dans l'intervalle, avoir été hypothéqué, aliéné même par le mari; si le contrat ne s'est pas formé avec la femme dès l'origine, il doit lui rester pour toujours étranger.

Résulte-t-il des termes de l'article et de la discussion qui l'a suivi, que la femme ne puisse accepter le remploi que dans le contrat même, où le mari en fait la déclaration, et qu'elle ne le puisse pas après, quoiqu'antérieurement à la dissolution de la communauté? Les termes dont les divers opinans se sont servis dans la discussion ne sont pas univoques, et il paraît qu'ils ne pensaient pas tous

3   14

de même sur cette question. Sans doute, si le mari avait aliéné ou hypothéqué l'immeuble avant l'acceptation que la femme ferait du remploi, elle ne pourrait préjudicier aux droits acquis par des tiers. Mais si les choses étaient entières, je ne vois pas de raison solide pour lui ôter cette faculté, quand même l'immeuble aurait été hypothéqué, mais à la charge des hypothèques.

ART. 1436. « La récompense du prix de l'immeuble
» appartenant au mari ne s'exerce que sur la masse
» de la communauté; celle du prix de l'immeuble
» appartenant à la femme s'exerce sur les biens
» personnels du mari en cas d'insuffisance des biens
» de la communauté. Dans tous les cas, la récom-
» pense n'a lieu que sur le pied de la vente, quel-
» que allégation qui soit faite touchant la valeur de
» l'immeuble aliéné. »

Le motif de la première partie de l'article est que le mari ayant seul l'administration des biens des deux époux, la femme ne doit pas en répondre sur ses biens personnels.

La seconde partie de l'article est prise de l'article 332 de la Coutume de Paris, qui dit : *Si durant le mariage, est vendu aucun héritage propre, le prix de la vente est repris,* etc.; quand même, dit Pothier, tom. 2, pag. 152, l'héritage aurait été vendu au-dessus ou au-dessous de ce qu'il valait.

ART. 1437. « Toutes les fois qu'il est pris, sur la
» communauté une somme soit pour acquitter les
» dettes ou charges personnelles à l'un des époux,

» telles que le prix ou partie du prix d'un immeu-
» bleà lui propre ou le rachat de services fonciers,
» soit pour le recouvrement, la conservation ou l'a-
» mélioration de ses biens personnels, et générale-
» ment toutes les fois que l'un des deux époux a tiré
» un profit personnel des biens de la communauté,
» il en doit la récompense. »

C'est ici une règle générale et très-juste dont il
faut voir le développement dans Pothier, part. 4,
chap. 1, sect. 2.

ART. 1438. « Si le père et la mère ont doté con-
» jointement l'enfant commun, sans exprimer la
» portion pour laquelle ils entendaient y contri-
» buer, ils sont censés avoir doté chacun pour moi-
» tié, soit que la dot ait été fournie ou promise en
» effets de la communauté, soit qu'elle l'ait été en
» biens personnels à l'un des deux époux.

» Au second cas, l'époux dont l'immeuble ou l'ef-
» fet personnel a été constitué en dot, a sur les
» biens de l'autre, une action en indemnité pour
» la moitié de ladite dot, eu égard à la valeur de
» l'effet donné au tems de la donation. »

Voyez l'observation sur l'article 1544.

Si la valeur de l'objet donné est fixée par le contrat, comme il est d'usage, je ne crois pas qu'il y
ait lieu à faire d'autre estimation pour la déterminer, les deux époux étant supposés présens dans
l'article.

ART. 1439. « La dot constituée par le mari seul
» à l'enfant commun, en effets de la communauté,
» est à la charge de la communauté; et dans le cas

» où la communauté est acceptée par la femme,
» celle-ci doit supporter la moitié de la dot ; à
» moins que le mari n'ait déclaré expressément qu'il
» s'en chargeait pour le tout, ou pour une portion
» plus forte que la moitié.

La femme n'a point de récompense au partage
de la communauté, pour la dot constituée par le
mari seul à leurs enfans communs en effets de cette
communauté, parce que c'est une obligation naturelle aux père et mère de doter leurs enfans, et
que le mari est le maître de la communauté : le
mari n'a pas non plus de récompense pour la dot
qu'il a constituée seul en ses propres biens, parce
que l'obligation de doter n'est pas imposée par la
loi aux époux. *Voyez* Pothier, n°. 645 et 656.

Notre Code ne parle ici que des dots constituées
aux enfans communs, et non de celles que le mari
ou la femme constitueraient à des enfans qu'ils auraient d'un précédent mariage ; dans ce dernier cas,
il n'y a pas de doute que celui qui aurait fait cette
constitution en effets de la communauté, devrait
sa récompense à l'autre. Pothier, n°. 641.

Art. 1440. « La garantie de la dot est due par
» toute personne qui l'a constituée, et ses intérêts
» courent du jour du mariage, encore qu'il y ait
» terme pour le paiement, s'il n'y a stipulation con-
» traire. »

Voyez les observations sur les articles 1547 et
1548.

SÉCTION III

De la dissolution de la communauté, et de quelques-unes de ses suites.

ART. 1441. « La communauté se dissout, 1°. par la mort naturelle; 2°. par la mort civile; 3°. par le divorce; 4°. par la séparation de corps; 5°. par la séparation de biens. »

ART 1442. « Le défaut d'inventaire après la mort naturelle ou civile de l'un des époux, ne donne pas lieu à la continuation de la communauté, sauf les poursuites des parties intéressées, relativement à la consistance des biens et effets communs, dont la preuve pourra être faite tant par le titre que par la commune renommée.

» S'il y a des enfans mineurs, le défaut d'inventaire fait perdre en outre, à l'époux survivant, la jouissance de leurs revenus, et le subrogé tuteur, qui ne l'a point obligé à faire inventaire, est solidairement tenu avec lui de toutes les condamnations qui peuvent être prononcées au profit des mineurs. »

Cet article abroge l'art. 240 de la Coutume de Paris, et les dispositions pareilles dans d'autres Coutumes, qui voulaient que s'il y avait des enfans mineurs à la mort de l'un des époux, et que le survivant n'ait pas fait inventaire, la communauté fût censée continuer avec ses enfans, s'ils le jugeaient à propos.

Quelques opinans voulurent maintenir cet ancien

droit ; ils objectèrent que les moyens pris par l'article pour conserver les intérêts des mineurs n'étaient pas suffisans ; que le subrogé tuteur pouvait être insolvable, qu'il ne répondait d'ailleurs que des condamnations qui seraient prononcées contre le père, et qu'il serait difficile d'en établir le montant après un laps de tems considérable.

Malgré ces observations, l'article fut adopté par la considération sur-tout de la quantité de questions et de procès qu'occasionnait cette continuation de communauté, d'abord avec l'époux survivant, ensuite entre les enfans eux-mêmes, si les uns étaient majeurs et les autres mineurs, enfin avec un second époux et les enfans qui naissaient du nouveau mariage, si le survivant convolait ; car la communauté se continuait aussi avec ce second époux et ses enfans, d'après l'art. 242 de la Coutume. Le résultat de ces longs débats était ordinairement que les enfans renonçaient à la communauté pour s'en tenir à l'inventaire par commune renommée ; autant valait-il en faire la règle.

ART. 1443. « La séparation de biens ne peut être
» poursuivie qu'en justice par la femme dont la dot
» est mise en péril, et lorsque le désordre des af-
» faires du mari donne lieu de craindre que les biens
» de celui-ci ne soient point suffisans pour remplir
» les droits et reprises de la femme.

- Toute séparation volontaire est nulle. »

Cet article est conforme à la loi 24, ff. *solut. matr.* et à la disposition de plusieurs coutumes. Aussi futil convenu qu'il devait s'observer également dans le régime dotal et dans celui de la communauté.

Il dit, *si la dot est mise en péril*; d'où il suit qu'il ne faut pas que le mari ait déjà dissipé tout son bien, pour que la femme puisse demander la séparation. Aussi la *nov.* 97, *cap.* 6, dit-elle, *si inchoaverit malè substantiâ uti*; mais c'est aux juges à peser les circonstances.

Art. 1444. « La séparation de biens, quoique
» prononcée en justice, est nulle si elle n'a point été
» exécutée par le paiement réel des droits et repri-
» ses de la femme, effectué par acte authentique,
» jusqu'à concurrence des biens du mari, ou au
» moins par des poursuites commencées dans la
» quinzaine qui a suivi le jugement, et non inter-
» rompues depuis.

L'objet de cet article est de prévenir les fraudes qui pourraient être concertées entre le mari et la femme pour tromper les créanciers, et arrêter leurs poursuites.

Art. 1445. « Toute séparation de biens doit,
» avant son exécution, être rendue publique, par
» l'affiche sur un tableau à ce destiné, dans la prin-
» cipale salle du tribunal de première instance; et
» et de plus, si le mari est marchand, banquier ou
» commerçant, dans celle du tribunal de commerce
» du lieu de son domicile, et ce à peine de nullité
» de l'exécution.

» Le jugement qui prononce la séparation de
» biens, remonte, quant à ses effets, au jour de la
» demande. »

Voyez l'ordonnance de 1673, tit. 8, art. 1.

ART. 1446. « Les créanciers personnels de la femme
» ne peuvent, sans son consentement, demander
» la séparation de biens.

» Néanmoins, en cas de faillite ou de déconfiture
» du mari, ils peuvent exercer les droits de leur
» débitrice, jusqu'à concurrence du montant de
» leurs créances. »

Voyez l'observation sur l'art. 1166.

ART. 1447. « Les créanciers du mari peuvent se
» pourvoir contre la séparation de biens pronon-
» cée et même exécutée en fraude de leurs droits ;
» ils peuvent même intervenir dans l'instance sur la
» demande en séparation, pour la contester. »

On s'était d'abord contenté de dire, dans le projet de cet article, que les créanciers pourraient intervenir dans l'instance, pour contester la séparation. On dit que cela ne suffisait pas, et qu'il fallait
qu'ils pussent attaquer la séparation même prononcée.

D'autres demandèrent que la femme fût obligée
d'assigner en cause les créanciers qui poursuivaient
le mari, afin qu'ils pussent s'opposer à la séparation, suivant l'usage des pays de Droit écrit.

On répondit que cette formalité occasionnerait
des longueurs et des incidens, et que cependant on
ne pourrait permettre aux créanciers de se pourvoir par tierce opposition contre le jugement de séparation, qu'en supposant d'abord qu'ils auraient
dû être mis en cause. Au surplus on dit que tout
le monde convenait de la nécessité de la publicité

des demandes en séparation, et que, pour les formalités, il fallait renvoyer au Code de la procédure civile.

Néanmoins, après un second examen dans la section, l'article fut rédigé et adopté comme il se trouve.

ART. 1448. « La femme qui a obtenu la séparation de biens doit contribuer, proportionnellement à ses facultés et à celles du mari, tant aux frais du ménage qu'à ceux d'éducation des enfans communs.

» Elle doit supporter entièrement ces frais s'il ne reste rien au mari. »

Conforme à la loi unique, Cod. *de divort. facto*; et à la Nov. 117, cap. 7.

ART. 1449. « La femme séparée, soit de corps et de biens, soit de biens seulement, en reprend la libre administration.

» Elle peut disposer de son mobilier et l'aliéner.

» Elle peut aliéner ses immeubles sans le consentement du mari, ou sans être autorisée en justice à son refus. »

Cet article lève les doutes que l'article 217 semblait laisser sur la faculté qu'a la femme séparée d'aliéner son mobilier.

ART. 1450. « Le mari n'est point garant du défaut d'emploi ou de remploi du prix de l'immeuble que la femme séparée a aliéné sous l'autorisation de la justice, à moins qu'il n'ait concouru au contrat, ou qu'il ne soit prouvé que les deniers ont été reçus par lui, ou ont tourné à son profit.

» Il est garant du défaut de l'emploi ou de rem-
» ploi, si la vente a été faite en sa présence et de son
» consentement ; il ne l'est point de l'utilité de cet
» emploi. »

Cet article décide ici des questions autrefois con-
troversées, et sur lesquelles il avait été rendu des
arrêts assez récens et contraires. *Voyez* Pothier,
n°. 605. Cet auteur les concilie en disant que, dans
le cas des arrêts qui ont rendu le mari garant de
l'emploi du prix, celui-ci était suspect d'en avoir
profité, mais non dans l'autre. Notre article a pris
une base plus fixe. Si la femme a vendu sous l'autorité de la justice, le mari n'est pas garant, à moins
que, etc., c'est-à-dire, à moins qu'il ne soit présumé avoir profité du prix ; mais, s'il a consenti à la
vente, il demeure garant, parce qu'il est censé alors
en avoir profité, ou qu'il est du moins en faute de
n'avoir pas veillé à l'emploi.

ART. 1451. « La communauté dissoute par la sé-
» paration, soit de corps et de biens, soit de biens
» seulement, peut être rétablie du consentement des
» deux parties.

» Elle ne peut l'être que par un acte passé devant
» notaires, et avec minute, dont une expédition doit
» être affichée dans la forme de l'article 1445.

» En ce cas la communauté rétablie reprend
» son effet du jour du mariage ; les choses sont re-
» mises au même état que s'il n'y avait point eu
» de séparation ; sans préjudice néanmoins de l'exé-
» cution des actes qui, dans cet intervalle, ont

» pu été faits par la femme, en conformité de l'ar-
» ticle 1449.

» Toute convention par laquelle les époux réta-
» bliraient leur communauté sous des conditions
» différentes que celles qui la réglaient antérieure-
» ment, est nulle. »

Toutes les décisions contenues dans cet article
sont conformes à la doctrine de *Lebrun*, liv. 3, ch. 1,
n°. 25 et suivans, adopté par *Pothier*, n°. 523, jusqu'au n°. 529.

Seulement *Pothier* pensait que lorsque la séparation de biens n'est qu'une suite de la séparation
de corps, la communauté pouvait se rétablir sans
acte et par le seul fait de la réintégration de la femme
dans la maison du mari; mais cette opinion ne peut
plus être suivie d'après les expressions de la première partie de notre article.

ART. 1452. « La dissolution de communauté opérée
» par le divorce ou par la séparation, soit de corps
» et de biens, soit de biens seulement, ne donne
» pas ouverture aux droits de survie de la femme;
» mais celle-ci conserve la faculté de les exercer
» lors de la mort naturelle ou civile de son mari. »

Cet article est conforme à la jurisprudence des
pays coutumiers, *Louet* et *Brodeau*, lett. C, n°.
26, et D, n°. 36. Il y avait plus de doute en pays
de Droit écrit, relativement à l'augment. Voyez *Renusson*, partie 1ere., ch. 9, n°. 23; *Despeisses*, tom.
1, pag. 294, n°. 8; *Bretonnier* sur *Henris*, tom.
2, liv. 4, quest. 1. Mais il faut se conformer à l'article.

Il ne faut pas confondre les dispositions de cet article avec celles de l'article 25 du Code, dernier verset. *Voy.* les observations sur ce dernier article.

SECTION IV.

De l'acceptation de la Communauté, et de la renonciation qui peut y être faite, avec les conditions qui y sont relatives.

ART. 1453. « Après la dissolution de la commu-
» nauté, la femme ou ses héritiers et ayant-causes
» ont la faculté de l'accepter ou d'y renoncer. Toute
» convention contraire est nulle. »

La première partie de l'article est prise de l'article 238 de la Coutume de Paris et de la Jurisprudence générale.

La seconde partie fut critiquée. On dit qu'elle était en contradiction avec l'article 1387, qui établit la liberté des conventions matrimoniales.

Il fut répondu que la disposition critiquée était l'ordre public, en ce qu'elle protégeait les droits du faible ; et que le mari étant le maître de la communauté, il fallait donner à la femme la faculté de s'en délier, pour qu'elle ne fût pas exposée à perdre son bien, par suite de conventions qu'elle n'avait pu empêcher.

ART. 1454. « La femme qui s'est immiscée dans
» les biens de la communauté ne peut y renoncer.

» Les actes purement administratifs ou conserva-
» toires n'emportent point immixtion. »

Pareille disposition dans l'article 779. *Quem vide.*

Il y a dans cette section beaucoup d'autres dispositions qui se trouvent conformes à celles qu'on
trouve dans la section 3 du chap. 5 du titre *des Successions*, et je ne puis que renvoyer aux observations que j'y ai faites.

Art. 1455. « La femme majeure qui a pris dans
» un acte la qualité de commune, ne peut plus y
» renoncer, ni se faire restituer contre cette qua-
» lité, quand même elle l'aurait prise avant d'avoir
» fait inventaire, s'il n'y a eu dol de la part des hé-
» ritiers du mari. »

Majeure ; donc la femme mineure peut se faire
restituer dans le cas de cet article ; observez en effet que les autres ne font pas cette restriction.
Voyez *Coquille*, question 115.

Art. 1456. « La femme survivante qui veut con-
» server la faculté de renoncer à la communauté,
» doit, dans les trois mois du jour du décès du
» mari, faire faire un inventaire fidèle et exact de
» de tous les biens de la communauté, contradic-
» toirement avec les héritiers du mari, ou eux due-
» ment appelés.

» Cet inventaire doit être par elle affirmé sincère
» et véritable, lors de sa clôture, devant l'officier
» public qui l'a reçu. »

Art. 1457. « Dans les trois mois et quarante jours
» après le décès du mari, elle doit faire sa renon-
» ciation au greffe du tribunal de première instance
» dans l'arrondissement duquel le mari avait son
» domicile ; cet acte doit être inscrit sur le regis-

» tre établi pour recevoir les renonciations à suc-
» cession. »

Art. 1458. « La veuve peut, suivant les circons-
» tances, demander au tribunal civil une proroga-
» tion du délai prescrit par l'article précédent pour
» sa renonciation; cette prorogation est, s'il y a
» lieu, prononcée contradictoirement avec les hé-
» ritiers du mari, ou eux duement appelés.

Art. 1459. « La veuve qui n'a point fait sa renon-
» ciation dans le délai ci-dessus prescrit, n'est pas
» déchue de la faculté de renoncer si elle ne s'est
» point immiscée, et qu'elle ait fait inventaire; elle
» peut seulement être poursuivie comme commune
» jusqu'à ce qu'elle ait renoncé, et elle doit les frais
» faits contre elle jusqu'à sa renonciation.

» Elle peut également être poursuivie après l'ex-
» piration des quarante jours depuis la clôture de
» l'inventaire, s'il a été clos avant les trois mois.

On trouve au Journal des audiences du Palais,
des arrêts qui ont jugé que la veuve qui n'avait pas
fait d'inventaire, pouvait être reçue à renoncer plusieurs années après le décès du mari. On a préféré
l'avis de *Renusson*, part. 2, chap. 1, n°. 28, qui
les critique.

Art. 1460. « La veuve qui a diverti ou recélé quel-
» ques effets de la communauté, est déclarée com-
» mune, nonobstant sa renonciation : il en est de
» même à l'égard de ses héritiers. »

Voyez les observations sur les articles 801 et
1477.

Art. 1461. « Si la veuve meurt avant l'expiration

» des trois mois sans avoir fait ou terminé l'inven-
» taire, les héritiers auront, pour faire ou pour
» terminer l'inventaire, un nouveau délai de trois
» mois, à compter du décès de la veuve, et de qua-
» rante jours pour délibérer après la clôture de l'in-
» ventaire.

» Si la veuve meurt, ayant terminé l'inventaire,
» ses héritiers auront pour délibérer un nouveau
» délai de quarante jours à compter de son décès.

» Ils peuvent au surplus renoncer à la commu-
» nauté dans les formes établies ci-dessus, et les ar-
» ticles 1458 et 1459 leur sont applicables. »

ART. 1462. « Les dispositions des articles 1456 et
» suivans sont applicables aux femmes des individus
» morts civilement, à partir du moment où la mort
» civile a commencé.

C'est parce que dès ce moment la communauté
est dissoute.

ART. 1463. « La femme divorcée ou séparée de
» corps, qui n'a point, dans les trois mois et qua-
» rante jours après le divorce ou la séparation dé-
» finitivement prononcés, accepté la communauté,
» est censée y avoir renoncé, à moins qu'étant en-
» core dans le délai elle n'en ait obtenu la proroga-
» tion en justice, contradictoirement avec le mari,
» ou lui duement appelé.

C'est ici l'inverse de la règle générale, qui suppose que la femme accepte quand elle ne renonce
pas; mais ce sont les causes de dissolution, dont
parle l'article, qui ont nécessité l'exception.

ART. 1664. « Les créanciers de la femme peuvent,

» attaquer la renonciation qui aurait été faite , par
» elle ou par ses héritiers , en fraude de leur créan-
» ce , et accepter la communauté de leur chef. »

    Accepter, mais à leurs risques. *Voyez* les arti-
cles 1166 et 1167.

    ART. 1465. « La veuve , soit qu'elle accepte , soit
» qu'elle renonce, a droit , pendant les trois mois
» et quarante jours qui lui sont accordés pour faire
» inventaire et délibérer , de prendre sa nourriture
» et celles de ses domestiques sur les provisions exis-
» tantes , et , à défaut , par emprunt au compte de
» la masse commune, à la charge d'en user modé-
» rément.

    » Elle ne doit aucun loyer à raison de l'habita-
» tion qu'elle a pu faire pendant ces délais , dans une
» maison dépendant de la communauté ou appar-
» tenant aux héritiers du mari; et si la maison
» qu'habitaient les époux à l'époque de la dissolu-
» tion de la communauté était tenue par eux à titre
» de loyer , la femme ne contribuera point , pen-
» dant les mêmes délais , au paiement dudit loyer ;
» lequel sera pris sur la masse. »

    Cet article est conforme à l'usage attesté par *Po-
thier* , n°. 570.

    Mais si la femme obtient le délai dont parle l'ar-
ticle 1458 , pourrait-elle pendant ce délai jouir de
la faveur à elle accordée par notre article? Je ne le
crois pas , parce qu'il est limitatif, mais il est probable qu'on n'y a pas pensé.

    ART. 1466. « Dans le cas de dissolution de la com-
» munauté par la mort de la femme , ses héritiers

» peuvent renoncer à la communauté dans les délais
» et dans les formes que la loi prescrit à la femme
» survivante. »

Section V.

Du partage de la Communauté après l'acceptation.

Art. 1467. « Après l'acceptation de la commu-
» nauté par la femme ou ses héritiers, l'actif se par-
» tage, et le passif est supporté de la manière ci-
» après déterminée. »

PARAGRAPHE PREMIER.

Du partage de l'actif.

Art. 1468. « Les époux ou leurs héritiers rap-
» portent à la masse des biens existans, tout ce dont
» ils sont débiteurs envers la communauté à titre
» de récompense ou d'indemnité, d'après les règles
» ci-dessus prescrites, à la section II de la première
» partie du présent chapitre. »

Presque toutes les dispositions de cette section
n'étant que des corollaires des règles données dans
les précédentes, ne sont susceptibles d'aucune observation nouvelle.

Art. 1469. « Chaque époux ou son héritier rap-
» porte également les sommes qui ont été tirées de
» la communauté, ou la valeur des biens que l'é-
» poux y a pris pour doter un enfant d'un autre
» lit, ou pour doter personnellement l'enfant com-
» mun. »

3.   15

ART. 1470. « Sur la masse des biens, chaque
» époux ou son héritier prélève,

1°. » Ses biens personnels qui ne sont point en-
» trés en communauté, s'ils existent en nature, ou
» ceux qui ont été acquis en remploi ;

2°. » Le prix de ses immeubles qui ont été alié-
» nés pendant la communauté, et dont il n'a point
» été fait remploi ;

3°. » Les indemnités qui lui sont dues par la
» communauté. »

ART. 1471. « Les prélèvemens de la femme s'exer-
» cent avant ceux du mari. »

» Ils s'exercent pour les biens qui n'existent plus
» en nature, d'abord sur l'argent comptant, ensuite
» sur le mobilier, et subsidiairement sur les im-
» meubles de la communauté ; dans ce dernier cas,
» le choix des immeubles est déféré à la femme et
» à ses héritiers. »

La préférence est donnée à la femme pour la dédommager de l'état passif où elle se trouve pendant
la communauté. *Pothier*, n°. 701, dit que la masse
arrêtée et la liquidation faite, la femme doit prélever dans les meilleurs effets à son choix, la somme
à laquelle montent ses créances et reprises.

ART. 1472. « Le mari ne peut exercer ses reprises
» que sur les biens de la communauté.

» La femme et ses héritiers, en cas d'insuffisance
» de la communauté, exercent leurs reprises sur
» les biens personnels du mari. »

ART. 1473. « Les remplois et récompenses dus
» par la communauté aux époux, et les récompen-

» ses et indemnités par eux dues à la communauté,
» emportent les intérêts de plein droit du jour de
» la dissolution de la communauté. »

Conforme à l'avis de Pothier, n°. 701.

ART. 1474. « Après que tous les prélèvemens des
» deux époux ont été exécutés sur la masse, le sur-
» plus se partage par moitié entre les époux ou ceux
» qui les représentent.

ART. 1475. « Si les héritiers de la femme sont di-
» visés ; en sorte que l'un ait accepté la commu-
» nauté à laquelle l'autre a renoncé, celui qui a ac-
» cepté ne peut prendre que sa portion virile et hé-
» réditaire dans les biens qui échoient au lot de la
» femme.

» Le surplus reste au mari, qui demeure chargé,
» envers l'héritier renonçant, des droits que la
» femme aurait pu exercer en cas de renonciation,
» mais jusqu'à concurrence seulement de la por-
» tion virile et héréditaire du renonçant. »

Voyez l'observation sur l'article 582.

ART. 1476. « Au surplus, le partage de la com-
» munauté pour tout ce qui concerne ses formes,
» la licitation des immeubles quand il y a lieu, les
» effets du partage, la garantie qui en résulte, et
» les suites, est soumis à toutes les règles qui sont
» établies au titre des *successions* pour les partages
» entre co-héritiers. »

ART. 1477. « Celui des époux qui aurait diverti
» ou recelé quelques effets de la communauté, est
» privé de sa portion dans lesdits effets. »

Observez la différence entre cet article et le 1460;

mais le nôtre parle de la communauté acceptée, et le 1460 de la communauté à laquelle la femme a renoncé. *Pothier*, n°. 691, dit que le survivant des époux qui a commis des recels, peut eu éviter les peines par son repentir, en faisant ajouter à l'inventaire les choses recelées, avant que les héritiers du conjoint défunt en aient connaissance. Il cite des arrêts rapportés par *Brodeau* sur *Louet*, lett. R., n. 1. Je crois que quand même les héritiers en auraient eu connaissance, la peine du recel cesserait au cas dont s'agit, s'ils n'avaient pas manifesté cette connaissance par des actes qui eussent dû déterminer l'addition, et les arrêts cités ne disent rien de contraire.

ART. 1478. « Après le partage consommé, si l'un
» des deux épouxest créancier personnel de l'autre,
» comme lorsque le prix de son bien a été employé
» à payer une dette personnelle de l'autre époux ou
» pour toute autre cause, il exerce sa créance sur la
» part qui est échue à celui-ci dans la communauté
» ou sur ses biens personnels. »

ART. 1479. « Les créances personnelles que les
» époux ont à exercer l'un contre l'autre ne portent
» intérêt que du jour de la demande en justice.

Il n'y a pas de contradiction entre cet article et le 1473; car les cas sont différens; mais les raisons de la différence dans la décision ne sont pas très-sensibles.

ART. 1480. « Les donations que l'un des époux a
» pu faire à l'autre, ne s'exécute que sur la part du
» donateur dans la communauté, et sur les biens
» personnels. »

C'est-à-dire qu'elles ne se prélèvent pas sur la masse.

ART. 1481. « Le deuil de la femme est aux frais
» des héritiers du mari prédécédé.

» La valeur de ce deuil est réglée selon la fortune
» du mari.

» Il est dû même à la femme qui renonce à la
» communauté. »

Le deuil comprend les habits de la veuve et de ses domestiques, même la draperie du carosse, à l'égard des personnes de fortune à en avoir. Autrefois le deuil n'avait point lieu entre personnes du bas peuple; mais notre article est général. *Voyez* Pothier, n°. 678; Renusson, part. 2, chap. 3, n°. 28 et suiv.

Notre article ne parle de deuil que pour les femmes. Les coutumes d'Anjou et du Maine l'accordaient cependant aussi aux maris veufs, et *Pothier* trouve singulier que cela ne soit pas réciproque, mais il faut se tenir à notre article.

§. II.

Du passif de la Communauté, et de la contribution aux dettes.

Les décisions contenues dans ce §. ne sont encore qu'un corollaire des principes une fois arrêtés; et il est remarquable que, depuis qu'on a décidé que la communauté était de droit commun, et ce qui devait y entrer, aucun des articles de ce

long chapitre n'a occasionné la moindre discussion;
ce qui abrège beaucoup mon travail.

ART. 1482. « Les dettes de la communauté sont
» pour moitié à la charge de chacun des époux ou
» de leurs héritiers. Les frais de scellés, inventai-
» res, vente de mobilier, liquidation, licitation et
» partage, font partie de ces dettes. »

ART. 1483. « La femme n'est tenue des dettes de
» la communauté, soit à l'égard du mari, soit à l'é-
» gard des créanciers, que jusqu'à concurrence de
» son émolument, pourvu qu'il y ait eu bon et fi-
» dèle inventaire, et en rendant compte, tant du
» contenu de cet inventaire que de ce qu'il lui est
» échu par le partage. »

C'est-à-dire que la femme qui a fait inventaire
est assimilée à l'héritier bénéficiaire. *Voy.* les règles données à cet égard au titre *des successions.*
Cet article, au reste, est pris de l'article 228 de la
coutume de Paris.

ART. 1484. « Le mari est tenu, pour la totalité,
» des dettes de la communauté par lui contractées,
» sauf son recours contre la femme ou ses héritiers
» pour la moitié desdites dettes. »

C'est parce que le mari ne cesse pas d'être obligé pour le tout envers les créanciers qu'il s'est fait,
quoique sa femme participe aux bénéfices de la
communauté. *Voyez* Pothier, n°. 729.

ART. 1485. « Il n'est tenu que pour moitié de cel-
» les personnelles à la femme, et qui étaient tom-
» bées à la charge de la communauté. »

A suivre la rigueur des principes de la communauté une fois dissoute, les créanciers personnels de la femme ne devraient pas même avoir d'action contre le mari, ce qui n'empêcherait pas le recours de la femme contre lui pour la moitié.

ART. 1486. « La femme peut être poursuivie pour
» la totalité des dettes qui procèdent de son chef,
» et étaient entrées dans la communauté, sauf son
» recours contre le mari ou son héritier, pour la
» moitié desdites dettes. »

ART. 1487. « La femme, même personnellement
» obligée pour une dette de communauté, ne peut
» être poursuivie que pour la moitié de cette dette,
» à moins que l'obligation ne soit solidaire. »

C'est encore la faveur due à la femme, plutôt que le droit qui a fait admettre cette règle.

ART. 1488. « La femme qui a payé une dette de
» la communauté au-delà de sa moitié, n'a point
» de répétition contre le créancier pour l'excédant,
» à moins que la quittance n'exprime que ce qu'elle
» a payé était pour sa moitié. »

A moins que, etc. C'est qu'alors il est prouvé que c'est par erreur qu'elle a payé au-delà de sa moitié.

ART. 1489. « Celui des deux époux qui, par l'ef-
» fet de l'hypothèque exercée sur l'immeuble à lui
» échu en partage, se trouve poursuivi pour la to-
» talité d'une dette de communauté, a de droit son
» recours pour la moitié de cette dette contre l'au-
» tre époux ou ses héritiers. »

ART. 1490. « Les dispositions précédentes ne font
» point obstacle à ce que par le partage, l'un ou

» l'autre des co-partageans soit chargé de payer une
» quotité de dettes autre que la moitié, même de
» les acquitter entièrement. »

» Toutes les fois que l'un des co-partageans a
» payé les dettes de la communauté au-delà de la
» portion dont il était tenu, il y a lieu au recours
» de celui qui a trop payé contre l'autre. »

ART. 1491. « Tout ce qui est dit ci-dessus à l'é-
» gard du mari ou de la femme, a lieu à l'égard des
» héritiers de l'un ou de l'autre; et ces héritiers
» exercent les mêmes droits et sont soumis aux
» mêmes actions que le conjoint qu'ils représen-
» tent. »

SECTION IV.

De la renonciation à la Communauté, et de ses
effets.

ART. 1492. « La femme qui renonce perd toute
» espèce de droit sur les biens de communauté, et
» même sur le mobilier qui y entre de son chef.

» Elle retire seulement les linges et hardes à son
» usage. »

Autrefois il n'y avait que les femmes nobles qui
pussent renoncer, et l'on prétend que les croisa-
des, où les gentilshommes allaient se ruiner, ont
été l'origine de ces renonciations ; mais l'art. 237 de
la Coutume de Paris y admit toutes les femmes indistinctement.

Elle retire seulement, etc. Notre article est plus
libéral à l'égard de la femme renonçante que l'an-

cien usage et différentes Coutumes ; car on ne lui permettait généralement que de prendre une robe ; celle de Bar, art. 80, voulait cependant que ce fût la robe qu'elle portait les jours de fête.

ART. 1493. « La femme renonçante a le droit de
» reprendre,

» 1°. Les immeubles à elle appartenant, lorsqu'ils
» existent en nature, ou l'immeuble qui a été ac-
» quis en remploi ;

» 2°. Le prix de ses immeubles aliénés dont le
» remploi n'a pas été fait ou accepté comme il est
» dit ci-dessus ;

» 3°. Toutes les indemnités qui peuvent lui être
» dues par la communauté. »

ART. 1494. « La femme renonçante est déchar-
» gée de toute contribution aux dettes de la com-
» munauté, tant à l'égard du mari qu'à l'égard des
» créanciers. Elle reste néanmoins tenue envers
» ceux-ci, lorsqu'elle s'est obligée conjointement
» avec son mari, ou lorsque la dette, devenue dette
» de la communauté, provenait originairement de
» son chef, le tout, sauf son recours contre le mari
» ou ses héritiers. »

Lorsqu'elle s'est obligée conjointement avec son mari, sa renonciation ne peut nuire aux créanciers, qui avaient déjà un droit acquis.

ART. 1495. « Elle peut exercer toutes les actions
» et reprises ci-dessus détaillées, tant sur les biens
» de la communauté que sur les biens personnels
» du mari.

» Ses héritiers le peuvent de même, sauf en ce

» qui concerne le prélèvement des linges et hardes,
» ainsi que le logement et la nourriture pendant le
» délai donné pour faire inventaire et délibérer;
» lesquels droits sont purement personnels à la
» femme survivante. »

La première partie de l'article est une répétition
de l'art. 472.

Sur la seconde, on peut observer que ce n'est
que par la jurisprudence que la faculté de renoncer a été étendue aux héritiers; l'art. 237 de la coutume de Paris n'y admettait que les femmes.

*Dispositions relatives à la communauté légale,
lorsque l'un des époux, ou tous deux, ont
des enfans de précédens mariages.*

ART. 1496. « Tout ce qui est dit ci-dessus, sera
» observé même lorsque l'un des époux, ou tous
» deux, auront des enfans de précédens mariages·
» Si toutefois la confusion du mobilier et des
» dettes opérait au profit de l'un des époux, un
» avantage supérieur à celui qui est autorisé par
» l'article 1098, au titre *des Donations entre-vifs*
» *et des Testamens*, les enfans du premier lit de l'au-
» tre époux, auront l'action en retranchement. »

Ce serait alors un avantage indirect au profit du
second conjoint; et soit que ce gain excessif arri-
vât par fraude ou sans fraude, les enfans du premier lit, frustrés, pourraient toujours réclamer
les droits que l'article cité leur accorde.

Telle était la jurisprudence constante avant le
Code; ainsi plusieurs arrêts ont jugé que si le con-

joint qui se remarie, stipule une communauté de tous biens meubles et immeubles ; s'il ameublit une partie de ses immeubles, s'il fait même entrer dans la communauté plus de meubles que l'autre, ou si ce dernier a beaucoup plus de dettes mobilières que lui, les enfans du premier lit ont droit de demander le retranchement de l'avantage qui peut en revenir au second conjoint, au-delà de la portion de l'enfant le moins prenant. *Voyez* ces arrêts dans Ricard, *Donations*, part. 3, n°. 1201 et suivans ; dans Brodeau, lettre N, n°. 3, et particulièrement dans Renusson, *Communauté*, part. 4, ch. 3, n°. 14 et suiv.

Cet auteur explique, au n°. 22, comment il faut procéder pour savoir s'il y a avantage excessif ; il suppose que le mobilier de l'époux remarié vaut 16,000 liv., et celui du second conjoint 4,000 liv., les enfans du remarié et le second conjoint doivent d'abord reprendre sur la masse de la communauté les apports de chacun ; on divise ensuite le surplus en deux parts, l'une pour les enfans, l'autre pour le second conjoint. Après cela, on joint ensemble tous les biens du remarié, savoir, ses propres, les 16,000 liv. qu'il avait mis en communauté, et sa part dans ladite communauté ; on fait de tout cela une masse qu'on divise par tête entre le second conjoint et les enfans du premier lit ; et l'on donne au second conjoint pareille part qu'à l'un des enfans le moins prenant.

SECONDE PARTIE.

De la Communauté conventionnelle, et des conventions qui peuvent modifier ou même exclure la Communauté légale.

ART. 1497. « Les époux peuvent modifier la communauté légale par toute espèce de conventions non contraires aux art. 1387, 1388, 1389 et 1390.

» Les principales modifications sont celles qui ont lieu en stipulant de l'une ou de l'autre des manières qui suivent : savoir :

» 1°. Que la communauté n'embrassera que les acquêts ;

» 2°. Que le mobilier présent ou futur n'entrera point en communauté, ou n'y entrera que pour une partie ;

» 3°. Qu'on y comprendra tout ou partie des immeubles présens ou futurs, par la voie de l'ameublissement ;

» 4°. Que les époux paieront séparément leurs dettes antérieures au mariages ;

» 5°. Qu'en cas de renonciation, la femme pourra reprendre ses apports francs et quittes ;

» 6°. Que le survivant aura un préciput ;

» 7°. Que les époux auront des parts inégales,

» 8°. Qu'il y aura entre eux communauté à titre universel. »

SECTION PREMIÈRE.

De la Communauté réduite aux acquêts.

ART. 1498. « Lorsque les époux stipulent qu'il
» n'y aura entre eux qu'une communauté d'acquêts,
» ils sont censés exclure de la communauté, et
» les dettes de chacun d'eux actuelles et futures,
» et leur mobilier respectif présent et futur.

» En ce cas, et après que chacun des époux a
» prélevé ses apports duement justifiés, le partage
» se borne aux acquêts faits par les époux, ensem-
» ble ou séparément, durant le mariage, et pro-
» venant tant de l'industrie commune, que des
» économies faites sur les fruits et revenus des
» biens des deux époux. »

ART. 1449. » Si le mobilier existant lors du ma-
» riage, ou échu depuis, n'a pas été constaté par
» inventaire ou état en bonne forme, il est réputé
» acquêts. »

Les règles sur la société d'acquêts devaient na-
tuellement se placer au chapitre du *Régime dotal*;
et il ne devait se trouver ici qu'un renvoi aux dispositions qu'on aurait dû mettre à cet égard dans ledit chapitre; ce n'est en effet que dans les pays de
Droit écrit que cette société était pratiquée, et on
la connaissait à peine dans les pays coutumiers. Nous
renvoyons donc au troisième chapitre ce que nous
avons à dire sur ce sujet.

SECTION II.

De la Clause qui exclut de la communauté le mobilier en tout ou partie.

ART. 1500. « Les époux peuvent exclure de leur
» communauté tout leur mobilier présent et futur.

» Lorsqu'ils stipulent qu'ils en mettront récipro-
» quement dans la communauté jusqu'à concur-
» rence d'une somme ou d'une valeur déterminée,
» ils sont, par cela seul, censés se réserver le sur-
» plus. »

ART. 1501. « Cette clause rend l'époux débiteur
» envers la communauté de la somme qu'il a pro-
» mis d'y mettre, et l'oblige à justifier de cet ap-
» port. »

ART. 1502. « L'apport est suffisamment justifié,
» quant au mari, par la déclaration portée au con-
» trat de mariage que son mobilier est de telle va-
» leur.

» Il est suffisamment justifié, à l'égard de la
» femme, par la quittance que le mari lui donne
» ou à ceux qui l'ont dotée. »

Le mari étant le maître de la communauté, et
celui entre les mains duquel le mobilier doit être
remis, il ne peut pas se donner quittance à lui-même, et il doit en être cru sur la déclaration qu'il en
fait dans le contrat; c'est à la femme ou à ses parens à s'informer, si elle est vraie, avant de signer
ce contrat. Ainsi jugé par arrêt du 23 juillet 1712,
rapporté au Journal des audiences.

Quant à la femme qui doit remettre au mari ce qu'elle se constitue, elle doit établir cette remise, et sans doute la quittance du mari en est la meilleure preuve; mais n'y en a-t-il pas d'autre?

Pothier, n.º 300, enseigne que la quantité de mobilier que chacun des époux avait lors du mariage, lorsqu'elle n'a pas été déclarée dans le contrat, peut se justifier par un état sous seing privé fait entre les conjoints, même pendant le mariage; par un partage de succession, constatant qu'il est échu à l'un des conjoints, tel mobilier; par un compte de tutelle, quoique l'autre conjoint ne fût pas présent à ces actes, pourvu qu'ils soient d'une date voisine du contrat; enfin par la preuve de la commune renommée. Je crois que cette doctrine peut s'appliquer à l'apport promis par la femme; c'est même à propos de cet apport que Pothier l'enseigne. La femme ne doit pas être la dupe du refus injuste que ferait le mari de donner quittance du mobilier, après l'avoir reçu pendant le mariage.

Art. 1593. « Chaque époux a le droit de reprendre et de prélever, lors de la dissolution de la communauté, la valeur de ce dont le mobilier qu'il a apporté lors du mariage, ou qui lui est échu depuis, excédait sa mise en communauté. »

Mais comment établiront-ils l'existence de ce mobilier au-dessus de celui qu'ils se sont constitué? L'article suivant détermine bien comment les époux doivent constater le mobilier échu pendant le mariage, mais aucun ne parle du mobilier existant à l'époque du mariage. Je crois que dans ce cas il faut suivre la doctrine de Pothier que nous avons exposée sur l'article précédent, et je ne crois pas même que les mots, *le mari n'est jamais recevable à faire cette preuve*, qui terminent l'article 1415, soient applicables au cas actuel; je pense qu'il faut les borner aux successions échues au mari pendant le mariage, dont parlent tant ledit article 1413, que ceux qui le précèdent et le suivent, et comme l'explique encore l'article 1504. Il ne parle que du mobilier *échu* au mari pendant le mariage; et en effet le mari n'est pas plus obligé que la femme et les parens de celle-ci, à faire inventaire du mobilier existant à l'époque du contrat.

Art. 1504. « Le mobilier qui échoit à chacun des
» époux pendant le mariage doit être constaté par
» un inventaire.

« A défaut d'inventaire du mobilier échu au ma-
» ri, ou d'un titre propre à justifier de sa consis-
» tance et valeur, déduction faite des dettes, le mari
» ne peut en exercer la reprise.

» Si le défaut d'inventaire porte sur un mobilier
» échu à la femme, celle-ci ou ses héritiers sont ad-
» mis à faire preuve, soit par titres, soit par té-
» moins, soit même par commune renommée, de
» la valeur de ce mobilier. »

Ou d'un titre propre à justifier, etc. Ceci confirme la doctrine de Pothier, n.° 300, que l'existence du mobilier peut s'établir autrement que par un inventaire.

SECTION III.

De la Clause d'ameublissement.

ART. 1505. « Lorsque les époux ou l'un d'eux
» font entrer en communauté tout ou partie de leurs
» immeubles présens ou futurs, cette clause s'ap-
» pelle *ameublissement*. »

ART. 1506. « L'ameublissement peut être déter-
» miné ou indéterminé.

» Il est déterminé quand l'époux a déclaré ameu-
» blir et mettre en communauté un tel immeuble,
» en tout ou jusqu'à concurrence d'une certaine
» somme.

» Il est indéterminé quand l'époux a simplement
» déclaré apporter en communauté ses immeubles
» jusqu'à concurrence d'une certaine somme. »

Il me semble que la division de Pothier, n.° 505,
était plus claire; il dit que l'ameublissement est déterminé lorsque, par le contrat, une partie promet
d'apporter en communauté tel immeuble, et indéterminé, lorsqu'elle promet d'y apporter ses immeubles jusqu'à concurrence de tant, ou bien une
certaine somme à prendre d'abord sur ses meubles
et subsidiairement sur ses immeubles, *lesquels,
jusqu'à concurrence, sortiront nature de conquêts*. Il ajoute, que c'est cette clause qui, dans la
dernière hypothèse, forme l'ameublissement, et
que cette clause manquant, la convention d'apporter une somme à prendre sur les biens meubles ou
immeubles, n'emporte qu'une hypothèque pour

l'exécution de l'obligation. *Voyez* Dumoulin, sur *Paris*, §. 78, gl. 1, n.° 102; Renusson, des *Propres*, ch. 6, sect. 8, n.° 17 et suiv. .

ART. 1507. « L'effet de l'ameublissement déter- » miné, est de rendre l'immeuble ou les immeu- » bles qui en sont frappés, biens de la commu- » nauté comme les meubles mêmes.

» Lorsque l'immeuble ou les immeubles de la » femme sont ameublis en totalité, le mari peut en » disposer comme des autres effets de la commu- » nauté, et les aliéner en totalité.

» Si l'immeuble n'est ameubli que pour une cer- » taine somme, le mari ne peut l'aliéner qu'avec le » consentement de la femme; mais il peut hypo- » théquer sans son consentement jusqu'à concur- » rence seulement de la portion ameublie. »

ART. 1508. « L'ameublissement indéterminé ne » rend point la communauté propriétaire des im- » meubles qui en sont frappés : son effet se réduit à » obliger l'époux qui l'a consenti, à comprendre » dans la masse, lors de la dissolution de la com- » munauté, quelques-uns de ses immeubles jus- » qu'à concurrence de la somme par lui promise.

» Le mari ne peut, comme en l'article précé- » dent, aliéner, en tout ou en partie, sans le con- » sentement de sa femme, les immeubles sur les- » quels est établi l'ameublissement indéterminé ; » mais il ne peut les hypothéquer jusqu'à concur- » rence de cet établissement. »

Dans la seconde partie de l'article, on a suivi l'avis de Mornac, contre celui de Pothier, qui pensait

que dans le cas de l'ameublissement indéterminé,
la femme était censé avoir donnée pouvoir au mari
de vendre jusqu'à concurrence de la somme fixée.

ART. 1509. « L'époux qui a ameubli un héritage,
» a, lors du partage, la faculté de le retenir, en le
» précomptant sur sa part pour le prix qu'il vaut
» alors, et ses héritiers ont le même droit. »

C'est aussi la décision de Pothier, n°. 310. Elle
peut n'être pas conforme à la rigueur des règles ;
mais elle a pour elle la convenance, et tel était l'u-
sage.

Autrefois il y avait de grands débats sur la question de savoir si le mineur pouvait ameublir ses héritages, et jusqu'à quelle quotité. *Voyez* Rousseaud,
verbo *Ameublissement*. Mais aujourd'hui, il ne
peut plus y avoir de doute sur l'affirmative, pourvu
qu'en ameublissant, le mineur soit assisté des personnes dont le consentement est nécessaire pour la
validité de son mariage. *Voyez* l'art. 1398.

SECTION IV.

De la clause de séparation de dettes.

ART. 1510. « La clause par laquelle les époux sti-
» pulent qu'ils paieront séparément leurs dettes per-
» sonnelles, les oblige à se faire, lors de la disso-
» lution de la communauté, respectivement raison
» des dettes qui sont justifiées avoir été acquittées
» par la communauté, à la décharge de celui des
» époux qui en était débiteur. Cette obligation est

» la même, soit qu'il y ait eu inventaire ou non ;
» mais si le mobilier apporté par les époux n'a pas
» été constaté par un inventaire ou état authentique
» antérieur au mariage, les créanciers de l'un et de
» l'autre des époux peuvent, sans égard à aucune
» des distinctions qui seraient reclamées, poursui-
» vre leur paiement sur le mobilier non invento-
» rié, comme sur tous les autres biens de la com-
» munauté.

  » Les créanciers ont le même droit sur le mobi-
» lier qui ▇▇▇▇ échu aux époux pendant la com-
» munauté, s'il n'a pas été pareillement constaté
» par un inventaire ou état authentique. »

Cet article est l'explication de l'article 222 de la
Coutume de Paris, qui était ainsi conçu : « Com-
» bien qu'il soit convenu entre deux conjoints
» qu'ils paieront séparément leurs dettes faites
» avant leur mariage, ce néanmoins ils en sont
» tenus s'il n'y a inventaire préalablement fait ;
» auquel cas ils demeurent quittes, représentant
» l'inventaire ou l'estimation d'icelui. »

On distinguait l'effet de la clause de séparation
de dettes quant aux époux entre eux, et quant à
des tiers ; sous le premier rapport elle était exécutée, quoiqu'il n'eût pas été fait d'inventaire ; mais
s'il n'y avait pas d'inventaire, elle n'avait aucun effet contre les créanciers ; c'est aussi ce que dit notre
article. *Voy.* Renusson, *Communauté*, part. 1,
ch. 11.

On regardait comme dettes contractées avant le
mariage, celles mêmes qui l'étaient sous une con-

dition qui ne s'était accomplie que pendant le mariage; ou qui n'avaient été liquidées qu'alors; les amendes pour délits commis auparavant; les dépens d'un procès commencé avant le mariage, quoiqu'il n'eût été jugé que depuis, excepté que si le procès regardait la femme, le mari ne l'eût autorisée à le continuer, auquel cas les dépens demeuraient à la charge de la communauté; *secùs* si au refus du mari la femme avait été autorisée par justice. Mais s'il s'agissait d'un compte d'une administration dont le mari eût été chargé avant le mariage, le reliquat de ce compte ne demeurait à la charge de la communauté que pour les articles postérieurs au mariage. *Voy.* sur tout cela Pothier, part. 1, chap. 3, art. 5, §. Ier.; le Répertoire, verbo *Communauté*, part. 4, La jurisprudence doit être la même aujourd'hui.

Mais les intérêts et arrérages des dettes contractées avant le mariage demeurent charges de la communauté, pour tout ce qui en est couru pendant le mariage, malgré la clause de séparation des dettes. *Mêmes autorités.*

Lorsque la coutume disait, *en représentant l'inventaire ou l'estimation d'icelui*, cela voulait dire, en représentant les effets contenus dans l'inventaire ou leur prix, s'ils avaient été aliénés.

L'inventaire peut être suppléé par un compte de tutelle, par un partage, comme nous l'avons dit sur l'article 1502, mais non par un état sous seing privé fait entre les conjoints.

Art. 1511. « Lorsque les époux apportent dans

» la communauté une somme certaine ou un corps
» certain, un tel apport emporte la convention ta-
» cite qu'il n'est point grevé de dettes antérieures
» au mariage; et il doit être fait raison par l'époux
» débiteur à l'autre, de toutes celles qui diminue-
» raient l'apport promis. »

La décision contenue dans cet article est une chose
toute simple ; mais il y a une grande question sur
le même objet, qu'il a laissée de côté, c'est de savoir si par le seul effet de l'apport en communauté
d'une somme certaine ou d'un corps certain, la séparation de dettes antérieures au mariage, n'est pas
censée convenue.

La Thaumassière, dans ses questions sur la Coutume de Berri, avait soutenu l'affirmative. Lebrun,
liv. 2, chap. 3, n. 6, réfute cette opinion. Pothier,
n. 352, combat à son tour les raisons de Lebrun,
qu'il trouve très-mauvaises, et dit que si les coutumes chargent la communauté des dettes mobilières de chacun des époux, c'est parce qu'elles y
font entrer aussi l'universalité de leur mobilier ;
mais si au lieu de cette universalité, ils n'y mettent
qu'un corps ou une somme certains, on doit décider par cela seul que la communauté n'est pas chargée de leurs dettes antérieures au mariage; car les
dettes ne sont charges que d'une universalité de
biens, et non de choses certaines : *Æs alienum uni-
versi patrimonii, non certarum rerum onus
est*, suivant la résolution commune des Docteurs
ad L. 50, §. 1, ff. *de judic.* Je suis de l'avis de
Pothier.

Art. 1512. « La clause de séparation des dettes » n'empêche point que la communauté ne soit char- » gée dés intérêts et arrérages qui ont couru depuis » le mariage. »

Voyez l'observation sur l'art. 1510.

Art. 1513. « Lorsque la communauté est pour- » suivie pour les dettes de l'un des époux, déclaré » par contrat franc et quitte de toutes dettes anté- » rieures au mariage, le conjoint a droit à une in- » demnité qui se prend, soit sur la part de com- » munauté revenant à l'époux débiteur, soit sur les » biens personnels dudit époux ; et, en cas d'insuf- » fisance, cette indemnité peut être poursuivie par » voie de garantie contre le père, la mère, l'ascen- » dant ou le tuteur qui l'auraient déclaré franc et » quitte.

» Cette garantie peut même être exercée par le » mari durant la communauté, si la dette provient » du chef de la femme ; sauf en ce cas le rembour- » sement dû par la femme ou ses héritiers aux ga- » rans, après la dissolution de la communauté. »

On a traité ici, dans un seul article, la clause de *franc et quitte*, qui fait un assez long chapitre dans le Code de la Communauté.

Cet article suppose que cette stipulation peut être faite, tant par les époux eux-mêmes, que par les pa- rens de la femme et par ceux du mari. Et, en ef- fet, rien n'empêche que l'un des conjoints, pour rassurer l'autre, ne stipule qu'il est franc et quitte de dettes ; et pour lors cette clause l'oblige à une indemnité qui s'exerce de la manière indiquée par

notre article. Cependant les auteurs ne parlent jamais que de la clause de *franc et quitte* stipulée
par les parens, et disent même qu'elle n'est guères
d'usage que de la part de ceux du mari, plus sujet à des dettes antérieures au mariage. *Voyez* Renusson, Pothier, Rousseaud, le Répertoire, etc.

Pothier agite la question de savoir si la clause
de *franc et quitte* oblige celui qui l'a promise,
de garantir à la femme non-seulement sa dot et ses
autres conventions matrimoniales, en cas d'insolvabilité du mari, mais encore le tort qui résulte
pour elle, de ce que, par les dettes du mari, sa
part dans la communauté se trouve diminuée. Renusson et Lebrun étaient d'avis contraire sur cette
question. Renusson croyait que la femme devait
être garantie des deux préjudices ; Lebrun, du premier seulement. Pothier, n°. 365, se décide pour
l'avis de Lebrun, et dit que tel est l'usage. Son
opinion peut être fondée sur les principes qui ont
dicté les articles 1150 et 1151.

Si la clause de *franc et quitte* a été promise
par les parens de la femme, et qu'il ait en outre
été stipulé une séparation de dettes entre les conjoints, ces parens sont obligés d'indemniser le mari,
même des intérêts et arrérages de dettes, échus
pendant le mariage. Pothier, n°. 375.

Si ce n'est qu'au mari que les parens de la femme
ont promis de la rendre franche et quitte des dettes, et qu'ils se trouvent insolvables, le mari n'aura
aucune action pour son indemnité contre la femme
qui n'avait pas fait cette stipulation, à moins qu'il

n'y eût une clause de séparation de dettes , auquel cas le mari aura bien son indemnité pour les capitaux contre la femme, mais non pour les intérêts écourus depuis le mariage, Pothier n°. 376.

Le motif de cette dernière solution doit servir de principe pour une autre question bien importante. Lorsque les parens du mari ou de la femme les ont garantis de dettes antérieures au mariage, sont-ils censés s'être obligés à payer ses dettes aux créanciers ? Renusson, part. 1, ch. 11, n°. 36, et Lebrun, liv. 2, chap. 3, sect. 3, n°. 41, décident la négative. Rousseaud, verbo *Communauté*, part. 2, sect. 7, rapporte deux arrêts de 1668 et 1745, qui ont jugé l'affirmative. Malgré ces préjugés, je crois que les principes obligent à se tenir à l'avis de Renusson et Lebrun.

SECTION V.

De la Faculté accordée à la femme de reprendre son apport franc et quitte.

ART. 1514. « La femme peut stipuler qu'en cas
» de renonciation à la communauté, elle repren-
» dra tout ou partie de ce qu'elle y aura apporté,
» soit lors du mariage, soit depuis ; mais cette sti-
» pulation ne peut s'étendre au-delà des choses
» formellement exprimées, ni au profit de person-
» nes autres que celles désignées.

» Ainsi la faculté de reprendre le mobilier que
» la femme a apporté lors du mariage, ne s'étend
» point à celui qui serait échu pendant le mariage,

» Ainsi la faculté accordée à la femme ne s'étend
» point aux enfans ; celle accordée à la femme et
» aux enfans ne s'étend point aux héritiers ascen-
» dans ou collatéraux.

» Dans tous les cas, les apports ne peuvent être
» repris que déduction faite des dettes person-
» nelles à la femme, et que la communauté aurait
» acquittées. »

La faculté de reprendre l'apport, en renonçant
à la communauté, est renfermée dans les termes
précis de la stipulation, parce qu'elle est contraire
aux règles ordinaires de la société, qui ne veulent
pas qu'on puisse participer aux gains, tandis qu'on
ne peut pas supporter de perte.

Cette circonscription dans les termes de la stipulation a été si rigoureusement maintenue par certains auteurs, qu'ils ont décidé que si la faculté
n'était stipulée que pour la femme et ses enfans,
elle n'avait pas lieu en faveur des petits-enfans ;
mais Pothier condamne avec raison cette opinion ;
il décide même que si elle a été stipulée pour la
femme et ses collatéraux, elle est censée, à plus
forte raison, stipulée pour les enfans. Pothier,
n°. 387 et suiv.

Quoique cette faculté soit stipulée pour la femme seule, cela n'empêche pas que si elle survit
à son mari, ou si la communauté est autrement
dissoute du vivant de la femme, ses héritiers quel-
conques ne puissent reprendre ses apports, quoiqu'elle n'eût pas encore renoncé à la communauté ; l'effet de la stipulation est seulement d'em-

pêcher ses héritiers d'user de la faculté, si elle prédécède son mari. Ainsi jugé par arrêt du 2 juillet 1716. *Voyez* Pothier, *ibidem.*

SECTION VI.

Du Préciput conventionnel.

Cette section est intitulée, *du Préciput conventionnel*, par opposition au préciput légal qui avait lieu, suivant l'article 238 de la Coutume de Paris, et autre, en faveur du conjoint survivant et noble : il avait le droit de prendre tous les meubles existans hors la ville et faubourg de Paris, quand il n'y avait pas d'enfans, et sous d'autres conditions ; ce préciput est abrogé avec les Coutumes mêmes.

ART. 1515. « La clause par laquelle l'époux sur-
» vivant est autorisé à prélever, avant tout partage,
» une certaine somme ou une certaine quantité d'ef-
» fets mobiliers en nature, ne donne droit à ce pré-
» lèvement, au profit de la femme survivante, que
» lorsqu'elle accepte la communauté, à moins que
» le contrat de mariage ne lui ait réservé ce droit,
» même en renonçant.

» Hors le cas de cette réserve, le préciput ne
» s'exerce que sur la masse partageable, et non sur
» les biens personnels de l'époux précédé. »

A moins que le contrat de mariage, etc. Telle était aussi la jurisprudence. Si le préciput est convenu même en renonçant, c'est alors un don, dit Renusson, part. 1, chap. 4, n°. 65. Rousseaud, verbo. *Préciput*, sect. 1, dit d'après Duplessis, Consult. 14, que la femme en est privée, si elle n'a fourni la dot promise. Je ferais beaucoup de doute sur cette décision qui n'est fondée sur aucune loi.

ART. 1516. « Le préciput n'est point regardé com-
» me un avantage sujet aux formalités des dona-
» tions, mais comme une convention de mariage. »

Bonne précaution contre l'esprit fiscal.

ART 1517. « La mort naturelle ou civile donne
» ouverture au préciput. »

Ou civile ; contraire à un arrêt célèbre du 2 juin 1549, rendu en présence de Henri II, tenant son lit de justice. Mais *Voyez* l'observation sous l'article 25, dernier verset.

ART. 1518. « Lorsque la dissolution de la com-
» munauté s'opère par le divorce ou par la sépara-
» tion de corps, il n'y a pas lieu à la délivrance ac-
» tuelle du préciput ; mais l'époux qui a obtenu
» soit le divorce, soit la séparation de corps, con-
» serve ses droits au préciput en cas de survie. Si
» c'est la femme, la somme ou la chose qui consti-
» tue le préciput reste toujours provisoirement au
» mari à la charge de donner caution. »

ART. 1519. « Les créanciers de la communauté
» ont toujours le droit de faire vendre les effets com-
» pris dans le préciput, sauf le recours de l'époux,
» conformément à l'article 1515. »

C'est-à-dire, que si le préciput a été convenu, même en cas de renonciation, celui auquel il a été promis, pourra avoir son recours sur les biens personnels de l'autre,

Section VII.

Des Clauses par lesquelles on assigne à chacun des époux des parts inégales dans la Communauté.

Art. 1520. « Les époux peuvent déroger au partage égal établi par la loi, soit en ne donnant à l'époux survivant ou à ses héritiers, dans la communauté, qu'une part moindre que la moitié, soit en ne lui donnant qu'une somme fixe pour tout droit de communauté, soit en stipulant que la communauté entière, en certain cas, appartiendra à l'époux survivant, ou à l'un d'eux seulement »

Les conventions rappelées dans cet article sont conformes aux règles ordinaires des sociétés. *Voyez* les observations sur les art. 1853, 1854 et 1855.

Art. 1521 « Lorsqu'il a été stipulé que l'époux ou ses héritiers n'auront qu'une certaine part dans la communauté, comme le tiers ou le quart, l'époux ainsi réduit ou ses héritiers ne supportent les dettes de la communauté que proportionnellement à la part qu'ils prennent dans l'actif.

La convention est nulle si elle oblige l'époux ainsi réduit ou ses héritiers à supporter une plus forte part, ou si elle les dispense de supporter une part dans les dettes, égale à celle qu'ils prennent dans l'actif. »

Le motif de la jurisprudence, adoptée par cet article, était d'empêcher les époux de s'avantager indirectement pendant le mariage : mais, disent Pothier et les autres auteurs, s'il était dit par le contrat de mariage que la femme n'aurait que le tiers dans l'actif, et qu'elle supporterait cependant la moitié des dettes, le mari, en faisant des acquêts dont il ne paierait pas le prix, obligerait sa femme à en acquitter la moitié, tandis qu'il profiterait des deux tiers. Je crois que le véritable motif de notre article, c'est l'égalité qui doit régner entre associés. *Voyez* l'observation sur l'art. 1536.

ART. 1522. « Lorsqu'il est stipulé que l'un des
» époux ou ses héritiers ne pourront prétendre
» qu'une certaine somme pour tout droit de com-
» munauté, la clause est un forfait qui oblige l'au-
» tre époux ou ses héritiers à payer la somme con-
» venue, soit que la communauté soit bonne ou
» mauvaise, suffisante ou non pour acquitter la
» somme. »

C'est alors un contrat aléatoire, où l'on doit pouvoir perdre dès qu'on pouvait gagner. Plusieurs arrêts conformes, rapportés par Brodeau sur Louet, lett. M, chap. 4.

ART. 1523. « Si la clause n'établit le for faqu 'à
» l'égard des héritiers de l'époux, celui-ci, dans le
» cas où il survit, a droit au partage légal par
» moitié. »

Cette clause étant extraordinaire doit être circonscrite dans ces termes.

ART. 1524. « Le mari ou ses h éritiers qui retien-

» nent, en vertu de la clause énoncée en l'art. 1520,
» la totalité de la communauté, sont obligés d'en
» acquitter toutes les dettes.

» Les créanciers n'ont, en ce cas, aucune action
» contre la femme ni contre ses héritiers.

» Si c'est la femme survivante qui a, moyennant
» une somme convenue, le droit de retenir toute
» la communauté, contre les héritiers du mari, elle
» a le choix ou de leur payer cette somme, en de-
» meurant obligée à toutes les dettes, ou de renon-
» cer à la communauté, et d'en abandonner aux
» héritiers du mari les biens et les charges. »

La raison de la différence entre le mari et la femme, c'est que celle-ci doit toujours avoir droit de
renoncer à la communauté, et qu'elle ne peut pas,
même par une convention, s'obliger à ne pas user
de ce droit. *Voyez* l'article 1453.

Il faut observer que le conjoint qui retient la
masse de la communauté, en payant une somme à
l'autre, est en droit de retenir sur cette somme les
dettes personnelles de l'autre, payées par la communauté, comme aussi il doit payer à l'autre, outre la somme convenue, tout ce que la communauté dois à celui-ci pour ses reprises, remplois de
propres, etc: Tel est du moins l'avis de Pothier,
n°. 455 et 457.

ART. 1525. « Il est permis aux époux de stipuler
» que la totalité de la communauté appartiendra au
» survivant ou à l'un d'eux seulement, sauf aux hé-
» ritiers de l'autre à faire la reprise des apports et

« capitaux tombés dans la communauté, du chef
» de leur auteur.

» Cette stipulation n'est point réputée un avan-
» tage sujet aux règles relatives aux donations, soit
» quant au fond, soit quant à la forme, mais sim-
» plement une convention de mariage, et entre as-
» sociés. »

C'est-à-dire, qu'elle ne peut être querelée comme
n'étant pas dans la forme exigée pour les donations ;
ou comme étant un avantage indirect, ou encore
comme étant sujet aux mêmes droits bursaux que
les donations.

SECTION VIII.

De la communauté à titre universel.

ART. 1526. « Les époux peuvent établir par leur
» contrat de mariage une communauté universelle
» de leurs biens, tant meubles qu'immeubles, pré-
» sens et à venir, ou de tous leurs biens présens seu-
» lement, ou de tous leurs biens à venir seulement. »

Cet article contient une dérogation à la règle générale établie par l'art. 1837, qui prohibe toute
stipulation tendant à mettre en société les biens qui
peuvent avenir aux associés par succession, donations ou legs. Au surplus, quant aux sociétés uni-
verselles dont parle notre article, *voyez* la section
première, chap. 2 du titre *de la société.*

Dispositions communes aux huit Sections ci-dessus.

ART. 1527. « Ce qui est dit aux huit sections ci-des-
» sus, ne limite pas à leurs dispositions précises,
» les stipulations dont est susceptible la commu-
» nauté conventionnelle.

» Les époux peuvent faire toutes autres conven-
» tions, ainsi qu'il est dit à l'article 1387, et sauf
» les modifications portées par les art. 1388, 1389,
» et 1390.

» Néanmoins, dans le cas où il y aurait des en-
» fans d'un précédent mariage, toute convention
» qui tendrait dans ses effets à donner à l'un des
» époux au-delà de la portion réglée par l'art. 1098,
» au titre *des Donations entre-vifs et des Testa-*
» *mens*, sera sans effet pour tout l'excédant de cette
» portion : mais les simples bénéfices résultant des
» travaux communs et des économies faites sur les
» revenus respectifs, quoique inégaux, des deux
» époux, ne sont pas considérés comme un avan-
» tage fait au préjudice des enfans du premier lit. »

Mais les simples bénéfices résultant, etc. On
voit que la société d'acquêts est formellement ex-
ceptée de la prohibition générale portée dans cette
partie de l'article.

ART. 1528. « La communauté conventionnelle
» reste soumise aux règles de la communauté légale
» pour tous les cas auxquels il n'y a pas été dérogé im-
» plicitement ou explicitement par le contrat. »

3.   17

SECTION IX

Des conventions excessives de la Communauté.

ART. 1529. « Lorsque, sans se soumettre au ré-
» gime dotal, les époux déclarent qu'ils se marient
» sans communauté, ou qu'ils seront séparés de
» biens, les effets de cette stipulation sont réglés
» comme il suit. »

Si l'on veut que les conventions du mariage soient
réglées d'après le régime dotal, il faut le dire expressément. *Voyez* cependant l'observation sur l'article 1392. Il résulte de cet article et du nôtre,
qu'il y a un parti mitoyen entre le régime dotal et
celui de la communauté, et que, parce qu'on exclut la communauté, on n'est pas pour cela censé
se soumettre au régime dotal.

PARAGRAPHE PREMIER.

*De la Clause portant que les époux se marient
sans communauté.*

ART. 1530. « La clause portant que les époux se
» marient sans communauté, ne donne point à la
» femme le droit d'administrer ses biens, ni d'en
» percevoir les fruits : ces fruits sont censés appor-
» tés au mari pour soutenir les charges du ma-
» riage. »

Cet article est conforme à la doctrine de Renusson, 1re. part., chap. 9, n°. 2. C'est, dit-il, la puis-

tance maritale et non la communauté, qui donne au mari le droit d'administrer les revenus des biens de sa femme, et de les employer aux besoins de la famille. Loyseau dit aussi qu'en pays coutumier, le mari est seigneur des biens de sa femme, ne plus, ne moins qu'en Droit romain, le mari est seigneur de la dot.

Art. 1531. « Le mari conserve l'administration » des biens meubles et immeubles de la femme, » et par suite, le droit de percevoir tout le mobilier » qu'elle apporte en dot, ou qui lui échoit pendant » le mariage, sauf la restitution qu'il en doit faire » après la dissolution du mariage, ou après la sé- » paration de biens qui serait prononcée par jus- » tice. »

Art. 1532. « Si dans le mobilier apporté en dot par » la femme, ou qui lui échoit pendant le mariage, il » y a des choses dont on ne peut faire usage sans » les consommer, il en doit être joint un état esti- » matif au contrat de mariage, ou il doit en être fait » inventaire lors de l'échéance, et le mari en doit » rendre le prix d'après l'estimation. »

Je crois qu'il en doit être autrement des choses qui se dégradent seulement par l'usage, comme le linge, les meubles meublans, et que le mari ne doit être tenu de les rendre, que dans l'état où ils se trouvent à la dissolution du mariage. La femme les a usés en effet comme lui ; et l'article suivant pré- juge pour notre opinion, en considérant le mari comme usufruitier.

ART. 1533. « Le mari est tenu de toutes les char-
» ges de l'usufruit. »

Voyez l'observation sur l'article précédent.

ART. 1534. « La clause énoncée au présent para-
» graphe ne fait point obstacle à ce qu'il soit conve-
» nu que la femme touchera annuellement sur ses
» seules quittances, certaine portion de ses revenus
» pour son entretien et ses besoins personnels. »

Même disposition dans l'article 1549.

ART. 1535. « Les immeubles constitués en dot,
» dans le cas du présent paragraphe, ne sont point
» inaliénables.

» Néanmoins ils ne peuvent être aliénés sans le
» consentement du mari, et, à son refus, sans l'au-
» torisation de la justice. »

Ils ne sont pas inaliénables, parce que l'exclusion de la communauté n'entraîne pas de droit le
régime dotal, comme nous l'avons observé sur l'article 1529.

§. II.

De la Clause de séparation de biens.

ART. 1536. « Lorsque les époux ont stipulé par
» leur contrat de mariage qu'ils seraient séparés de
» biens, la femme conserve l'entière administration
» de ses biens meubles et immeubles, et la jouis-
» sance libre de ses revenus. »

Cette clause a le même effet en pays coutumier
que la stipulation des paraphernaux en pays de Droit
écrit; seulement dans ce dernier pays, la femme

pouvait aliéner librement ses paraphernaux, mais aujourd'hui elle ne le peut pas plus que la femme séparée. *Voy.* la section 4, du chapitre 3 de ce titre.

On a demandé si les acquisitions que la femme pourrait faire avec ses économies sur les revenus des biens qu'elle s'est réservés, lui seraient propres, ou si le mari en aurait la moitié. Bourjon est pour ce dernier avis. Pothier, n. 466, penche pour l'avis contraire. Pour moi il me semble qu'il n'y a pas lieu à hésiter pour décider que les biens ainsi acquis, sont propres à la femme. Pothier dit qu'il faut au moins qu'elle prouve que les acquisitions ont été faites de ses épargnes, et qu'il ne suffit pas de l'énoncer dans le contrat, parce que le mari pourrait de cette manière avantager furtivement sa femme. Je pense au contraire que, dès que la femme a des revenus dont les économies ont pu suffire à l'acquisition, il faut que les héritiers du mari prouvent la fausseté ou du moins l'invraisemblance de la déclaration faite au contrat, sans quoi il faut s'y tenir. Et d'ailleurs toutes ces craintes d'avantages indirects, hors le cas de convol, ont bien perdu de leur influence depuis les lois nouvelles. *Voyez* la section 9 du titre 2 de ce livre, et l'article 14 de la loi du 17 nivôse an 2.

Art. 1537. « Chacun des époux contribue aux » charges du mariage, suivant les conventions con- » tenues en leur contrat ; et s'il n'en existe point » à cet égard, la femme contribue à ces charges jus- » qu'à concurrence du tiers de ses revenus. »

Voyez les observations sur l'art. 1575.

ART. 1538. « Dans aucun cas, ni à la faveur d'au-
» cune stipulation, la femme ne peut aliéner ses
» immeubles sans le consentement spécial de son
» mari, ou à son refus, sans être autorisée par justice.

» Toute autorisation générale d'aliéner les im-
» meubles donnés à la femme, soit par contrat de
» mariage, soit depuis, est nulle. »

Voyez les observations sur les articles 217 et 1449.

Qu'entend-on par consentement spécial ? Faut-
il qu'il intervienne dans l'acte même d'aliénation
que fait la femme ?

Par acte du 24 février 1788, *le Comte*, séparé
de biens d'avec sa femme, et voulant se libérer
envers elle, lui abandonne une maison estimée
56,000 liv., et trois autres immeubles, désignés
dans l'acte, *l'autorisant irrévocablement par
l'effet des présentes, à l'effet de vendre lesdits
biens aux conditions qu'il plaira à la femme,
pourvu que ce ne soit pas au-dessous de l'estimation.*

Le 14 pluviôse an 3, la dame *le Comte* vend
la maison à *Maupercher*, au prix de 133,000 liv.
assignats.

Le Comte attaque la vente, comme faite sans
autorisation spéciale, au mépris de l'article 223
de la Coutume de Paris, qui l'exige telle. *Maupercher* soutient que l'acte d'abandon de 1785,
contient cette autorisation spéciale.

Le 25 fructidor an 4, jugement du tribunal de
la Seine, qui relaxe *Maupercher*. Appel porté devant le tribunal de Seine et Marne. Le 5 fructidor

an 7 , jugement qui confirme le premier , attendu que l'art. 223 de la Coutume exige bien une autorisation expresse , mais non que cette autorisation soit donnée dans l'acte même de vente , et que , dans l'hypothèse , l'autorisation est expresse dans l'acte de 1788 , puisque non seulement la maison dont s'agit y est spécifiée , mais encore le prix au-dessous duquel elle ne peut être vendue.

Pourvoi en cassation de la part de *le Comte* ; il cite un acte de notoriété du Châtelet de Paris , du 23 février 1708 . portant que l'autorisation doit intervenir *in ipso actu* ; le Répertoire de jurisprudence , verbo *Autorisation* , qui dit à-peu-prés la même chose ; D'Aguesseau , plaidoyer du 3 avril 1791 , qui dit que l'autorisation doit être donnée *in rem præsentem.*

Maupercher cita de son côté Pothier , *de la Puissance du mari*, n. 71, qui dit que l'autorisation peut être donnée dans un acte qui précède la vente, et que n'importe l'intervalle. Il ajouta que le vœu de la loi et des auteurs les plus rigides , était seulement de proscrire les autorisations vagues , indéterminées et générales , par lesquelles la femme semble affranchie de la puissance maritale , à l'instant du mariage , ou d'une séparation de biens.

Le 22 brumaire an 12 , arrêt de la section civile , qui rejette le pourvoi de *le Comte* , attendu que l'art. 223 de la Coutume de Paris n'exige pas que l'autorisation soit donnée dans l'acte même de vente , et que les premiers juges ont pu , sans violer aucune loi, trouver dans l'acte du 24 février 1788 une autorisation spéciale.

Notre article n'ajoutant rien à la disposition de la Coutume de Paris, peut encore s'interpréter dans le sens de cet arrêt.

ART. 1539. « Lorsque la femme séparée a laissé
» la jouissance de ses biens à son mari, celui-ci n'est
» tenu, soit sur la demande que sa femme pourrait
» lui faire, soit à la dissolution du mariage, qu'à la
» représentation des fruits existans, et il n'est point
» comptable de ceux qui ont été consommés jus-
» qu'alors. »

Voyez les articles 1577, 1578, 1579 et 1580 qui peuvent servir d'interprétation à celui-ci.

CHAPITRE III.

Du régime dotal.

M. Berlier a dit au Corps législatif, en lui pré-
sentant ce titre, que le régime dotal ne tirait pas son nom de ce qu'il y avait une dot constituée, car celui de la communauté admet aussi la constitution de la dot, mais de la manière particulière dont la dot se régit dans le premier système.

Il a observé aussi que dans les deux régimes les dots sont assujéties à plusieurs règles semblables; telles sont celles qui concernent la portion contributoire des constituans, la garantie de la dot et

le paiement des intérêts ; dispositions qui se trouvent dans l'un et l'autre chapitres, parce qu'on n'a pas voulu les morceler.

Art. 1540. « La dot, sous ce régime comme sous
» celui du chapitre II, est le bien que la femme apporte
» porte au mari pour supporter les charges du mariage
» riage. »

Dos, dit Cujas, sur le titre *de jure dot., est pecunia marito, nuptiarum causâ, data vel promissa.*

La dot jouissait d'une grande faveur chez les Romains, *dotis causa semper et ubique præcipua est* L. 1, ff. *solut. matrim.* Elle était regardée comme d'intérêt public, pour la conservation des familles, *reipublicæ interest mulieres dotes salvas habere* eôd. Aussi était-elle préférée même au fisc. *Undè potior est causa dotio quàm reipublicæ* L. 9, Cod. *de jure dot.*

Art. 1541. « Tout ce que la femme se constitue,
» ou qui lui est donné en contrat de mariage, est
» dotal, s'il n'y a stipulation contraire. »

Cet article décide une grande question. Il suit l'avis de Guipape, question 468, contre celui de Faber, Cod. liv. 5, tit. 7, déf. 18. Elle fut jugée dans le sens inverse de l'article, dans un grand procès entre M. de Beaumont, neveu aîné de l'archevêque de Paris, et son épouse. Leur contrat de mariage portait qu'*en faveur et contemplation dudit mariage*, les dames de Goas, mère et aïeule de la future, donnaient, etc. On jugea que, malgré ces expressions, les biens donnés n'étaient pas dotaux, J'ai travaillé dans ce procès.

SECTION PREMIÈRE.

De la Constitution de dot.

ART. 1542. « La constitution de dot peut frapper
» tous les biens présens et à venir de la femme, ou
» tous ses biens présens seulement, ou une partie
» de ses biens présens et à venir, ou même un ob-
» jet individuel.

» La constitution en termes généraux, de tous
» les biens de la femme, ne comprend pas les biens
» à venir de la femme. »

L, 72, ff. *de jure dot.*, et 4, *Cod eód.*

La seconde partie de l'article est conforme à l'a-
vis de Despeisses et des auteurs qu'il cite, tom. 1,
pag. 432.

ART. 1543. « La dot ne peut être constituée ni
» même augmentée pendant le mariage. »

Cet article est contraire à la loi 1, ff. *de pactis
dot. et ult. Cod. de don. antè nupt.* Aussi souffrit-
il contradiction: on dit qu'il pouvait y avoir de bonnes raisons pour ne pas permettre les constitutions
ou augmentations de dot *en argent* après le mariage, parce qu'il pourrait en résulter des fraudes
pour les créanciers du mari, mais qu'il n'y aurait
pas d'inconvénient à les permettre en immeubles.

On répondit qu'il y aurait toujours de l'inconvénient, parce que le contrat de mariage étant censé
contenir toute la dot, le mari pourrait se procurer

un faux crédit, en ne montrant que cet acte, et présentant d'ailleurs une masse de biens qui paraîtrait pouvoir répondre de l'emprunt qu'il ferait.

Art. 1544. « Si les père et mère constituent conjointement une dot, sans distinguer la part de chacun, elle sera censée constituée par portions égales.

» Si la dot est constituée par le père seul pour droits paternels et maternels, la mère, quoique présente au contrat, ne sera point engagée, et la dot demeurera en entier à la charge du père. »

La première partie de cet article est conforme à la nov. 21 de l'Empereur Léon, et à l'usage tant des Pays de Droit écrit, que de ceux de Coutume. *Voyez* Lapeyrère, lett. D, n°. 118; Renusson, de la Comm. part. 1, ch. 13, n°. 24 et suiv.

La seconde est conforme à la loi dernière, Cod. *de dot. prom.* On observa cependant que cela était dur, mais on répondit que la subordination de la femme au mari pourrait empêcher la première de s'opposer à la constitution de dot que son mari ferait de ses biens et de ceux de la femme, quoique ce fût contre son gré; qu'il fallait donc quelque chose de plus que son silence.

Art. 1545. « Si le survivant des père ou mère constitue une dot pour biens paternels et maternels, sans spécifier les portions, la dot se prendra dabord sur les droits du futur époux dans les biens du conjoint prédécédé, et le surplus sur les biens du constituant. »

Conforme à l'avis de Renusson, n°. 35, et de Lapeyrère, au lieu déjà cité.

Art. 1546. « Quoique la fille dotée par ses père
» et mère ait des biens à elle propres dont ils jouis-
» sent, la dot sera prise sur les biens des constituans,
» s'il n'y a stipulation contraire. »

Conforme à la loi dernière, §. *Cod. de dot.prom.*

Art. 1547. « Ceux qui constituent une dot, sont
» tenus à la garantie des objets constitués. »

On suppose ici que la dot est constituée en immeubles, ou enfin autrement qu'en argent.

Art. 1548. « Les intérêts de la dot courent de
» plein droit, du jour du mariage, contre ceux qui
» l'ont promise, encore qu'il y ait terme pour le
» paiement, s'il n'y a stipulation contraire. »

On pouvait tout aussi bien dire le contraire, d'a-
près la maxime *qui a terme ne doit rien;* mais il
est toujours bon qu'on ait posé une règle.

Si un fonds a été constitué en dot, et que le mariage ne s'accomplisse pas de suite, les fruits perçus
par le mari depuis le contrat augmentent la dot, et
n'appartiennent pas au mari; car il ne supportait
pas encore les charges du mariage. C'est une observation de M. Duveyrier, dans son Discours au Tribunat.

Section II.

*Des Droits du mari sur les biens dotaux, et de
l'inaliénabilité du fonds dotal.*

Art. 1549. « Le mari seul a l'administration des
» biens dotaux pendant le mariage.

» Il a seul le droit d'en poursuivre les débiteurs
» et détenteurs, d'en percevoir les fruits et les in-
» térêts, et de recevoir le remboursement des capi-
» taux.

» Cependant il peut être convenu par le contrat
» de mariage, que la femme touchera annuelle-
» ment, sur ses seules quittances, une partie de ses
» revenus pour son entretien et ses besoins person-
» nels. »

Les lois considèrent le mari comme maître de la
dot pendant le mariage, *maritus est dominus dotis*. L. 3o, Cod. *de jure dot.* Tous les fruits et revenus des biens dotaux lui appartiennent, *ad sustinenda opera matrimonii.* L. 7, ff. *eòd.* Il a seul aussi
le droit de s'en faire payer, si elle est en argent, et
de la revendiquer, si elle est en fonds. L. 2 ff. *de
oblig. et act. et* 41 *de jure dot.*

Quant à la troisième partie de l'article, il est rare
de voir faire, dans les contrats de mariage, les conventions dont elle parle. Elles se font communément après, et s'exécutent entre gens honnêtes,
quoiqu'elles ne sont point obligatoires en justice.
Au surplus, l'article 1534 porte la même disposition.

ART. 155o. « Le mari n'est pas tenu de fournir
» caution pour la réception de la dot, s'il n'y a pas
» été assujéti par le contrat de mariage. »

Cela était même défendu par le titre du Code *ne
fidei vel mand. dot. dent.*

ART. 1551. « Si la dot ou partie de la dot consiste
» en objets mobiliers mis à prix par le contrat, sans

» déclaration que l'estimation n'en fait pas vente, le
» mari en devient propriétaire, et n'est débiteur
» que du prix donné au mobilier. »

Art. 1552 « L'estimation donnée à l'immeuble
» constitué en dot n'en transporte point la propriété
» au mari, s'il n'y en a déclaration expresse. »

La règle générale était que dès que la chose donnée en dot était mise à prix par le contrat de mariage, elle était censée vendue au mari, au péril duquel elle passait, et qui ne devait plus que la somme. *Æstimatio facit emptionem*, L. 10, ff. *de jure dotium. Maritus summæ velut pretii debitor efficitur.* L. 5, *Cod. eod. Et in se periculum et lucrum recepit.* L. 10, *eod. Voyez Lapeyrère*, lett. D, n°. 126, et Laroche, liv. 6, tit. 41, art. 10.

Cette jurisprudence était bonne, tant qu'il n'y avait pas d'enregistrement, et que le prix donné à la chose dotale ne pouvait avoir d'autre objet que d'en transporter la propriété au mari; mais depuis l'établissement du contrôle, il devint nécessaire de fixer un prix à la chose dotale, pour régler la perception du droit, et alors il y avait souvent des contestations pour savoir si l'estimation avait pour objet le contrôle, ou le transport de la propriété : nos deux articles distinguent avec raison les meubles des immeubles; à moins de déclaration formelle, les premiers sont censés vendus, mais non les seconds; et cette distinction est très-avantageuse à la femme.

Il faut cependant observer que l'estimation n'a l'effet de transporter la propriété au mari, que tout autant que le mariage projeté a eu lieu; car s'il ne s'ensuit pas, il doit rendre la chose et non le prix. *Ubi nuptiæ secutæ non sunt, res repeti debet, non pretium.* L. 17, ff. eòd. *Voyez* les observations sur l'art. 1381.

ART. 1553. « L'immeuble acquis des deniers do-
» taux n'est pas dotal, si la condition de l'emploi
» n'a été stipulée par le contrat de mariage. »

» Il en est de même de l'immeuble donné en paie-
» ment de la dot constituée en argent. »

On ajoute communément une autre exception à la règle portée dans cet article, c'est lorsque le mari se trouve insolvable, et que la femme ne peut se faire restituer sa dot en argent. Despeisses, *Dot,* sect. 3, n°*. 11 et 82; Salviat, et les auteurs qu'il cite, pag. 213.

ART. 1554. « Les immeubles constitués en dot
» ne peuvent être aliénés ou hypothéqués pendant
» le mariage, ni par le mari, ni par la femme, ni
» par les deux conjointement, sauf les exceptions
» qui suivent. »

Suivant l'ancien droit romain, le mari pouvait aliéner le fonds dotal, du consentement de la femme. L. 4, ff. *de fundo dot.* Mais Justinien, par sa loi unique, *Cod. de rei ux. act,* le lui défendit; même avec ce consentement; quant à la femme, il est bien plus constant qu'elle ne pouvait pas l'aliéner pendant le mariage, puisqu'elle n'en était pas cen-sée maîtresse. *Inst. quibus alienare licet vel non.*

Telle était la jurisprudence bien constante des pays de Droit écrit; l'inaliénabilité de la dot était la base du régime dotal, et l'objet principal des lois de cette matière; la dot était l'espérance des enfans, et la ressource de la famille : ils ne devaient pas pouvoir en être privés ni par les dispositions du mari, ni par la condescendance de la femme et la fragilité de son sexe : elle était frappée, dit M. Siméon, d'une sorte de substitution légale qui avait tous les avantages de cette espèce de disposition, sans avoir aucun de ses inconvéniens.

Cependant, dans le projet, on avait pris un système absolument contraire, et présenté un article portant que *les immeubles constitués en dot ne sont point inaliénables*, et que *toute convention contraire est nulle.*

On disait, pour défendre l'article proposé que si la femme elle même se constituait une dot, il était contraire au droit de propriété qu'elle s'interdît de l'aliéner; que si la dot lui était constituée par ses parens, ils pouvaient stipuler le droit de retour qui pourvoyait à leurs intérêts, ou faire une disposition officieuse qui pourvoyait à ceux des enfans; qu'ainsi le principe de l'inaliénabilité de la dot était sans objet; que c'était d'ailleurs une espèce de substitution nuisible à l'intérêt du commerce et à la libre circulation des biens, et qui ne devait pas être plus tolérée que les autres.

On répondit que puisqu'on était convenu de laisser subsister ensemble le régime dotal, et celui de la communauté, il ne fallait pas commencer par détruire la base du premier; que c'était pour conserver à la femme sa propriété, et la préser-

ver des effets de sa propre faiblesse, que l'inaliénabilité de la dot avait été introduite; que ce système n'avait rien de commun avec celui du droit
de retour; que c'était bien une sorte de substitution, mais qui n'avait que la durée du mariage,
et finissait avec lui; qu'il ne pouvait donc nuire
beaucoup à la circulation; qu'au surplus la disposition officieuse et le droit de retour étaient bien
plus nuisibles à ce prétendu intérêt de circulation,
et que cela n'avait pas empêché d'en consacrer
l'usage.

Sur ces motifs, le Conseil adopta le principe de
l'inaliénabilité de la dot. *Voyez* sur ce prétendu
intérêt de mettre les biens en circulation, le discours de M. Carrion-Nicolas au Tribunat.

Quelqu'un demanda si le principe de l'inaliénabilité serait aussi appliqué aux dots des mariages
en communauté. On ne répondit pas à cette question; mais je crois la négative incontestable.

ART. 1555. « La femme peut, avec l'autorisation
» de son mari, ou, sur son refus, avec permission
» de justice, donner ses biens dotaux pour l'éta-
» blissement des enfans qu'elle aurait d'un mariage
» antérieur; mais si elle n'est autorisée que par jus-
» tice, elle doit réserver la jouissance à son mari »

Régulièrement la femme ne peut pas donner ses
biens dotaux, *L. 21, Cod. de don.* Cependant la donation n'en était pas aussi sévèrement interdite que
la vente, par la raison que la femme se déterminait
plus difficilement à donner qu'à vendre. *Facilius
femina vendit quàm donat, avarum enim ge-*

nus mulierum. Aussi la femme qui ne pouvait vendre ses biens dotaux, même avec le consentement de son mari, pouvait les donner même sans ce consentement à ses enfans, dans la jurisprudence du parlement de Toulouse, et avec ce consentement même à des étrangers, suivant celle de Bordeaux et d'Aix, contraire en cela à celle de Toulouse. *Voy.* Catellan et Vedel, liv. 4, ch. 41; Furgole, *Donations*, tom. 2, quest. 24; Lapeyrère, corrigé par son apostillateur, lett. D, n. 100; Boniface, etc.

Mais il serait à craindre qu'un second mari ne voulût pas consentir à la donation que la femme pourrait faire à ses enfans d'un premier lit; notre article lui permet avec raison de recourir alors à la justice; et je ne sais pas s'il est bien juste en ce cas de réserver la jouissance au mari. Ce n'est pas le moyen d'accélérer l'établissement des enfans du premier mariage. Il me semble qu'il eût mieux valu permettre à la femme de donner pleinement, *usque ad legitimum modum*, que les tribunaux seraient à portée de régler.

ART. 1556. « Elle peut aussi, avec l'autorisation » de son mari, donner ses biens dotaux pour l'éta- » blissement de leurs enfans communs. »

On ne permet pas ici à la femme de recourir à la justice, parce que les enfans étant communs, on suppose que le mari a la même affection. *Voyez* les observations sur l'art. 204.

ART. 1557. « L'immeuble dotal peut être aliéné, » lorsque l'aliénation en a été permise par le con- » trat de mariage. »

Il peut y avoir quelquefois de bonnes raisons pour cela; et la loi s'en remet à la sagesse des parens.

ART. 1558. « L'immeuble dotal peut encore être
» aliéné avec permission de justice, et aux enchères,
» après trois affiches;

» Pour tirer de prison le mari ou la femme;

» Pour fournir des alimens à la famille dans les cas prévus par les articles 203, 205 et 206 au titre *du mariage.*

» Pour payer les dettes de la femme ou de ceux
» qui ont constitué la dot, lorsque ces dettes ont
» une date certaine antérieure au contrat de ma-
» riage;

» Pour faire de grosses réparations indispensables
» pour la conservation de l'immeuble dotal;

» Enfin, lorsque cet immeuble se trouve indivis,
» avec des tiers, et qu'il est reconnu impartageable;

» Dans tous ces cas, l'excédant du prix de la vente
» au-dessus des besoins reconnus, restera dotal, et
» il en sera fait emploi comme tel au profit de la
» femme. »

On observa que les causes de l'inaliénabilité étaient énoncées d'une manière trop générale, et donnaient trop de latitude aux juges; que par exemple, il fallait distinguer les motifs de l'emprisonnement du mari. Si c'était pour délit et pour dettes contractées au jeu, conviendrait-il d'employer la dot de la femme à l'en tirer? De même c'est sur les revenus de la dot et non sur son capital, qu'il faut nourrir la famille. La dot ne peut être aliénée que dans le cas d'une nécessité impérieuse.

On répondit que tels étaient en effet les principes, mais qu'on s'était conformé à la jurisprudence dans leur explication.

Et, en effet, les lois 21, ff. *sol matrim. et penult.* Cod. *ad Vell.*, permettent la vente du fonds dotal pour rendre le mari à la liberté; et tel était l'usage. *Rousseaud*, verbo *Restitution*, sect. 2, n. 6, en rapporte un arrêt de Paris, du 6 septembre 1743. *Catellan*, liv. 4, chap. 1, en rapporte d'autres de Toulouse, sans distinguer si le mari est détenu pour crime, ou pour dettes. *Lapeyrère*, p. 381, n. 106, atteste aussi la jurisprudence de Bordeaux conforme à celles-là. Comme la vente du fonds dotal ne peut être faite, d'après notre article, qu'avec permission de justice, les juges verront si, d'après les circonstances, ils doivent permettre l'aliénation.

La cause des alimens est si favorable, que si les revenus de la dot ne suffisent pas dans des momens de disette pour nourrir la famille; il faut bien permettre d'y employer quelques parties du capital. *Voyez L.* 23, *ff. de jure dot.*, 20 et 21, *ff. solut. matr.*

Le fonds dotal a toujours pu être saisi par les créanciers antérieurs au mariage; mais s'il n'y a pas autrement moyen de les payer, il vaut bien mieux vendre, pour éviter les frais d'une expropriation. *Voyez* Despeisses, *de la dot*, pag. 451.

On peut dire la même chose des réparations nécessaires. Il faut faire le sacrifice d'une partie de la dot pour conserver le reste.

Enfin le mari ne peut pas provoquer le partage du fonds dotal indivis avec un autre. L. *ult. Cod. de fund. dot.*; mais il ne peut pas l'empêcher.

ART. 1559. « L'immeuble dotal peut être échangé,
» mais avec le consentement de la femme, contre
» un autre immeuble de même valeur, pour les qua-
» tre cinquièmes au moins, en justifiant de l'utili-
» té de l'échange ; en obtenant l'autorisation en jus-
» tice, et d'après une estimation par experts nom-
» més d'office par le tribunal.

» Dans ce cas, l'immeuble reçu en échange sera
» dotal; l'excédant du prix, s'il y en a, le sera aussi,
» et il en sera fait emploi comme tel au profit de la
» femme. »

Suivant la loi 26, ff *de jure dot.*, le mari pouvait faire échange du fonds dotal, pourvu que cet échan-ge fût utile à la femme, et le fonds reçu devenait dotal. L. 27, *eòd.* Notre article y a ajouté des con-ditions, pour que l'échange fût stable, et ne devînt pas dans la suite un sujet de contestation.

ART. 1560. « Si, hors les cas d'exception qui vien-
» nent d'être expliqués, la femme ou le mari, ou
» tous les deux conjointement, aliènent le fonds do-
» tal, la femme ou ses héritiers pourront faire révo-
» quer l'aliénation après la dissolution du mariage,
» sans qu'on puisse leur opposer aucune prescrip-
» tion pendant sa durée: la femme aura le même
» droit après la séparation de biens.

» Le mari lui-même pourra faire révoquer l'alié-

» nation pendant le mariage, en demeurant néan-
» moins sujet aux dommages et intérêts de l'ache-
» teur, s'il n'a pas déclaré dans le contrat que le
» bien vendu était dotal. »

S'il n'a pas déclaré dans le contrat, etc.; on avait d'abord mis à la place de cette condition, celle-ci : *pourvu que l'acheteur ait ignoré le vice de l'achat.*

Cette disposition fut critiquée, et en effet il sem-ble d'abord révoltant que le mari puisse quereller une vente qu'il a lui-même faite : *Quem de evic-tione tenet actio, eumdem agentem repellit ex-ceptio*; on soutint qu'au moins le mari qui ne peut vendre que de mauvaise foi, devait toujours demeu-rer sujet aux dommages - intérêts de l'acheteur.

On répondit que tel était l'effet des nullités ab-solues, qu'elles faisaient considérer l'acte nul, com-me n'ayant jamais existé; que d'ailleurs l'acquéreur avait à s'imputer de n'avoir pas pris des renseigne-mens suffisans, et qu'il était probable que le mari avait fait une mauvaise affaire; qu'étant chargé de fournir des alimens à la famille sur la dot, on ne pouvait lui refuser le droit de la revendiquer; que si l'ache-teur avait connu le vice de l'achat, il était le com-plice du mari, et n'avait à prétendre que la resti-tution du prix; s'il l'avait ignoré, on était quitte en-vers lui en l'indemnisant; qu'au surplus, tels étaient les principes. L'article est en effet conforme aux ar-rêts rapportés par *Maynard*, liv. 4, ch. 27; *Catel-lan*, liv. 5, ch. 47; *Duperier*, t. 2, p. 39.

Cependant pour prévenir les contestations que

pourrait occasionner la question de savoir si l'acheteur connaissait ou non le vice de l'achat, on a dit que le mari serait tenu des dommages-intérêts de l'acheteur, à moins qu'il ne fût déclaré dans le contrat que le bien vendu était dotal; ce qui est plus favorable à l'acquéreur.

ART. 1561. « Les immeubles dotaux non déclarés
» aliénables par le contrat de mariage, sont impres-
» criptibles pendant le mariage, à moins que la pres-
» cription n'ait commencé auparavant.

» Ils deviennent néanmoins prescriptibles après
» la séparation de biens, quelle que soit l'époque
» à laquelle la prescription a commencé »

La première partie de l'article est conforme à la loi 16, ff. *de fundo dot. Nam licet lex Julia vetat alienari, non tamen interpellat eam possessionem, si antequam constitueretur dotalis fundus jam cœperat.* Elle fut cependant attaquée; on dit qu'elle était contraire au principe de l'imprescriptibilité absolue du fonds dotal, et que tout au plus il fallait déclarer la prescription suspendue pendant le mariage, comme dans le cas de la minorité; qu'il suffirait d'un concert frauduleux entre le mari et l'usurpateur du fonds dotal, pour le faire perdre à la femme.

On répondit que la suspension de la prescription pendant le mariage pourrait laisser trop long tems la propriété incertaine; que d'ailleurs dans l'article on avait principalement eu en vue les dettes actives, et que l'imprescriptibilité absolue de l'immeuble dotal pouvait être déclarée sans inconvéniens.

Ces observations, qui probablement n'ont pas été bien rendues, furent renvoyées à un nouvel examen de la Section; mais l'article fut ensuite accordé sans nouvelle discussion.

Il faut bien observer, 1°. que l'article ne parle que du fonds dotal non aliéné au mari, ni constitué avec permission au mari de l'aliéner; car dans ces deux espèces, rien n'empêche la prescription de commencer pendant le mariage.

2°. Qu'il ne parle encore que de l'immeuble dotal, et non des dettes actives constituées à la femme, car celles-ci peuvent être prescrites pendant le mariage même. L. 25. ff. *de jure dot. Voyez* Rousseaud, *verbo* Dot, part. 3, sect. 4, n°. 8; *Dunod*, prescript. p. 253, *Serres*, p. 193.

Art. 1562. « Le mari est tenu, à l'égard des biens
» dotaux, de toutes les obligations de l'usufruitier.
   » Il est responsable de toutes prescriptions ac-
» quises et détériorations survenues par sa négli-
» gence. »

Nous voici encore à la prescription. Le mari en est tenu, à l'égard de l'immeuble dotal, lorsqu'il a laissé accomplir une prescription commencée avant le mariage, excepté, dit la loi 16, *ff. de jure dot.* qu'il ne restât, à l'époque du mariage, que très-peu de jours à courir pour l'opérer. Car alors on ne peut imputer au mari de n'avoir pas immédiatement songé à faire des actes, pour l'interrompre. Il faut voir sur la prescription des biens de la femme mariée, les art. 2253, 2254, 2255 et 2256.

Art. 1563. « Si la dot est mise en péril, la femme

» peut poursuivre la séparation de biens, ainsi qu'il
» est dit aux articles 1443 et suivans. »

Section III.

De la Restitution de la dot.

Art. 1564. « Si la dot consiste en immeubles,
» Ou en meubles non estimés par le contrat de
» mariage, ou bien mis à prix, avec déclaration
» que l'estimation n'en ôte pas la propriété à la
» femme,
» Le mari ou ses héritiers peuvent être contraints
» de la restituer sans délai, après la dissolution du
» mariage. »

Conforme à la loi *uniq.* §. 7, *Cod. de rei ux. act.*,
c'est qu'alors il n'y a rien qui empêche que la restitution se fasse de suite.

Art. 1565. « Si elle consiste en une somme d'ar-
» gent,
» Ou en meubles mis à prix par le contrat, sans
» déclaration que l'estimation n'en rend pas le mari
» propriétaire.
» La restitution n'en peut être exigée qu'un an
» après la dissolution. »

Conforme à la même loi : le motif de l'article est
qu'il faut donner au mari un temps raisonnable
pour payer.

Art. 1566. « Si les meubles dont la propriété reste
» à la femme ont dépéri par l'usage et sans la faute
» du mari, il ne sera tenu de rendre que ceux qui
» resteront, et dans l'état où ils se trouveront.

» **Et néanmoins la femme pourra, dans tous les**
» **cas, retirer les linges et hardes à son usage actuel,**
» **sauf à précompter leur valeur lorsque ces linges**
» **et hardes auront été primitivement constitués**
» **avec estimation.** »

Conforme à la loi 10, *ff. de jure dot.*

ART. 1567. « **Si la dot comprend des obligations**
» **ou constitutions de rente qui ont péri, ou souffert**
» **des retranchemens qu'on ne puisse imputer à la**
» **négligence du mari, il n'en sera point tenu, et il**
» **en sera quitte en restituant les contrats.** »

Conforme à la loi 49, *ff. sol. matr.* Autre chose
s'il y avait de la faute du mari, s'il avait été en demeure d'exiger le paiement, et que le débiteur fût
ensuite devenu insolvable, L. 35, *ff. de jure dot.*
S'il avait nové l'obligation, *eòd*; si pouvant recevoir
le capital, il a préféré de laisser la créance à intérêts,
L. 71, *eòd.*

La loi 35 *eòd*, fait une exception notable à la règle qu'elle donne, que le mari est tenu de l'insolv-
vabilité du débiteur de la dot, lorsqu'elle est sur-
venue après l'échéance du terme; c'est dans le cas
où c'est le père qui a constitué la dot. *neque enim
propitiis auribus audietur filia dicens : cur maritus non userit patrem ad solutionem.* Quoique
notre article n'ait pas rappelé cette exception, les
juges y auront toujours quelque égard.

ART. 1568. « **Si un usufruit a été constitué en dot,**
» **le mari ou ses héritiers ne sont obligés, à la dis-**
» **solution du mariage, que de restituer le droit**

» d'usufruit, et non les fruits échus durant le ma-
» riage.

Conforme aux lois 7 , §. 2 , *ff. de jure dot. et* 4,
ff. de pact. dot.

ART. 1569. « Si le mariage a duré dix ans depuis
» l'échéance des termes pris pour le paiement de la
» dot, la femme, ou ses héritiers pourront la répé-
» ter contre le mari, après la dissolution du ma-
» riage, sans être tenu de prouver qu'il l'a reçue, à
» moins qu'il ne justifiât de diligences inutilement
» par lui faites pour s'en procurer le paiement. »

Ce n'est qu'en faveur de la femme et de ses héritiers, et contre le mari, que cette présomption
de paiement est admise, et non à l'égard de ceux qui
ont constitué la dot, contre lesquels le mari peut
la répéter pendant trente ans. *Voy. Mornac* sur le
tit. *de jure dot. leg.* 33; *Catellan*, liv. 4, ch. 46.
Cette présomption en faveur de la femme contre le
mari, n'était pas admise au parlement de Bordeaux.
Salviat, p. 197.

ART. 1570. « Si le mariage est dissout par la mort
» de la femme, l'intérêt et les fruits de la dot à resti-
» tuer courent de plein droit, au profit de ses hé-
» ritiers, depuis le jour de la dissolution.

» Si c'est par la mort du mari, la femme a le
» choix d'exiger les intérêts de sa dot pendant l'an
» du deuil, ou de se faire fournir des alimens pen-
» dent ledit tems, aux dépens de la succession
» du mari; mais dans les deux cas, l'habitation
» durant cette année, et les habits de deuil, doi-

» vent lui être fournis sur la succession, et sans im-
» putation sur les intérêts à elle dus. »

On suppose ici qu'il ne reste pas d'enfans du mariage ; car s'il y en avait, il faudrait alors recourir
au titre *de la puissance paternelle*.

L'option que la seconde partie de l'article donne
à la femme, est très-raisonnable : si les intérêts de
la dot de la femme ne suffisent pas pour la nourrir
pendant le deuil, il ne faut pas qu'elle tombe de
suite dans l'indigence. *Voyez Serres* et les arrêts
qu'il cite, pag. 329 et 330.

Les habits de deuil ont toujours été fournis à la
femme aux dépens de la succession du mari : dans
le ressort de Toulouse, on leur donnait le même privilège qu'aux frais funéraires, mais non dans celui
de Bordeaux. *Lapeyrère*, p. 335.

ART. 1571. « A la dissolution du mariage, les fruits
» des immeubles dotaux se partagent entre le mari
» et la femme ou leurs héritiers, à proportion du
» tems qu'il a duré, pendant la dernière année.

» L'année commence à partir du jour ou le ma-
» riage a été célébré.

Conforme à la loi 6, ff. *solut. matr.*

Il y avait dans le projet de cet article, que les fruits
se partageaient *déduction préalablement faite des
frais de culture et de semence* ; cette addition conforme à la loi 7, §. *ult. ff. solut. matrim.*, a été retranchée sans discussion, probablement parce que
les fruits de la dernière année représentent ceux de
la première, que le mari prend aussi sans déduction.

ART. 1572. « La femme et ses héritiers n'ont point
» de privilége pour la répétition de la dot sur les
» créanciers antérieurs à elle en hypothèque. »

C'est une abrogation de la fameuse loi *Assiduis*,
Cod. qui potior in hyp., laquelle donnait à la femme
un privilége sur les créanciers même qui lui étaient
antérieurs ; cette loi n'était suivie que dans le ressort de Toulouse. *Voyez* à ce sujet *Catellan*, livre 4, ch. 33.

ART. 1573. « Si le mari était déjà insolvable, et
» n'avait ni art ni profession lorsque le père a cons-
» titué une dot à sa fille, celle-ci ne sera tenue de
» rapporter à la succession du père que l'action
» qu'elle a contre celle de son mari, pour s'en faire
» rembourser.

» Mais si le mari n'est devenu insolvable que de-
» puis le mariage,

» Ou s'il avait un métier ou une profession qui
» lui tenait lieu de bien,

» La perte de la dot tombe uniquement sur la
» femme. »

Il faut voir à ce sujet *Henris* et *Bretonnier*,
tom. 2, liv. 4, quest. 53 et 127, et *Catellan*, liv. 4,
ch. 17.

Et n'avait ni art, ni profession. Cette condition a été ajoutée, parce que dans la classe des artisans il est rare de trouver des immeubles qui
puissent répondre de la dot, et qu'un art ou une
profession tiennent lieu de biens.

Il y a une autre question bien intéressante sur
cette matière ; c'est celle de savoir si le père présent

au contrat de mariage de son fils est responsable de la dot, quoique l'acte ne porte pas qu'il l'a reçue.

La jurisprudence générale était que le père en était responsable lorsque le fils n'était pas émancipé, et qu'il ne paraissait pas que la dot lui eût été payée lors du contrat ou depuis; *secùs*, dans les cas contraires. *Lapeyrère*, lett. P, n°. 125; *Catellan* et *Vedel*, liv. 4, ch. 10.

A Bordeaux, on rendait même le père du futur non émancipé, responsable de l'agencement et des bagues et joyaux promis à la future : arrêt du 23 février 1745; mais non à Toulouse; *Catellan*, liv. 4, ch. 11. Je serais pour la dernière opinion.

Section IV.

Des biens paraphernaux.

Art. 1574. « Tous les biens de la femme qui n'ont » pas été constitués en dot sont paraphernaux. »

Il faut concilier cet article avec le 1541, qui dit que tout ce que la femme se constitue, ou qui lui est donné en contrat de mariage, est dotal, s'il n'y a stipulation contraire; et s'il y avait quelque difficulté à cette conciliation, il faudrait donner la préférence au 1541, l'esprit du législateur ayant été de borner plutôt que d'étendre les paraphernaux, comme on peut s'en convaincre par la discussion qui a eu lieu sur l'art. 215.

Il n'y a de paraphernaux que les biens qui sont échus à la femme, depuis le contrat de mariage, ou qu'elle s'est expressément réservés comme tels

dans le contrat de mariage même. *Voyez* l'observation sur l'art 1541.

ART. 1575. « Si tous les biens de la femme sont
» paraphernaux, s'il n'y a pas de convention dans
» le contrat pour lui faire supporter une portion
» des charges du mariage, la femme y contribue
» jusqu'à concurrence du tiers de ses revenus. »

Ce chapitre *du régime dotal* ne fut rédigé qu'a-
près qu'il eût été arrêté au Conseil que ce régime
serait spécialement conservé.

Cette rédaction une fois faite, on pria les principaux jurisconsultes des pays de Droit écrit, membres du Tribunat, de se joindre à la Section de Législation, pour l'examiner; et on convint que dans
les cas de notre article, le mari était censé avoir
assumé en entier, sur son compte, les charges du
mariage; telle est en effet la nature des paraphernaux; le mari n'y a absolument aucun droit, et la
femme seule en a l'administration et la libre disposition. L. 8, *Cod. de pact. conv.* Si le mari consent
que la femme se réserve tous ses biens comme paraphernaux, si elle ne s'est donnée à lui que sous
cette condition, il n'a pas à s'en plaindre, et la condition doit être exécutée. Il n'y aurait pas consenti
sans doute, s'il n'avait eu de son chef de quoi supporter les charges du mariage.

Cependant cette disposition fut attaquée au Conseil comme injuste, contraire même aux règles de
la société, qui veulent que les charges et les profits
se partagent entre les associés, on ajouta qu'en pays

de Droit écrit, les tribunaux obligeaient, en pareil cas, la femme à contribuer aux charges.

On pouvait répliquer qu'en fait de société même, il était permis de stipuler que l'un eût part au profit, sans contribuer de son argent, mais seulement de sa personne; et que la femme, indépendamment du soin du ménage, était chargée, au risque de sa vie, de perpétuer le nom et la famille du mari. Quant à la jurisprudence, sans doute, la femme, en cas de nécessité, est obligée de nourrir le mari et les enfans, mais jamais quand le mari a de quoi y pourvoir lui-même; à plus forte raison n'en est-elle pas tenue, lorsqu'il a été expressément convenu qu'elle ne le serait pas.

Le Conseil adopta d'abord uniquement cette exception de la nécessité, à l'article proposé; mais la Section de Législation ayant persisté dans son premier avis, son article passa sans discussion à la première lecture, tel qu'on le voit rédigé; il faut même convenir qu'il est plus conforme à l'esprit général du titre, et à la modification que les paraphernaux ont subie.

ART. 1576. « La femme a l'administration et la » jouissance de ses biens paraphernaux.

» Mais elle ne peut les aliéner, ni paraître en ju-» gement, à raison desdits biens, sans l'autorisation » du mari, ou, à son refus, sans la permission de » la justice. »

La seconde partie de l'article est contraire au Droit romain et à la jurisprudence des pays de Droit écrit. *Voyez* L. 6. et ult., Cod. *de pact. conv.*; Catellan, liv. 5, ch. 68, Furgole, sur l'art. 9 *des Do-nations*; Lapeyrère, pag. 291. Cependant je crois la disposition juste et analogue à la nature du contrat de mariage.

ART. 1577. « Si la femme donne sa procuration
» au mari pour administrer ses biens parapher-
» naux, avec charge de lui rendre compte des fruits,
» il sera tenu vis-à-vis d'elle comme tout manda-
» taire. »

La femme peut donner sa procuration à un étranger pour administrer ses biens paraphernaux. *L. ult. Cod. de pact. conv.*

ART. 1578. « Si le mari a joui des biens parapher-
» naux de sa femme, sans mandat, et néanmoins
» sans opposition de sa part, il n'est tenu, à la dis-
» solution du mariage, ou à la première demande
» de la femme, qu'à la représentation des fruits exis-
» tans, et il n'est point comptable de ceux qui ont
» été consommés jusqu'alors. »

Même disposition dans l'article 1539.

La loi 17, Cod. *de Donat. inter vir. et ux.*, dit que le mari n'est même tenu de restituer les capitaux des biens paraphernaux, s'il les a consommés du consentement de sa femme, qu'autant qu'il en est devenu plus riche ; et cela est sans doute vrai rigoureusement; mais il faudrait que ce consentement fût bien formel et bien constaté par écrit. Comme les paraphernaux ont été singulièrement modifiés par le Code, on n'a pas même voulu ériger en règle la disposition de la loi citée, et on s'est borné à statuer sur les revenus. *Voyez* Lapeyrère, lett. F., n.° 71.

ART. 1579. « Si le mari a joui des biens para-
» phernaux, malgré l'opposition constatée de la
» femme, il est comptable envers elle de tous les
» fruits, tant existans que consommés. »

Constatée, c'est-à-dire qu'il ne suffirait pas à la femme ou à ses héritiers de prouver des représentations vagues, un mécontentement, il faut qu'il conste d'une opposition formelle; il semble même, d'après l'expression de l'article, qu'elle doit être faite par acte : ce qui est pourtant une cruelle extrémité.

ART. 1580. « Le mari qui jouit des biens para-
» phernaux est tenu de toutes les obligations de l'u-
» sufruitier. »

Chez les Romains, les biens paraphernaux étaient communément confiés au mari. *L.* 9, §. 3, ff. *de Jure dot.*

Disposition particulière.

ART. 1581. « En se soumettant au régime dotal,
» les époux peuvent néanmoins stipuler une société
» d'acquêts, et les effets de cette société sont réglés
» comme il est dit aux articles 1498 et 1499. »

Il faut que je remplisse ici le renvoi que j'ai indiqué sous les articles 1498 et 1499..

Le premier de ces articles dit que si les époux stipulent qu'il n'y aura entre eux qu'une communauté d'acquêts, ils sont censés en exclure les dettes de chacun deux, et leur mobilier respectif, présent ou futur; qu'en ce cas, et après le prélèvement des apports duement justifiés, le partage se borne aux acquêts faits par les époux, ensemble ou séparément durant le mariage, et provenant tant de l'industrie commune que des économies faites sur les fruits et revenus des biens des deux époux.

L'article 1499 dit que si le mobilier existant lors du mariage, ou échu depuis, n'a pas été constaté par un inventaire, ou état en bonne forme, il est réputé acquêt.

On se demande d'abord s'il faut que les époux stipulent précisément qu'il n'y aura entre eux qu'une communauté d'acquêts, pour exclure la communauté légale, ou bien s'il ne suffit pas pour cela de la simple stipulation, non d'une *communauté*, mais d'une *société d'acquêts*. Il est bien constant que les termes *société d'acquêts* sont propres et particuliers au pays du régime dotal, que par cela seul on entend circonscrire l'association aux acquêts faits *ex communi collaboratione*; je dois même ajouter que dans la Section de Législation on avait adopté un article qui le portait formellement; mais cet article n'ayant pas été porté au Conseil, je crois que si l'on veut se soustraire au régime de la communauté légale, le plus sûr est de dire qu'on n'entend former qu'une société ou communauté d'acquêts.

Comme notre intéressante matière de la société d'acquêts est traitée bien succinctement dans le Code, je crois utile de lui donner ici quelques développemens, pour éviter la fausse application qu'on pourrait y faire de beaucoup de règles de la communauté légale qui lui sont étrangères ; je puiserai mes principes dans les auteurs du ressort de Bordeaux, parce que c'est là principalement que la société d'acquêts était familière, et que les autres n'en ont presque rien dit,

1°. Si les époux ne stipulent pas de société d'acquêts, et qu'ils excluent d'ailleurs la communauté légale, toutes les acquisitions que le mari fera pendant le mariage, au moyen de l'économie et de l'industrie communes, lui appartiendront.

Mais si le mari avait mis sa femme de part dans une acquisition ainsi faite, et qu'ils eussent acheté ensemble un fonds, la propriété de la moitié de ce fonds serait à la femme, en par elle payant la moitié du prix. Ainsi jugé par arrêt du 10 juillet 1673, rapporté au Lapeyrère, p. 2,

J'ai souvent entendu critiquer cet arrêt; mais je le crois juste, et fondé sur le principe qui veut que la propriété appartienne toujours à celui qui a fait l'acquisition.

2°. Les époux peuvent s'associer aux acquêts par parties égales ou inégales ; si les parties ne sont pas déterminées, ils sont censés s'associer par moitié.

C'est la règle commune des sociétés.

3°. La société d'acquêts contractée entre les époux comprend les acquisitions de meubles et d'immeubles par eux faites pendant le mariage conjointement ou séparément; le paiement des dettes qu'ils avaient contractées auparavant, les grosses réparations faites aux biens de chacun d'eux, et généra-

lement tout ce dont ils sont devenus plus riches
par leur travail et les économies qu'ils ont pu faire
sur les profits de leur industrie et sur leurs revenus.

4°. Les biens meubles ou immeubles que les
époux avaient avant leur mariage, et ceux qui leur
sont échus par donation ou succession, n'entrent
point dans la société d'acquêts.

Cette société n'est pas non plus chargée des dettes qu'ils avaient contractées auparavant.

Ces deux dernières maximes sont attestées de
la manière la plus formelle par Lapeyrère, verbo
Acquêts, et par Salviat, p. 4 et suiv. Elles constituent la grande différence qui existe entre la société d'acquêts et la communauté légale.

5°. Le profit qui résulte en faveur de l'un des
époux, de la prescription d'une dette antérieure
au mariage, ou de l'accroissement d'un immeuble
par alluvion, n'est point un acquêt de la société.

La raison en est que ce profit n'est pas un effet
de l'industrie ou de l'économie des époux. Salviat,
page 6.

6°. Si par contrat de mariage un immeuble est
donné directement en dot à la femme, ou même
donné à elle seule en paiement de la dot. il n'entre point dans la société d'acquêts, et lui demeure
propre.

Mais s'il est donné au mari seul, ou au mari
et à la femme conjointement, en paiement de la
dot, il est un acquêt de la société, sauf à faire
raison à la femme du prix pour lequel il a été
donné.

Il est un acquêt, à plus forte raison, s'il a été donné à l'un ou à l'autre, ou à tous les deux conjointement, depuis le contrat de mariage.

Voyez Lapeyrère, lett. D, n°. 126. et lett. P, n°. 158.

Ces décisions ne sont point en contradiction avec les art. 1552 et 1553, *suprà*. Dans ces articles, il s'agit uniquement du régime dotal, abstraction faite de la société d'acquêts; il s'agit de savoir quels sont les droits du mari sur les biens dotaux de la femme, et ceux de la femme contre les créanciers du mari; mais ici, il est uniquement question de ce qui entre dans la société d'acquêts, ce qui est bien différent.

Il n'y a que la question de savoir si l'immeuble donné à la femme par le contrat de mariage, en paiement de sa dot, entre en société, ou lui demeure propre, qui pût souffrir difficulté; mais je pense que ce délaissement fait à la femme seule annonce assez l'intention de ses parens, qu'il lui demeure propre; et qu'il en doit être de même que si l'immeuble avait été donné d'abord en dot à la femme, pourtant sans déclarer que l'estimation en transportait la propriété au mari, et qu'ensuite on eût constitué à la femme tant de plus. L'estimation n'est censée alors avoir d'autre objet que de régler ce que la femme devra rapporter dans la succession future, ou la quotité des droits burseaux. *Voyez* l'article 1406.

7°. La société d'acquêts contractée en secondes

noces, n'est point considérée comme un avantage fait au préjudice des enfans du premier lit.

Lapeyrère, lett. N, n°. 22 ; Henris, tom. 2, liv. 4, quest. 58. Les profits de la société étant une chose incertaine, et l'effet d'un travail commun, ne peuvent être considérés comme une libéralité.

8°. Le mari, pendant le mariage, a sur les acquêts les mêmes droits que ceux qui lui sont attribués par les articles 1421 et 1432.

Lapeyrère, lett. C, n°. 32, dit que le mari peut bien, pendant le mariage, disposer particulièrement des acquêts de la société, mais qu'il ne le peut point par une donation universelle ; Salviat, pag. 9, critique cette décision de Lapeyrère et soutient que le mari peut tout donner par un seul acte. Je crois que maintenant il faut se conformer à l'article 1422, qui doit s'appliquer *à fortiori*, à la société d'acquêts.

9°. Les époux peuvent stipuler que les acquêts de leur société appartiendront au survivant d'entr'eux, ou qu'ils seront réservés aux enfans provenus de leur mariage.

Cette dernière clause était presque de style dans nos contrats de mariage. *V*. Lapeyrère, pag. 3, et Salviat, p. 7 et suiv. Elle avait l'effet de transporter la propriété desdits acquêts aux enfans du mariage, dès l'instant de sa dissolution, et le survivant n'avait que la jouissance de sa part, sauf les droits de la puissance paternelle sur l'autre. Ces acquêts ne pouvaient être aliénés par le survivant, que pour le paiement des dettes par lui contractées pendant le mariage; la moitié seulement qui lui revenait, pouvait l'être pour les dettes antérieures, mais aucune partie ne pouvait l'être pour les dettes postérieures au mariage; et si l'époux survivant les aliénait, les enfans pouvaient évincer l'acquéreur, en répudiant l'hérédité pour s'en tenir aux acquêts. *Voyez* sur tout cela Lapeyrère et Salviat aux lieux cités, où ils en rapportent nombre d'arrêts.

M. Duveyrier, dans le rapport qu'il a fait de ce titre au Tribunat, a dit qu'on pouvait encore stipuler dans les contrats de mariage, que la totalité des acquêts appartiendrait au survivant des époux, ou qu'ils seraient réservés aux enfans, pourvu que l'ordre légal des successions fut maintenu, et la loi limitative des donations respectée. Et tel était aussi l'usage; si les enfans des autres lits ne trouvaient pas leur légitime sur les biens propres des époux, ils la prenaient sur les acquêts.

Nous avons bien rendu compte sur l'article 1498 des motifs qui avaient engagé à supprimer le second chef de l'édit des secondes noces, et à faire profiter également du retranchement les enfans des divers lits; mais la société d'acquêts contractée par l'époux qui convole n'a jamais été considérée comme un avantage prohibé, ainsi que nous l'avons expliqué au n°. 7.

10.° La société d'acquêts finit par la dissolution du mariage, ou la séparation de biens.

Elle ne se continue point entre le conjoint survivant et les héritiers du prédécédé.

C'était une jurisprudence constante dans les pays de Droit écrit, avant que le Code l'eût ainsi ordonné pour la communauté légale. Salviat, pag. 16.

11.° La femme et ses héritiers peuvent renoncer à la société d'acquêts.

Il n'y a pas de doute sur cette proposition dans notre jurisprudence : cette renonciation se faisait par une simple déclaration, sans que la femme ou ses héritiers eussent besoin de faire d'inventaire, et sans qu'ils fussent obligés à aucune des formalités prescrites dans les pays coutumiers ; c'est ce qui est constaté par diverses attestations du barreau, rapportées par Salviat, n. 8 et 9, verbo *Acquêts*.

Mais je crois qu'à présent nous serons soumis aux règles prescrites dans la sect. 4 de la première partie du chapitre 2 de ce titre, et le plus sûr est de s'y conformer.

12.° La femme en renonçant à la société d'acquêts, reprend ses biens propres, et n'est point soumise aux dettes contractées par le mari pendant qu'elle a duré.

C'est là encore une grande différence de notre société avec la communauté coutumière, ou la femme en renonçant perd ce qu'elle y a conféré. *Voyez* Salviat, n. 7.

13.° Pour liquider une société d'acquêts, lorsque la femme ou ses héritiers n'y renoncent pas, il faut commencer par prélever sur la masse, la dot de la femme reçue par le mari, les apports que celui-ci a pu faire dans la société, les dettes contractées pendant le mariage, le prix des biens de l'un ou de l'autre vendus pendant le même tems, et les dégradations qu'ils ont éprouvées sans cas fortuit.

Le surplus, s'il y en a, est partagé entre le mari et la femme, ou leurs héritiers, suivant les proportions fixées par le contrat de mariage.

Cette règle est commune à la société d'acquêts et à la communauté légale. Salviat, *Acquêts*, n°. 6 et 8.

Il y a cependant un cas où la dot ne se prélève pas sur les acquêts, c'est lorsqu'elle a été employée à payer les dettes propres du mari. Ainsi jugé par arrêt de Bordeaux, du 16 mai 1736, rapporté par Salviat, n. 8.

14.° Les dons faits par le mari à la femme pour agencement, gain de noces, bagues et joyaux, se prennent sur les biens propres du mari, et non sur les acquêts. Lapeyrère, lett. D, n. 132.

Il en doit être de même des dons faits par la femme au mari. L'art. 1480 est d'ailleurs général.

15.° Si le mari déclare par le contrat de mariage avoir une somme devers lui, elle sera reprise sur les acquêts après la dot, sans qu'il ait besoin d'en rapporter d'autre preuve.

Ainsi jugé par divers arrêts rapportés par Salviat, *Acquêts*, n. 10. Ce qui est conforme à l'art. 1502.

16.° Suivant l'art. 1499, si le mobilier existant lors du mariage, ou échu depuis, n'a pas été constaté par inventaire, ou état en bonne forme, il est présumé acquêt.

Cet article est bien opposé à nos usages. Une attestation du barreau de Bordeaux, du 9 mars 1706.

rapportée par Salviat, pag. 17, certifie qu'on ne fait presque jamais de ces sortes d'états en se mariant ; ce qui n'empêche pas qu'on ne puisse réclamer les acquêts, en en rapportant la preuve.

On suppléait à l'omission de ces états, et à la nécessité même des preuves, par les présomptions suivantes dont j'ai parlé sous l'art. 1393.

En général, les meubles étaient censés appartenir à celui des époux, dans la maison duquel l'autre était venu s'établir.

Si chacun avait son domicile meublé de ses effets avant le mariage, la moitié du total était censée appartenir à chacun des époux.

Si aucun d'eux n'avait de domicile meublé, le mobilier entier était présumé acquêt.

Les meubles faits pendant le mariage étaient censés remplacer ceux qui existaient lors de sa célébration, excepté que le mariage n'eût duré que peu de temps, ou qu'il ne fût prouvé que les meubles faits pendant le mariage étaient d'un prix bien supérieur aux autres.

Avec cette jurisprudence on se passait le plus souvent de ces frais d'inventaire qui absorbent quelquefois les successions dans les pays de communauté. Mais il faut maintenant se conformer à l'art. 1499.

Il faut cependant observer que cet article n'établit qu'une présomption, et une présomption qui n'est pas *juris et de jure* ; c'est-à-dire, seulement, que s'il n'est pas fait d'état lors du mariage, le mobilier sera présumé acquêt, à moins de preuve contraire ; et cette preuve, comme nous l'avons établi, sous les articles 1502 et 1503 ; peut se faire par des actes équivalens. On ne peut pas même douter que les faits qui servaient de base à notre jurisprudence, n'aient toujours un grand poids sur l'esprit des juges, parce qu'ils emportent une espèce de conviction.

A l'égard des immeubles, il y a une grande confusion dans les auteurs sur la question de savoir s'ils sont présumés propres, ou acquêts.

L'ancienne et la nouvelle collections de jurisprudence, verbo *Acquêts*, disent d'après Duplessis, sur l'article 330 de la coutume de Paris, que tous les biens sont réputés acquêts, s'il n'y a point de preuve contraire ; que la maxime inverse est cependant adoptée en Normandie d'après l'art. 102 du règlement de 1666, mais que la présomption en faveur des acquêts est reçue en pays de Droit écrit. Cependant Lapeyrère, page 1, décide au contraire qu'en fait de succession tout est présumé propre et non acquêts. Salviat, page 17, le suppose do même ; Dumoulin, Ferron et Grimaudet, cités par Lapeyrère, enseignent que cette présomption a également lieu en retrait lignager, et en matière de fiefs ; mais il n'est plus question de ces deux derniers objets.

Je croyais qu'il fallait distinguer les divers cas. Si l'un des conjoints, soit le mari, soit la femme, est entré dans la maison de l'autre, où il a porté une dot en argent, et qu'ils se soient associés aux acquêts, il me paraissait que c'est à celui qui est adventice chez l'autre à prouver qu'il y a réellement des ac-

quêts, et que tous les biens étaient présumés appartenir à celui chez lequel il est entré.

De même, si des enfans voulaient se servir du
bénéfice de la clause de réversion des acquêts en
leur faveur. contre des créanciers postérieurs au
mariage, ou contre des enfans d'un autre lit, ils devaient aussi rapporter les contrats d'achat: et c'est
ce que porte l'attestation du barreau indiquée par
Salviat, page 17.

Mais si deux époux s'associent aux acquêts, sans
qu'il paraisse par leur contrat qu'aucun deux eût
une fortune immobilière, alors tout sera présumé
acquêt; et c'est à celui qui prétendra avoir des pro_
pres, à le prouver.

Tout cela me paraissait assez naturel, mais l'article 1402 a établi en régle générale que tout immeuble est réputé acquêt de communauté, s'il n'est
prouvé, etc. Il faut donc s'y tenir.

Cette règle, au reste, peut être bonne pour les
pays où, comme à Paris, les immeubles sont dans
un état perpétuel de mobilité; mais non dans ceux
où l'on est attaché à son patrimoine.

A la suite de l'article 1581, et comme seconde
disposition particulière, on en avait mis un autre
portant que toute clause de soumission au régime
dotal, serait affiché dans la salle d'audience des Tribunaux de première instance, dans le ressort desquels se trouverait le domicile des époux et les immeubles dotaux; faute de ce, les droits acquis de
bonne foi par des tiers, sur ces biens, seraient maintenus, sauf le recours de la femme contre le mari

On observera que cet article était inutile, parce que l'acquéreur d'un bien ne manque pas de s'en faire représenter les titres de propriété, que d'ailleurs il serait ruineux pour la femme qui n'oserait faire inscrire son contrat, si le mari ne le faisait pas lui-même. Faudrait-il y obliger les parens? mais ce serait étendre encore les embarras des familles.

Sur ces observations, l'article fut rejeté. Mais voyez le chapitre 9 du titre *des priviléges et hypothèques.*

TITRE VI.

De la Vente.

(Décrété le 15 ventôse an XII. Promulgué le 25 du même mois.)

CHAPITRE PREMIER.

De la nature et de la forme de la Vente.

Il faut voir, sur ce titre, le livre 28 et le 1.er titre du liv. 29, au *ff.* et plusieurs titres correspondans dans le quatrième livre du Code.

ART. 1582. « La vente est une convention par laquelle l'un s'oblige à livrer une chose, et l'autre à la payer.

» Elle peut être faite par acte authentique, ou sous seing-privé. »

Cujas dit sur ce titre au Code : *Emptio est mu-tatio pretii cum merce.* La loi première sur ce ti-tre, au ff. dit : *Origo emendi et vendendi a per-mutationibus cœpit.* Le premier acte de commerce entre les hommes dût être un échange.

Elle peut être faite par acte authentique ou sous seing privé. Il semble au premier coup-d'œil, d'a-près ces expressions, que la vente ne peut être faite que par écrit, et nous l'avions ainsi pensé, relative-ment à celle des immeubles. Cependant M. Porta-lis, dans son discours de présentation de cette loi au corps législatif, et M. Grenier, dans son rapport au Tribunat, ont positivement dit le contraire, et réfuté les raisons de ceux qui pensaient que la vente des immeubles devait toujours se faire par écrit. De manière qu'aujourd'hui comme autrefois l'écri-ture n'est point de l'essence de la vente ; que ce con-trat n'est soumis pour sa preuve qu'aux règles or-dinaires ; que si le prix n'excède pas 150 livres, il peut être prouvé par témoins ; s'il l'excède, il faut un écrit, ou un commencement de preuve par écrit, joint la preuve testimoniale. Tout cela est dit mot à mot dans les discours que je viens de citer.

Mais d'après cette explication, il paraît que la se-conde partie de notre article est bien superflue, ou qu'il fallait se contenter de dire que la vente se prou-vait comme les autres contrats.

Art. 1585. « Elle est parfaite entre les parties,
» et la propriété est acquise de droit à l'acheteur à
» l'égard du vendeur, dès qu'on est convenu de la
» chose et du prix, quoique la chose n'ait pas encore
» été livrée, ni le prix payé. »

Abrogation de la maxime : *Traditionibus, non nudis pactis, dominia rerum transferentur.*

Mais notez bien ce que l'article dit : La vente *est parfaite entre l'acheteur et le vendeur ;* car il en est autrement à l'égard des tiers qui pourraient avoir sur la chose un droit antérieur à la vente. Nous en parlerons plus au long au titre 2182 *des Hypothèques..*

Art. 1584. « La vente peut être faite purement et
» simplement, ou sous une condition soit suspen-
» sive, soit résolutoire.

» Elle peut aussi avoir pour objet deux ou plu-
» sieurs choses alternatives.

» Dans tous ces cas, son effet est réglé par les prin-
» cipes généraux des conventions. »

Art. 1585. « Lorsque des marchandises ne sont
» pas vendues en bloc, mais au poids, au compte
» ou à la mesure, la vente n'est point parfaite, en
» ce sens que les choses vendues sont aux risques
» du vendeur, jusqu'à ce qu'elles soient pesées,
» comptées ou mesurées ; mais l'acheteur peut en
» demander, ou la délivrance, ou des dommages
» intérêts s'il y a lieu, en cas d'inexécution de l'en-
» gagement. »

Dans le projet de cet article, on s'était contenté de dire que *lorsqu'on vend au poids, au compte, ou à la mesure, la vente n'est point parfaite, que la marchandise ne soit pesée, comptée ou mesurée.* On observa que quoique le poids, le compte ou la mesure vendus ne se trouvassent point exacts, la vente n'en était pas moins parfaite, et que seulement on pouvait obliger le vendeur à parfaire.

Si encore on achète tout ce qu'il y a dans un magasin, à tant la mesure, la vente est parfaite, il ne reste d'incertitude que sur la quotité : ces observations engagèrent à ajouter à l'article l'explication, *en ce sens que les choses vendues sont aux risques du vendeur, etc.*, ce qui est conforme aux lois 34 et 35, ff. *de contrah. empt.*

Art. 1586. « Si, au contraire, les marchandises » ont été vendues en bloc, la vente est parfaite, » quoique les marchandises n'aient pas encore été » pesées, comptées ou mesurées.

Voyez l'observation sur l'article précédent.

Art. 1587. « A l'égard du vin, de l'huile et des » autres choses que l'on est dans l'usage de goûter » avant d'en faire l'achat, il n'y a point de vente tant » que l'acheteur ne les a pas goûtés et agréés. »

Conforme à la loi première, ff. *de commodo et peric.*

L'usage du commerce à Bordeaux est que le vin n'est censé vendu entre le marchand et le propriétaire, que lorsqu'il est goûté et marqué. *Voyez* Lapeyrère, mot *vente*, p. 518.

Art. 1588. « La vente faite à l'essai est toujours » présumée faite sous une condition suspensive. »

On avait ajouté dans le projet, *si le contraire n'est prouvé par la convention.* Cette addition fut retranchée, sur les représentations du Tribunat, comme contraire à l'essence du texte.

Art. 1589. « La promesse de vente vaut vente » lorsqu'il y a consentement réciproque des deux » parties sur la chose et sur le prix. »

3.   20

Cet article termine une grande discussion entre les docteurs, les uns tenant que la promesse de vendre vaut vente et oblige à passer contrat, les autres, qu'elle se résout en dommages-intérêts. *Voy*. Rousseaud, verbo *Promesse*; Bretonnier, tom. 1, liv. 4, *quest*. 4o; Lapeyrère, lett. V, n°. 27. Je crois que l'article est conforme à l'équité. *Voy*. l'art. suiv.

Il ne faut pas confondre la simple promesse de vendre avec une vente faite sous seing privé, dans laquelle les parties conviendraient d'en passer acte public. Dans ce cas on distingue, ou les parties ont voulu faire dépendre la vente de la passation du contrat, ou elles ont seulement désiré ce contrat pour plus grande assurance de la vente : dans le premier cas la vente est nulle, si l'une des parties refuse de le passer; dans le second cas elle est parfaite, et la partie, qui veut l'accomplissement de la vente, n'a qu'à remettre la police à un notaire, ou la faire enregistrer pour obliger l'autre à l'exécuter. C'est ce que M. Portalis explique très-clairement, et qui est conforme à ce que dit Boutaric, Inst. pag. 473.

Art. 159o. « Si la promesse de vendre a été faite » avec des arrhes, chacun des contractans est maî- » tre de s'en départir,

» Celui qui les a données, en les perdant,

» Et celui qui les a reçues, en restituant le dou- » ble. »

Il s'agit dans cet article d'arrhes données sur la simple promesse de vendre, et non de celles données, la vente une fois parfaite: lorsqu'elle est parfaite, on n'est point libre de s'en désister, en perdant ou en doublant les arrhes; mais lorsque les arrhes ont été données seulement comme un engagement d'accomplir la vente projetée, alors chacun est libre de s'en départir aux conditions portées par l'article; c'est ce qu'explique très-bien Boutaric, in principio, *tit. inst. de empt. et vend.*, et il rapporte un arrêt de Toulouse, du 25 juin 1733.

ART. 1591. « Le prix de la vente doit être déterminé et désigné par les parties. »

Pretium autem constitui oportet, nam nullâ emptio sine pretio esse potest, et certo. Inst. de empt. et vendit in pp. et §. 1.

C'est ce qu'on dit vulgairement que pour la perfection de la vente, il faut trois choses, *res, pretium et consensus.*

ART. 1592. « Il peut cependant être laissé à l'arbitrage d'un tiers : si le tiers ne veut ou ne peut faire l'estimation, il n'y a point de vente. »

Conforme à la décision de Justinien §. 1; *inst. hic.* Il a été jugé par arrêt de Bordeaux, rapporté par Automne, sur la loi dernière, Cod. *de contrah. empt.*, que le tiers dont les parties avaient convenu pour régler le prix de la vente, étant décidé, sans l'avoir fait, l'une des parties ne pouvait pas être forcée d'en nommer un autre.

Il en est de même si les parties avaient convenu de deux experts dont l'un soit décédé avant l'estimation; la partie refusante ne peut pas être forcée d'en nommer un autre : ainsi jugé *in puncto*, par arrêt de la section des requêtes du premier ventôse an 10, sur le pourvoi de *Roure*, contre un jugement de la Cour d'appel de Riom. La cause n'avait rien d'hypothétique.

ART. 1593 « Les frais d'actes et autres accessoi- res à la vente sont à la charge de l'acheteur. »

Conforme à l'usage.

CHAPITRE II.

Qui peut acheter ou vendre.

ART. 1594. « Tous ceux auxquels la loi ne l'in- terdit pas peuvent acheter ou vendre. »

ART. 1595. « Le contrat de vente ne peut avoir lieu entre époux que dans les trois cas suivans :

» 1°. Celui où l'un des deux époux cède des biens à l'autre séparé judiciairement d'avec lui, en paie- ment de ses droits;

» 2°. Celui où la cession que le mari fait à sa femme, même non séparée, a une cause légiti- me, telle que le remploi de ses immeubles alié- nés, ou de deniers à elle appartenant, si ses im- meubles ou deniers ne tombent pas en commu- nauté;

» 3°. Celui où la femme cède des biens à son mari en paiement d'une somme qu'elle lui au- rait promise en dot, et lorsqu'il y a exclusion de communauté;

» Sauf, dans ces trois cas, les droits des héri- tiers des parties contractantes, s'il y a avantage indirect. »

Le mari et la femme ne pouvant se donner

entre-vifs, pendant le mariage, il a fallu prendre toutes les précautions nécessaires pour que la vente apparente ne cachât pas une donation. Aussi, dit M. Portalis, les actes que cet article permet entre époux, ont moins de caractère d'une vente proprement dite, que celui d'un paiement forcé, ou d'un acte d'administration, encore réserve-t-il aux héritiers naturels la faculté de faire annuller ces ventes, en prouvant qu'elles renferment une donation déguisée.

Le n°. 3 de cet article occasionna quelque discussion; on prétendit qu'il ne s'appliquait qu'au cas où la femme s'étant constituée en dot une créance dont le mari n'avait pu être payé, elle la remplaçait en fonds; mais on répondit que l'article devait également s'étendre au cas où le mari avait avant le mariage, ou par suite d'une stipulation du contrat de mariage, une créance sur son épouse; on substitua en conséquence le mot *somme* à celui de *créance*, qui se trouvait d'abord dans l'article, et on convint que la vente était valable entre époux, hors le cas de communauté, toutes les fois que l'un cédait à l'autre des biens en paiement de droits réels; c'est en effet à la cause qu'il faut principalement regarder.

ART. 1596. « Ne peuvent se rendre adjudicatai-
» res, sous peine de nullité, ni par eux-mêmes, ni
» par personne interposées,

» Les tuteurs, des biens de ceux dont ils ont
» la tutelle;

» Les mandataires, des biens qu'ils sont char-
» gés de vendre;

» Les administrateurs, de ceux des communes
» ou des établissemens publics confiés à leurs soins;

» Les officiers publics, des biens nationaux dont
» les ventes se font par leur ministère. »

Cet article est conforme à la règle générale donnée par la loi 46, ff. *de contrah. empt. Non licet
ex officio quod administrat quis, emerc quid,
vel per se, vel per alium.* La raison en est bien simple, c'est qu'ils pourraient abuser de leur emploi,
et quant aux administrateurs en particulier, qu'on
craindrait de tels concurrens.

On demanda si l'article s'étendait aux préfets
des départemens; on prétendit que ce serait une
innovation : en quoi l'on se trompait bien, car la
loi déjà citée, et la loi 46, ff. *de jure fisci* défendaient tout achat aux gouverneurs et aux procureurs de l'empereur dans leurs provinces; mais il
paraît qu'on entendait restreindre la défense aux
ventes et adjudications de biens nationaux ou com-
munaux qu'ils faisaient eux-mêmes, ou par leurs
délégués, autrement il n'y a pas de motif pour les
empêcher d'acheter d'un particulier dans leurs départemens. *Voyez* le discours de M. Portalis.

ART. 1597. « Les juges, leurs suppléans, les com-
» missaires du Gouvernement, leurs substituts,
» les greffiers, huissiers, avoués, défenseurs offi-
» cieux et notaires, ne peuvent devenir cessionnai-
» res des procès, droits et actions litigieux qui sont
» de la compétence du tribunal dans le ressort du-

» quel ils exercent leurs fonctions, à peine de nul-
» lité, et des dépens, dommages et intérêts. »

L'article 54 de l'ordonnance de :560 défend à
tous juges, avocats, procureurs et solliciteurs, *à
peine de punition exemplaire*, de prendre cession
de procès et droits litigieux, dans les tribunaux où
ils exercent leurs fonctions, et particulièrement des
causes dont ils seront chargés ; c'est ce qu'on appelait *pactum de quotâ litis*. Ces défenses ont souvent été renouvelées par des arrêts de règlement ;
mais on prétend qu'elles étaient mal exécutées.

Guipape et ses annotateurs, quest. 102, prétendent que le pacte *de quotâ litis* est licite, quand
le procès est jugé. *Idem*, Lapeyrère, lett. P, n°. 10.
Je crois que cela doit s'entendre de cette manière :
que le procès fini, il est permis à l'avocat ou pro-
cureur de recevoir du client, pour son paiement,
une quote de ce que celui-ci retire du jugement,
mais non pas du tout une quote de ce qui reviendra
au client, pour l'exécution à faire dudit jugement.

Les mêmes auteurs décident qu'il n'est pas permis aux médecins, chirurgiens et apothicaires, de
pactiser à une somme, avec le malade, pour sa
guérison.

On est surpris de voir figurer les notaires dans cet
article. Et sans doute il ne doit pas être permis aux
notaires de se rendre adjudicataires par eux-mêmes,
ou par personnes interposées, des biens qui se vendent par leur ministère ; ils doivent être compris
dans l'article précédent. Mais quant aux cessions
même de droits litigieux, on a craint qu'ils n'abu-

passent de leurs connaissances, et on a voulu garantir la délicatesse de leurs fonctions.

Comme l'article 1594 permet d'acheter et de vendre à tous ceux auxquels la loi ne le défend pas, il n'est pas douteux que le père veut vendre à son fils majeur, *et vice versâ*; L. 6 , §. 7, *de act. empti*. Mais toujours sans fraude.

CHAPITRE III.

Des choses qui peuvent être vendues.

ART. 1598. « Tout ce qui est dans le commerce » peut être vendu lorsque des lois particulières n'en » ont pas prohibé l'aliénation, »

Sur les choses qui sont hors de commerce et ne peuvent être vendues, voyez l'observation sur l'article 516.

Rerum quas natura , vel gentium jus ; vel mores civitatis, commercio exuerunt, nulla venditio est. L. 34, §. 1 , *ff. De contrah. empt.*

ART. 1599. « La vente de la chose d'autrui est nul-» le : elle peut donner lieu à des dommages-intérêts , » lorsque l'acheteur a ignoré que la chose fût à au-» trui. »

Cet article est bien directement contraire aux lois romaines. *Rei atienæ emptio et venditio est. L.* 28 , *ff. hic. Salvo jure domini.* Tot. tit. , Cod. *de reb. ali. non alien.* Cela veut dire qu'il naît de cette vente une action pour obliger le vendeur à livrer ou à payer des dommages et intérêts et à garantir

de l'éviction. L. 11, ff. *de act. empt.*, et que l'acquéreur peut posséder et prescrire. L. 74, ff. *de
contr. empt.* Que si le vendeur devient le maître de
la chose, il est obligé de la livrer réellement. L. 47,
ff. *de ast. emp.*

Pour changer cette jurisprudence, on dit qu'il
était absurde de vendre une chose qui ne nous appartient pas, et qu'on ne peut transporter à autrui
plus de droit qu'on en a soi-même. *Nemo plus juris, etc.*

Cependant cet article souffrit une vive contradiction dans le Tribunat, et ne passa qu'à une faible
majorité. Il peut arriver que j'aie parole de quelqu'un
de me vendre son fonds, et que je ne veuille cependant l'acheter que pour en faire échange avec un
autre : je commence par celui-ci. Tous les jours,
dans le commerce un négociant vend ce qu'il n'a
pas encore. Les effets de la vente de la chose d'autrui que je viens de rappeler sont constans et licites.
La maxime contraire peut causer bien des embarras ; mais la chose est jugée. Observez cependant
qu'elle n'empêche pas l'effet de la prescription.

On avait d'abord mis dans l'article *la vente de la
chose d'autrui*, encore qu'elle soit *qualifiée telle*.
Ces mots *qualifiée telle* furent retranchés, parce
que la vente devait être nulle, soit que la chose fût
ou ne fût pas qualifiée d'autrui.

On convint dans la discussion au Conseil d'État
que s'il était dit dans le contrat que la chose appartenait à autrui, l'acquéreur ne pouvait demander
que la restitution du prix; que si cela n'était pas dit,

le vendeur qui avait surpris la bonne foi de l'acquéreur lui devait de plus des dommages-intérêts. Cependant s'il était prouvé d'ailleurs que l'acquéreur
savait que la chose appartenait à autrui, il ne pourrait répéter que le prix.

On dit encore dans la discussion que s'il n'était
pas énoncé dans le contrat que la chose appartenait
à autrui, le vendeur était censé l'ignorer, et partant
n'était pas sujet aux dommages-intérêts : je crois
que cette conséquence ne serait juste qu'autant qu'il
serait prouvé que l'acquéreur en était instruit; car
celui-ci ne doit pas être dupe de l'imprudence même
du vendeur. Mais alors les dommages-intérêts devraient se borner aux passifs, à la perte soufferte.
Voyez l'observation sur l'article 172.

On demanda si la vente qu'une mère tutrice ferait de biens qu'elle aurait communs avec ses enfans,
serait nulle en vertu de l'article. On répondit qu'elle
ne le serait pas, parce que la mère ne vendrait pas
alors la chose d'autrui, ayant pouvoir de vendre en
sa qualité de tutrice. Il faut cependant supposer
alors que la mère observe les formalités prescrites
pour l'aliénation des biens des mineurs. D'ailleurs
on ne peut vendre la chose commune que pour sa
part (L. 2, *Cod. de comm. rer. alien.*), quelque
petite que soit celle du co-propriétaire. *Voyez* Rousseaud , verbo *vente*, sect. 2 , n°. 2.

ART. 1600. « On ne peut vendre la succession d'une
» personne vivante, même de son consentement. »

Les lois romaines le permettaient avec le consentement du propriétaire , L. 1 , ff. *de hæred. vel act.*

pend. ; mais cela n'était pas suivi en France. *Voyez* Rousseaud, *eòd* , n°. 4.

Art. 1601. « Si au moment de la vente la chose » vendue était périe en totalité , la vente serait nulle.

» Si une partie seulement de la chose est périe , » il est au choix de l'acquéreur d'abandonner la » vente , ou de demander la partie conservée , en » faisant déterminer le prix par la ventilation. »

La première partie de cet article est conforme à la loi 15, ff. *de contrah. empt.* La seconde est contraire à la loi 57, *eòd.*, qui voulait que la vente fût obligatoire de part et d'autre sur la partie conservée ; mais la décision de l'article semble plus conforme à l'équité.

Que si le vendeur savait lors du contrat que la chose était périe , il devrait de plus à l'acquéreur des dommages-intérêts, s'il en était résulté pour celui-ci.

On éleva ici une discussion sur la vente d'un vaisseau en mer, lequel se trouve péri. Les uns soutenaient que la vente n'en était pas moins valable ; les autres, qu'elle était nulle, et que notre article devait s'y appliquer. Chacun invoquait l'usage ; mais on termina par dire que l'article ne s'appliquait pas aux affaires de commerce , sans décider autrement la question.

CHAPITRE IV.

Des Obligations du vendeur.

SECTION PREMIÈRE.

Dispositions générales.

ART. 1602. « Le vendeur est tenu d'expliquer
» clairement ce à quoi il s'oblige.
» Tout pacte obscur ou ambigu s'interprète con-
» tre le vendeur. »

*Pacta obscura vel ambigua, venditori et ei
qui locavit nocere, in quorum potestate fuit legem apertiùs conscribere.* L. 39, ff. de pactis.

ART. 1603. « Il a deux obligations principales,
» celle de délivrer et celle de garantir la chose qu'il
» vend. »

SECTION II.

De la Délivrance

ART. 1604. « La délivrance est le transport de la
» chose vendue en la puissance et possession de
» l'acheteur. »

Traditio est datio possessionis. Cujas, XI, ob-
servat. 19.

ART. 1605. « L'obligation de délivrer les immeu-
» bles est remplie de la part du vendeur, lorsqu'il
» a remis les clefs, s'il s'agit d'un bâtiment, ou lors-
» qu'il a remis les titres de propriété. »

Conforme à la loi première, §. 21, ff. *de acq.* *vel. omitt. poss.*; 48 ff. *de act.*, *empti.*, *et* 1 *Cod. de donat.*

Cuiusumfructum retinet, continuò tradidisse creditur L. 28, *Cod de donat.*

ART. 1606. « La délivrance des effets mobiliers
» s'opère,
» Ou par la tradition réelle,
» Ou par la remise des clefs des bâtimens qui
» les contiennent,
» Ou même par le seul consentement des parties,
» si le transport ne peut pas s'en faire au moment
» de la vente, ou si l'acheteur les avait déjà en son
» pouvoir à un autre titre. »

Vinnius *partitionum juris*, pag. 35, décrit en peu de mots les diverses espèces de tradition.

Apprehensio rei traditæ duplex, propria et minùs perfecta; propria cùm res mobilis manibus prehenditur, et in immobilem ingredimur.

Naturalis hæc apprehensio non est necessaria in tribus causis Ces trois hypothèses forment la tradition moins parfaite. *Prima, si tradens, se alterius nomine possidere constituat; secunda, si res custodiæ et potestati nostræ subjiciantur, quod fit qùatuor modis, oculis et adspectu, clavibus traditis, custode apposito, re domi nostræ deposita; tertia, si instrumenta venditionis tradantur.* Il cite, pour chaque cas, les lois correspondantes.

ART. 1607 « La tradition des droits incorporels
» se fait, ou par la remise des titres, ou par l'usage

« que l'acquéreur en fait du consentement du ven-
» deur. »

Art. 1608. « Les frais de la délivrance sont à la
» charge du vendeur, et ceux de l'enlèvement à la
» charge de l'acheteur, s'il n'y a eu stipulation con-
» traire. »

Art. 1609. « La délivrance doit se faire au lieu
» où était, au tems de la vente, la chose qui en a
» fait l'objet, s'il n'en a été autrement convenu. »

Art. 1610. « Si le vendeur manque à faire la dé-
» livrance dans le tems convenu entre les parties,
» l'acquéreur pourra, à son choix, demander la ré-
» solution de la vente, ou sa mise en possession, si
» le retard ne vient que du fait du vendeur. »

L'article ne dit pas qu'avant de demander la délivrance ou la résolution, l'acquéreur soit tenu de
faire une sommation au vendeur. Aussi la loi 2,
Cod. de contrah. empt., l'en dispense-t-elle.

Si le vendeur a la chose en sa possession, il est
précisément obligé de la délivrer, et ne peut pas offrir à sa place des dommages-intérêts. *Voyez* Rousseaud et les autorités qu'il cite, verbo *Vente*, sect.
5, n.° 5.

Art. 1611. « Dans tous les cas, le vendeur doit
» être condamné aux dommages et intérêts, s'il ré-
» sulte un préjudice pour l'acquéreur, du défaut
» de délivrance au terme convenu.

Cette indemnité monte quelquefois plus que le
prix de la vente. L. 1, *ff. de act. empti.*

Art. 1612. « Le vendeur n'est pas tenu de déli-
» vrer la chose, si l'acheteur n'en paie pas le prix,

» et que le vendeur ne lui ait pas accordé un délai
» pour le paiement. »

Conforme à la loi 11 ff. *de act. empti.*

ART. 1613. « Il ne sera pas non plus obligé à la dé-
» livrance, quand même il aurait accordé un délai
» pour le paiement, si, depuis la vente, l'acheteur
» est tombé en faillite ou en état de déconfiture, en
» sorte que le vendeur se trouve en danger immi-
» nent de perdre le prix, à moins que l'acheteur ne
» lui donne caution de payer au terme. »

Ou en état de déconfiture. M. Portalis a expliqué
ces termes par ceux-ci : Ou dans un état de décadence
qui puisse sérieusement menacer la sûreté du vendeur. *Voyez* l'art. 1653..

ART. 1614. « La chose doit être délivrée en l'état
» où elle se trouve au moment de la vente. »

» Depuis ce jour, tous les fruits appartiennent à
» l'acquéreur. »

La première partie de l'article doit s'entendre de
cette manière, que le vendeur ne peut pas changer
l'état de la chose vendue ; mais si par quelqu'événement qui lui soit étranger, la chose augmente
ou diminue avant le jour marqué pour la délivrance,
c'est au profit ou à la perte de l'acquéreur. §. 3 ,
Inst. de empt. et vend..

La seconde partie de l'article est conforme à la loi
13, *Cod. de act. empti.*

Dans notre projet, nous avions dit que les fruits
appartenaient à l'acquéreur, quoiqu'ensemencés
par un tiers, si le vendeur ne les avait réservés, sauf
le recours de ce tiers contre le vendeur ; ce qui est

conforme à la loi 25, ff. *de usur. et fruc.* Cette addition fut critiquée par les tribunaux d'appel de Montpellier et de Lyon, qui disaient que le droit du Colon était antérieur à celui de l'acheteur. Elle fut supprimée dans l'intérieur de la Section de législation, et l'article ainsi présenté au Conseil fut adopté sans discussion; mais de la manière dont il s'exprime, *tous les fruits*, on doit conclure qu'il n'y a pas d'exception pour le Colon; et en effet, dit la loi 25 de usur., *Omnis fructus, non jure seminis, sed jure soli, percipitur.*

ART. 1615. « L'obligation de délivrer la chose
» comprend ses accessoires et tout ce qui a été des-
» tiné à son usage perpétuel. »

Pour savoir ce qu'on entend par *accessoires*, il faut recourir au titre *de la distinction des biens.*

ART. 1616. « Le vendeur est tenu de délivrer la
» contenance telle qu'elle est portée au contrat, sous
» les modifications ci-après exprimées.

ART. 1617. « Si la vente d'un immeuble a été faite
» avec indication de la contenance, à raison de tant
» la mesure, le vendeur est obligé de délivrer à l'ac-
» quéreur, s'il l'exige, la quantité indiquée au
» contrat ;

» Et si la chose ne lui est pas possible, ou si l'ac-
» quéreur ne l'exige pas, le vendeur est obligé de
» souffrir une diminution proportionnelle du prix.

ART. 1618. « Si, au contraire, dans le cas de l'ar-
» ticle précédent, il se trouve une contenance plus
» grande que celle exprimée au contrat, l'acqué-
» reur a le choix de fournir le supplément du prix,

» ou de se désister du contrat, si l'excédant est d'un
» vingtième au-dessus de la contenance déclarée. »

A raison de tant la mesure : Voilà ce qui dif-
férencie l'hypothèse des trois articles que je viens
de copier, d'avec celle de l'art. suivant.

ART. 1619. « Dans tous les autres cas,

» Soit que la vente soit faite d'un corps certain
» et limité,

» Soit qu'elle ait pour objet des fonds distincts
» et séparés,

» Soit qu'elle commence par la mesure, ou par
» la désignation de l'objet vendu, suivie de la me-
» sure,

» L'expression de cette mesure ne donne lieu à
» aucun supplément de prix, en faveur du vendeur,
» pour l'excédant de mesure; ni en faveur de l'ac-
» quéreur, à aucune diminution du prix pour
» moindre mesure, qu'autant que la différence de
» la mesure réelle à celle exprimée au contrat est
» d'un vingtième en plus ou en moins, eu égard à
» la valeur de la totalité des objets vendus, s'il n'y
» a stipulation contraire. »

On distinguait, dans l'usage, le cas où la vente
commençait par corps, d'avec celui où elle commençait par la quantité : dans le premier cas, c'est-
à-dire, si je vendais un fonds situé en tel endroit,
contenant tant d'arpens, je n'étais pas obligé de vous
garantir expressément cette mesure, sur-tout si le
contrat portait, comme il le faisait presque toujours,
les mots *ou environ*, à moins qu'il n'y eût une différence considérable; mais les tribunaux n'étaient

3.   21

pas uniformes sur l'appréciation de ces mots *ou en-viron*. Les uns voulaient que la différence fût d'un dixième, les autres se contentaient d'un vingtième, d'autres encore d'un trentième. Dans le second cas, c'est-à-dire, si je vendais tant d'arpens de fonds situés en tel endroit, j'étais précisément obligé de faire cette mesure. *Voyez* Despeisses et les autorités qu'il cite, *de l'achat*, sect. 5, n°. 15; *Lapeyrère*, lett. V. n°. 51.

Cependant dans le cas où la vente commençait par corps, on distinguait encore le vendeur de l'acheteur; et quoique le fonds vendu contînt plus que ce qu'on entendait par ces mots *ou environ*, le vendeur n'était pas en droit de retenir à concurrence, ni de demander un supplément de prix, parce qu'il était censé avoir connu exactement ses fonds. L. 42, ff. *de act. empt.*; Despeisses, *eod.*

Notre article a terminé toutes ces difficultés; il fut d'abord question de fixer la quotité qui serait tolérée; dans le cas où la vente n'était pas faite à tant la mesure, le projet portait un dixième; d'autres citèrent Henris et Bourjon, qui se contentaient d'un trentième; on prit le milieu d'après l'ordonnance des eaux et forêts, qui tolère un vingtième de différence.

Mais est-ce à la différence de la contenance, ou à celle du prix qu'il faut se fixer? On dit que la vente pouvait comprendre des fonds d'une valeur très-inégale, et que quelques arpens de plus ou de moins de mauvais fonds, quand il y en aurait d'autres de bonne qualité, compris dans la vente, ne de-

vaient pas déterminer la justice. On se fixa donc sur
la valeur des fonds manquant ou excédant, relativement à la totalité des objets vendus.

ART. 1620. « Dans le cas où, suivant l'article pré-
» cédent, il y a lieu à augmentation de prix pour
» excédant de mesure. l'acquéreur a le choix, ou
» de se désister du contrat, ou de fournir le supplé-
» ment du prix, et ce avec les intérêts, s'il a gardé
» l'immeuble. »

Cet article fut critiqué sous deux rapports ; d'une
part, on dit qu'en réduisant au vingtième la différence à laquelle on devait avoir égard, il n'était pas
nécessaire de donner à l'acquéreur la faculté de se
désister du contrat; que ce serait trop favoriser l'inconstance ; d'un autre côté, on observa qu'il serait
plus simple de permettre à l'acquéreur de rendre
du fonds à concurrence de l'excédant qui se trouvait au-dessus de la contenance vendue ; ce parti re-
médiait en effet à l'inconvénient qu'on trouvait à
obliger l'acquéreur à payer plus qu'il n'avait compté le faire en achetant, et qu'il ne pourrait souvent
le faire, inconvénient qui est le motif de l'article.
On dit qu'il vaudrait mieux laisser plus de latitude
aux juges, afin de se décider suivant les circonstances.

Sur ces observations, l'article fut d'abord renvoyé
à la Section ; mais il a été ensuite adopté sans discussion.

Notez que l'acquéreur ne peut se désister du contrat, que dans le cas où il y a un excédant de mesure d'un vingtième, soit que la vente ait été faite à

raison de tant par arpent ou par corps. Il ne peut pas s'en désister lorsqu'il y a déficit, parce qu'il peut toujours payer moins.

Cependant M. Grenier a observé, dans son rapport au Tribunat, qu'il pouvait y avoir des cas où le moindre déficit serait une raison légitime pour dissoudre la vente ; par exemple, si j'avais acheté dans une ville un terrain pour y faire bâtir une maison sur un certain plan qui exigeât telle contenance, qu'on m'a en conséquence vendue, et qui cependant ne s'y trouve pas. Mais il faudrait que je me fusse réservé la faculté de résilier à défaut de la contenance précisément vendue, comme la finale de l'article 1619 le permet, sans quoi les juges ne pourraient s'écarter de la règle générale, posée par cet article.

ART. 1621. « Dans tous les cas où l'acquéreur a » le droit de se désister du contrat, le vendeur est »'tenu de lui restituer, outre le prix, s'il l'a reçu, » les frais de ce contrat. »

Ceci doit s'entendre dans des cas prévus par les articles 1618 et 1620, que de ceux résultant de la stipulation des parties.

ART. 1622. « L'action en supplément de prix de » la part du vendeur, et de celle en diminution de » prix, ou en résiliation du contrat de la part de » l'acquéreur, doivent être intentées dans l'année, » à compter du jour du contrat, à peine de dé- » chéance. »

ART. 1623. « S'il a été vendu deux fonds par le » même contrat, et pour un seul et même prix, » avec désignation de la mesure de chacun, et qu'il

» se trouve moins de contenance en l'un et plus en
» l'autre, on fait compensation jusqu'à due concur-
» rence; et l'action, soit en supplément, soit en di-
» minution du prix, n'a lieu que suivant les règles
» ci-dessus établies. »

Cet article est conforme à la loi 42, ff. *de act.*
empti.

Et l'action, soit en supplément, etc. C'est-à-
dire que c'est la compensation de valeurs qui doit
alors se faire, et non celle de mesure; et que cette
compensation faite, on n'a égard à l'excédant ou au
déficit, que tout autant que la différence est d'un
vingtième, à moins que la vente n'eût été faite à tant
la mesure.

ART. 1624. « La question de savoir sur lequel, du
» vendeur ou de l'acquéreur, doit tomber la perte
» ou la détérioration de la chose vendue, avant la
» livraison, est jugée d'après les règles prescrites au
» titre *des Contrats ou des Obligations conven-*
» *tionnelles en général.* »

SECTION III.

De la garantie.

ART. 1625. « La garantie que le vendeur doit à
» l'acquéreur a deux objets : le premier est la pos-
» session paisible de la chose vendue; le second,
» les défauts cachés de cette chose, ou les vices red-
» hibitoires. »

PARAGRAPHE PREMIER.

De la garantie en cas d'éviction.

ART. 1626. « Quoique lors de la vente il n'ait été
» fait aucune stipulation sur la garantie, le vendeur
» est obligé de droit à garantir l'acquéreur de l'é-
» viction qu'il souffre dans la totalité ou partie de
» l'objet vendu, ou des charges prétendues sur cet
» objet, et non déclarées lors de la vente. »

Conforme aux lois 2 et 19, ff. *de act. empti.* Le
motif de cette décision est que la garantie est de la
nature de la vente, mais non pas de son essence ;
car l'acheteur peut y renoncer, comme on le voit
dans l'article suivant.

Cet article indique en peu de mots les divers cas
qui peuvent donner lieu à la garantie. *Sive tota res
evincatur, sive pars et pro qualitate.* L. 2, ff. *de
evictionib. Si celavit servitutem, vel non dixit
de tributo.* L. 1, §. 1, ff. *de act. empti.*

ART. 1627. « Les parties peuvent, par des con-
» ventions particulières, ajouter à cette obligation
» de droit, ou en diminuer l'effet; elles peuvent
» même convenir que le vendeur ne sera soumis à
» aucune garantie. »

Par exemple, elles peuvent convenir qu'en cas
d'éviction, le vendeur ne sera tenu que de telle
somme.

ART. 1628. « Quoiqu'il soit dit que le vendeur ne
» sera soumis à aucune garantie, il demeure cepen-
» dant tenu de celle qui résulte d'un fait qui lui est
» personnel : toute convention contraire est nulle. »

ART. 1629. « Dans le même cas de stipulation de » non garantie, le vendeur, en cas d'éviction, est » tenu à la restitution du prix,

» A moins que l'acquéreur n'ait connu, lors de la » vente, le danger de l'éviction, ou qu'il n'ait acheté » à ses périls et risques. »

Ces articles renferment deux exceptions à la règle, qui veut qu'on puisse stipuler la non garantie.

La première est fondée sur ce que la bonne foi et l'équité condamnent une stipulation par laquelle on ne répondrait pas d'un dommage qu'on causerait soi-même, et on pourrait impunément enlever à un autre ce qu'on lui a vendu ; ce serait un dol, qui est sur-tout proscrit dans le contrat de vente. L. 6, §. *ult.* ff. *de act. empti.*

La seconde exception est fondée sur la loi 11, §. *ult; eòd. Neque enim bonæ fidei contractus hanc patitur conventionem, ut emptor rem amittat, et pretium venditor retineat.*

Mais si l'acheteur a connu, lors de la vente, le danger de l'éviction, et encore plus, s'il a acheté à ses périls et risques, et qu'il ait été expressément convenu qu'il n'y aurait pas de garantie, pour lors c'est une espèce de contrat aléatoire que l'acquéreur a voulu faire, et il doit s'imputer la perte qu'il souffre du prix.

On ne doit cependant pas dissimuler que plusieurs auteurs pensaient que le vendeur devait toujours rendre le prix, quoique l'acheteur sût que la chose appartenait à autrui, et qu'il eût renoncé à toute garantie. *Voyez* Rousseaud, verbo *Eviction.*

n. 6. Boutaric, *Instit.* pag. 482, dit aussi que telle est la jurisprudence. *Idem* Vinnius *partit. jur.* p. 159.

Quoiqu'il en soit, il faut s'en tenir à la disposition de l'article 1628, mais bien observer qu'il est dans le cas de la renonciation à la garantie ; car si cette renonciation n'existait pas, et quand même il n'aurait pas été stipulé de garantie, il faudrait en revenir à l'ancienne distinction entre l'acheteur, sachant que la chose n'appartenait pas au vendeur, et celui qui l'ignorait. Dans le premier cas le vendeur n'est tenu que de la restitution du prix; dans le second, il doit même les dommages-intérêts. L. ult. *in fine*, Cod. *Communia de leg.*

Mais si l'acheteur, sachant que la chose appartenait à autrui, avait expressément stipulé la garantie, serait-il en droit de demander autre chose que la restitution du prix? La loi que je viens de citer décide qu'il ne peut pas prétendre autre chose. *Lapeyrère*, lett. 9, n. 1, rapporte un arrêt qui l'a jugé de même. Cependant, comme l'article 1630 ne fait plus mention de la connaissance ou de l'ignorance de l'acheteur, je crois qu'il pourra réclamer des dommages-intérêts, excepté que le vendeur n'ignorât que la chose appartenait à autrui, auquel cas il y aurait du dol de la part de l'acquéreur, et je pense qu'alors il pourrait tout au plus demander la restitution du prix. Le dol, en effet, est toujours excepté. *Voyez*, sur ces divers cas, *Pothier, Vente*, depuis le n. 187 jusqu'au 192.

La loi 3 *ff. de act. empti*, présente une espèce

singulière; elle décide que si le vendeur savait que la chose était soumise à une servitude, et qu'il ne l'ait pas déclarée, il sera tenu de la garantir, quoiqu'il ait stipulé qu'il n'en serait pas tenu, s'il en existait, *si quæ deberentur*. Je crois cette décision juste, parce qu'il y a du dol de sa part d'avoir tenu l'acquéreur dans le doute, tandis qu'il avait la certitude. *Lapeyrère*, lett. G, n. 14, rapporte un arrêt conforme.

ART. 1630. « Lorsque la garantie a été promise, » ou qu'il n'a rien été stipulé à ce sujet, si l'acqué- » reur est évincé, il a droit de demander contre le » vendeur,

» 1°. La restitution du prix;

» 2°. Celle des fruits, lorsqu'il est obligé de les » rendre au propriétaire qui l'évince;

» 3°. Les frais faits sur la demande en garantie de » l'acheteur, et ceux faits par le demandeur origi- » naire;

» 4°. Enfin, les dommages et intérêts, ainsi que » les frais et loyaux coûts du contrat. »

Notre article rappelle tous les effets de la pleine garantie. *Quanti suâ interest..... etiam ultrâ rei pretium*. L. 23 et 25, Cod. *de evict. Voyez* l'ordonnance de 1667, *Titre des Garans.*

ART. 1631. « Lorsqu'à l'époque de l'éviction, la » chose vendue se trouve diminuée de valeur, ou » considérablement détériorée, soit par la négligence » de l'acheteur, soit par des accidens de force ma- » jeure, le vendeur n'en est pas moins tenu de res- » tituer la totalité du prix. »

Cette décision paraît d'abord singulière, M. Faure, tribun, l'a justifiée dans son rapport, par le motif que l'acquéreur n'a pas dû compter sur l'éviction, et qu'il ne doit pas être puni pour avoir usé de la chose comme maître.

Autre chose est cependant des dommages et intérêts, qui doivent diminuer en raison de la diminution de la chose, avant l'éviction. L. 70, *ff. de evict.*

ART. 1632. « Mais si l'acquéreur a tiré profit des » dégradations par lui faites, le vendeur a droit de » retenir sur le prix une somme égale à ce profit. »

ART. 1633. « Si la chose vendue se trouve avoir » augmenté de prix à l'époque de l'éviction, indé- » pendamment même du fait de l'acquéreur, le » vendeur est tenu de lui payer ce qu'elle vaut au- » dessus du prix de la vente. »

Conforme à la loi 16, *ff. de evict.*

Le vendeur est garant de tout le profit que l'acquéreur eût retiré de la chose, si elle ne lui avait pas été évincée. *L. 8, eod.*

ART. 1634. « Le vendeur est tenu de rembour- » ser ou de faire rembourser à l'acquéreur par ce- » lui qui l'évince, toutes les réparations et amé- » liorations utiles qu'il aura faites au fonds. »

Conforme à la loi 9, Cod. *de evict.* L'acquéreur a même droit de retenir les fonds, jusqu'au remboursement des réparations dont s'agit. *L.* 14. §. 1, Cod. *comm. divid.* L'ordonnnce de 1667, titre 27, article 6.

ART. 1635. « Si le vendeur avait vendu de mau-

» vaise foi le fonds d'autrui , il sera obligé de rem=
» bourser à l'acquéreur toutes les dépenses même
» voluptuaires ou d'agrément , que celui-ci aura
» faites au fonds. »

Je crois qu'il faut supposer que l'acquéreur était
à la bonne foi , car régulièrement il n'y a que le
possesseur de bonne foi qui peut répéter les dépenses voluptuaires. *L.* 39, §. 1 , *ff de hæredit petit ;* et cela doit sur-tout avoir lieu maintenant que
la vente de la chose d'autrui est nulle.

ART. 1636. « Si l'acquéreur n'est évincé que
» d'une partie de la chose, et qu'elle soit de telle
» conséquence relativement au tout , que l'acqué-
» reur n'eût point acheté sans la partie dont il a été
» évincé , il peut faire résilier la vente. »

Conforme à la loi 46 , ff. *de solut. et lib. Misi*
aliàs empturus non fuisset.

ART. 1637. « Si , dans le cas de l'éviction d'une
» partie du fonds vendu, la vente n'est pas résiliée ,
» la valeur de la partie dont l'acquéreur se trouve
» évincé, lui est remboursée suivant l'estimation ,
» à l'époque de l'éviction, et non proportionnel—
» ment au prix total de la vente , soit que la chose
» vendue ait augmenté ou diminué de valeur. »

Cette décision est contraire à la loi 69, §. *ult.*
ff. *de evict. ;* mais elle est juste : il faut cependant
observer que par ces mots , *soit que la chose ven-*
due, etc., on a entendu parler de toute la chose
vendue et non de la partie évincée, sans quoi il y
aurait contradiction avec les mots précédens.

ART. 1638. « Si l'héritage vendu se trouve grevé.

» sans qu'il en ait été fait de déclaration, de servi-
» tudes non apparentes, et qu'elles soient de telle
» importance qu'il y ait lieu de présumer que l'ac-
» quéreur n'aurait pas acheté s'il en avait été ins-
» truit; il peut demander la résiliation du con-
» trat, si mieux il n'aime se contenter d'une in-
» demnité. »

Si les servitudes étaient apparentes, il n'était
pas nécessaire de les déclarer. Les lois parlent de
réticence, de silence affecté : *Si sciens reticuit....*
si celavit. L. 1 et 13, ff. *de act. empti.*

ART. 1639. « Les autres questions auxquelles peu-
» vent donner lieu les dommages et intérêts résul-
» tant, pour l'acquéreur, de l'inexécution de la
» vente, doivent être décidées suivant les règles gé-
» nérales établies au titre des *Contrats ou des Obli-*
» *gations conventionnelles en général.* »

ART. 1640. « La garantie pour cause d'éviction
» cesse lorsque l'acquéreur s'est laissé condamner
» par un jugement en dernier ressort, ou dont l'ap-
» pel n'est plus recevable, sans appeler son ven-
» deur, si celui-ci prouve qu'il existait des moyens
» suffisans pour faire rejeter la demande. »

Ainsi, quoique l'acquéreur se soit laissé condamner sans appeler son vendeur, celui-ci n'est pas
quitte de la garantie, à moins qu'il ne prouve que
l'éviction n'était pas fondée ; il semble que le système des lois romaines était, au contraire, que l'acquéreur prouvât que la demande était fondée, d'autant qu'il était déjà en faute pour n'avoir pas appelé le vendeur. L. 27 et 63, ff. *de evict. Voyez* sur

les délais pour amener garant, et sur les effets de la négligence du garanti, le titre *des garans* de l'ordonnance.

Il y a plusieurs autres cas où l'acquéreur ne peut agir en garantie. 1°. S'il est expulsé par force et violence. L. *ult. Cod. de act. empt.*

2°. Si c'est par le fait du prince. L. 11 , *eòd.*

3°. Quand il peut opposer la prescription à celui qui le trouble. L. 54 , ff. *de evict.*

4°. Quand la chose lui a été donnée particulièrement par le vrai propriétaire. L. 57. *eòd.* Seulement alors il peut répéter le prix. L. 13 , §. 15, ff. *de act. empti.*

5°. Quand le vrai propriétaire devient héritier du vendeur, d'après la maxime : *Quem de evictione tenet actio, eumdem agentem repellit exceptio.*

Mais si le vrai propriétaire n'est héritier qu'en partie du vendeur, pourra-t-il attaquer la vente que son auteur aura faite ? Le pourra-t-il en totalité, ou seulement en laissant à l'acquéreur la part correspondante à celle en laquelle il est héritier ? L'héritier bénéficiaire peut-il quereller les ventes que son auteur aura faites des biens propres à cet héritier ? Le substitué, héritier du grevé, peut-il attaquer celles que ce dernier aura faites des biens de la substitution ? Les enfans héritiers de leur père ou mère ont-ils ce droit relativement aux biens dotaux vendus pendant le mariage ? Questions ardues, et qui ont partagé les plus graves auteurs. On peut voir leurs opinions recueillies dans *Lapeyrère*, lett. *H*, n°. 22 ; *Rousseaud* verbo *éviction*, n°. 10 ; *Pothier*, *Vente*, p. 178 et suiv.

Je crois 1°. que l'héritier pur et simple, mais en partie, ne peut pas revendiquer la portion de son fonds vendu par son auteur, laquelle corres-pond à celle en laquelle il est héritier ; mais qu'il peut revendiquer les autres portions à la charge de demeurer soumis aux dommages et intérêts de l'ac-quéreur, pour une part égale à celle en laquelle il est héritier. Telle est la décision formelle de la Loi *Cum a matre*, 14, *Cod de rei vind*, défendue par *Pothier*, et suivie dans la jurisprudence.

2°. Que l'héritier bénéficiaire peut revendiquer son fonds propre vendu par le défunt, car il ne confond par ses actions avec celle de l'hérédité. Ce-pendant s'il devenait après cela héritier pur et sim-ple, il serait juste qu'il rendît le fonds à l'acqué-reur, avec tous les dommages-intérêts résultant pour celui-ci de la privation qu'il aurait éprouvée : c'est pourquoi je ne voudrais admettre l'action de l'héritier bénéficiaire que sous caution.

3°. L'ordonnance de 1747, article 31 du titre 2, permettait la revendication au substitué, quoique héritier du grevé ; mais j'ai déjà exposé sur l'arti-cle 1072 du Cod, les raisons qui me font croire que cette disposition ne peut plus avoir lieu.

4°. Je crois que les enfans, quoiqu'héritiers de leurs père et mère, peuvent revendiquer les fonds dotaux aliénés par ceux-ci pendant le mariage ; à la charge de demeurer sujets aux dommages-in-térêts de l'acquéreur, dans le cas où, suivant l'article 1560, leur auteur y serait soumis lui-même. Mon motif est que les enfans sont bien plus favorables que leur père ou mère, auxquels cependant la loi permet de revendiquer ce qu'il ont eux-mêmes vendu, et que d'ailleurs la vente du fonds dotal, *constante matrimonio*, étant radicalement nulle et prohibée par la loi, l'acheteur ne peut en exciper que pour ses dommages-intérêts, dans le cas où il aurait été dans la bonne foi.

§. II.

De la garantie des défauts de la chose vendue.

Art. 1641. « Le vendeur est tenu de la garantie » à raison des défauts cachés de la chose vendue » qui la rendent impropre à l'usage auquel on la » destine, ou qui diminuent tellement cet usage, que » l'acheteur ne l'aurait pas acquise, ou n'en aurait » donné qu'un moindre prix, s'il les avait connus. »

Suivant le Droit romain, l'acheteur trompé avait trois actions contre l'acquéreur, pour faire réparer le tort qu'il avait souffert.

L'action *ex empto*, qui tendait à obtenir tous ses dommages-intérêts, lesquels cependant ne pouvaient dépasser le double du prix. L. *unic.*, Cod. de *sent. quæ pr.*

L'action redhibitoire, pour faire annuller la vente, quand le vice de la chose était tel que l'acquéreur ne l'aurait pas achetée, s'il l'avait connu.

Et l'action estimatoire qui laissait subsister la vente, mais obligeait le vendeur à restituer la moins value , *quanti minoris empturus esset, vel quanti minoris res valuisset.*

C'est de ces deux dernières actions qu'il s'agit dans ce §; elles sont la matière du titre du ff. *de ædilitio edicto,* rempli de maximes de bon sens et d'équité.

Curant ædiles ne emptores à venditoribus circumveniantur. L. 57, *hic. Præterquàm in pretio.* L. 16, ff. *de minor.*

Parmi nous, et même chez les Romains, les vices redhibitoires s'entendaient principalement de ceux des animaux et des autres choses mobiliaires; cependant on trouve dans le titre *de ædilit. ed.,* et dans ce §, des décisions qui peuvent s'appliquer aussi aux ventes d'immeubles.

Revenant à notre article, il met ensemble l'action redhibitoire et celle *quanti minoris;* parce qu'en effet ce n'est que par les circonstances, et suivant le degré de gravité du vice, qu'on peut décider s'il y a lieu à résoudre la vente, ou à diminuer seulement le prix. *Voy.* Catellan, liv. 3, chap. 18.

ART. 1642. « Le vendeur n'est point tenu des vices
» apparens, et dont l'acheteur a pu se convaincre
» lui-même.

Non tenetur si vitium morbusve appareat.... hoc tantùm intuendum est , ne imptor decipiatur. L. 1 , S. 6, *hic.*

ART. 1643. « Il est tenu des vices cachés, quand
» même il ne les aurait pas connus, à moins que,
» dans ce cas, il n'ait stipulé qu'il ne sera obligé à
» aucune garantie. »

Etiam vitia ignorans venditor edicto tenetur,.. potuit enim ea nota habere..... Nec interest emptori cur fallatur ignorantia venditoris , an calliditate. L. 1 , §. 2 , *hic. Voyez* cependant les art. 1645 et 1646.

Observez bien la restriction que la fin de notre article met à la règle donnée au commencement. *A moins que , dans ce cas,* où il n'aurait pas connu les vices, *il n'ait stipulé ,* etc. ; car s'il les avait connus, et que l'acheteur les eût ignorés , la clause de non garantie ne l'absoudrait pas. Aussi la loi 14, *hic,* après avoir dit que l'acheteur peut renoncer au bénéfice de l'édit, ajouta-t-elle, *nisi venditor consulto reticuit.*

Art. 1644. « Dans le cas des articles 1641 et 1643, » l'acheteur a le choix de rendre la chose et de se » faire restituer le prix , ou de garder la chose et de » se faire rendre une partie du prix, telle qu'elle » sera arbitrée par expert. »

L'art. 1641 pose trois cas, celui où les vices cachés rendent la chose impropre à son usage ; celui où l'acheteur ne l'aurait pas acquise, s'il les eût connus, et celui où il en aurait seulement donné moins. Il est très-juste que , dans les deux premiers cas , l'acheteur ait le choix de l'action redhibitoire ou estimatoire, mais non dans le troisième ; cela favorise trop l'inconstance de l'acheteur, et entrave la marche du commerce ; je crois que c'est par inattention qu'on n'a pas renouvelé dans notre article cette distinction là.

Art. 1645. « Si le vendeur connaissait les vices » de la chose , il est tenu, outre la restitution du prix

» qu'il en a reçu, de tous les dommages et intérêts
» envers l'acheteur. »

Art. 1646. « Si le vendeur ignorait les vices de la
» chose, il ne sera tenu qu'à la restitution du prix,
» et à rembourser à l'aquéreur les frais occasionnés
» par la vente. »

Ces articles sont conformes à la loi 13, *ff. de act.*,
*empti. Si sciens venditor reticuit, omnia detri-
menta prœstat.*

Dans la jurisprudence, on donnait encore un autre effet à l'ignorance et à la science du vendeur ; si
le vendeur avait ignoré les vices, il n'était tenu que
de l'action *quanti minoris.* S'il les avait connus,
il était tenu de la redhibitoire. *Catellan, eòd.*

Art. 1647. « Si la chose qui avait des vices, a pé-
» ri par suite de sa mauvaise qualité, la perte est
» pour le vendeur, qui sera tenu envers l'acheteur
» à la restitution du prix, et aux autres dédomma-
» gemens expliqués dans les deux articles précé-
» dens.

» Mais la perte arrivée par cas fortuit, sera pour
» le compte de l'acheteur. »

La première partie de cet article est conforme à
la loi 44, §. 2, *hic.*

Mais la seconde partie est conforme à la même
loi et à la 47, *in fine. Neque ex post facto decres-
cit obligatio. Statim enim ut servus traditus est,
committitur stipulatio quanti interest emptoris.*
Pothier suit exactement ces lois, *Vente*, n°. 221.

Peut-être ne faut-il pas donner à notre article le
sens qu'il semble présenter d'abord ; sans doute si

la chose a péri par cas fortuit ou par la faute de l'acheteur, elle a péri pour lui; c'est-à-dire qu'il ne peut pas réclamer son prix réel, mais cela ne doit pas l'exclure de demander la restitution de la moins value que les vices cachés donnaient à la chose. Pothier dit que cette décision est conforme à l'équité.

ART. 1648. « L'action résultant des vices redhibitoires doit être intentée par l'acquéreur, dans un bref délai, suivant la nature des vices redhibitoires, et l'usage du lieu où la vente a été faite. »

Les lois romaines donnaient six mois pour l'action redhibitoire, et un an pour l'estimatoire. L. 19, *hic.*

Notre article renvoie à l'usage des lieux; mais cet usage varie singulièrement. Pothier dit que la durée de l'action pour les vices des chevaux et des vaches était, à Orléans, de quarante jours; *idem*, Basnage, pour la Normandie; Brodeau, qu'à Paris cette action ne dure que neuf jours; Coquille, que suivant la coutume de Bourbonnais, elle ne durait que huit jours, et que c'est le droit commun. *Voyez* Dunod. *Prescriptions*, pag. 130 et suiv.

Mais il y a de certains vices qui demandent une exception à cette règle, parce qu'ils ne se démontrent que dans de plus longs intervalles; par exemple, un cheval lunatique a pu être vendu, le lendemain du jour où il voit, le vice ne reparaîtra que près d'un mois après : j'ai fait juger que la prescription ne commençait que de cette dernière époque. Aussi la loi 45, *hic*, dit-elle, *ex quo patet vitium.*

ART. 1649. « Elle n'a pas lieu dans les ventes fai-
» tes par autorité de justice. »

L. 1, §. 3, *hic*. On n'a point spécifié dans ce §.
les vices qui donnaient lieu à l'action redhibitoire,
et en effet, les coutumes et les usages varient à cet
égard : on tient communément que pour les chevaux, il y a trois vices qui produisent cet effet : la
morve, la pousse et la courbature; Basnage y ajoute
le tic, et je viens de dire que ce qu'on appelle la lune
avait aussi été admis.

Il faut voir le même Basnage sur l'article 40 de la
Coutume de Normandie, relativement aux vices redhibitoires des brebis, vaches et pourceaux.

Les lois romaines admettent en général, comme
notre Code, tout ce qui rend la chose impropre à
l'usage auquel elle est destinée : *Non tamen*, dit la
loi 4, *hic*; à l'égard des bêtes de somme, *si pavida
vel calcitrosa sint;* la loi 1, §. 8, *nec si quid le-
vissimum;* la loi 37, ff. *de dolo, nec propter id
quod commandandi causâ dictum est;* la loi 18,
*hic, ne id quod affirmaverit venditor, amarè ab
eo exigatur;* la loi 19, *admittenda sunt quæ sic
dicuntur ut præstentur, non ut jactentur.* Ces
dernières maximes sont applicables au cas où l'on
prétendrait que le vendeur a garanti de tous vices.

La loi 49, *hic* dit qu'il y a lieu à la résolution de
la vente d'un immeuble, *si pestilens sit, vel lethi-
feras herbas agat.* L. 4, *Cod. eod.*

Pothier, n.°206, dit que c'est un vice redhibitoire
pour une poutre d'être pourrie, pour un tonneau
d'être futé.

CHAPITRE V.

Des obligations de l'acheteur.

ART. 1650. « La principale obligation de l'ache-
» teur, est de payer le prix au jour et au lieu réglés
» par la vente. »

ART. 1651. « S'il n'a rien été réglé à cet égard lors
» de la vente, l'acheteur doit payer au lieu et dans
» le temps où doit se faire la délivrance. »

C'est parce que l'obligation du vendeur, qui est
de livrer, et celle de l'acheteur, qui est de payer,
concourrent ensemble, et que l'une ne peut aller
sans l'autre, à moins de convention contraire.

ART. 1652. « L'acheteur doit l'intérêt du prix de la
» vente jusqu'au paiement du capital, dans les trois
» cas suivans :

» S'il a été ainsi convenu lors de la vente ;

» Si la chose vendue et livrée produit des fruits
» ou autres revenus.

» Si l'acheteur a été sommé de payer.

» Dans ce dernier cas, l'intérêt ne court que de-
» puis la sommation. »

Il faut en conclure que s'il n'a pas été convenu
lors de la vente, que l'acheteur paierait l'intérêt du
prix, jusqu'à ce qu'il se fût acquitté du capital, et
que la chose vendue et livrée ne produise pas de
fruits, ou que si elle en produit, elle n'ait pas été

livrée, et que l'acquéreur n'ait pas été sommé de payer, il n'est pas dû d'intérêts du prix.

Il semble que notre article est dans le cas où il n'a pas été donné de terme pour le paiement, puisqu'on suppose que l'acheteur peut être sommé de payer, ce qui ne devrait pas être, s'il avait terme. Mais dans le cas où il y a terme, l'intérêt court-il pendant le terme ? Pothier, *Vente*, n.° 286, décide qu'il ne court point. Je crois qu'il faut distinguer si la chose vendue et livrée produit des fruits ou autres revenus, ou si elle n'en produit pas ; dans le premier cas, les intérêts devraient courir, nonobstant le terme, mais non dans le second, conformément à la décision de notre article.

Dans le projet de Code, il était dit que l'intérêt courait, si l'acheteur avait été sommé *judiciairement* de payer. Ce mot a été retranché à dessein, pour faire entendre qu'une sommation extrajudiciaire suffit.

ART. 1653. « Si l'acheteur est troublé, ou a juste
» sujet de craindre d'être troublé par une action,
» soit hypothécaire, soit en revendication, il peut
» suspendre le paiement du prix jusqu'à ce que le
» vendeur ait fait cesser le trouble, si mieux n'aime
» celui-ci donner caution, ou à moins qu'il n'ait été
» stipulé que nonobstant le trouble, l'acheteur
» paiera. »

On a juste sujet de craindre d'être troublé.

Cette disposition est une dérogation à l'ancienne jurisprudence, suivant laquelle il fallait un trouble réel, et non une crainte légitime de trouble, pour autoriser l'acquéreur à suspendre le paiement du prix. *Voyez* L. 24, *Cod. de évict.* ; Pothier, n.° 280 ; Despeisses, *de l'achat*, sect. 4, n.° 1, etc.

ART. 1654. « Si l'acheteur ne paie pas le prix, le » vendeur peut demander la résolution de la vente. »

Peut demander ; il n'a pas même besoin de demander, s'il s'agit de la vente d'une chose mobilière. *Voyez* l'article 1657.

ART. 1655. « La résolution de la vente d'immeu- » bles est prononcée de suite, si le vendeur est en » danger de perdre la chose et le prix.

» Si ce danger n'existe pas, le juge peut accor- » der à l'acquéreur un délai plus ou moins long, » suivant les circonstances.

» Ce délai passé, sans que l'acquéreur ait payé, » la résolution de la vente sera prononcée. »

Cet article ne présente qu'un réglement de for- malités, un peu plus sévère que celui qui était en usage ; mais, dans ces formes, on a suivi l'équité.

ART. 1656. « S'il a été stipulé, lors de la vente » d'immeubles, que, faute de paiement du prix » dans le terme convenu, la vente serait résolue de » plein droit, l'acquéreur peut néanmoins payer » après l'expiration du délai, tant qu'il n'a pas été » mis en demeure par une sommation; mais, après » cette sommation, le juge ne peut pas lui accorder » de délai. »

Cet article regarde le pacte appelé commissoire, dont il y a un titre au *ff. de lege commissoriâ*.

En vertu de ce pacte, la vente était résolue de plein droit; cependant la loi 23 *in fine ff. de oblig.*

et act., semble permettre au juge d'accorder à l'a-
cheteur un bref délai pour se libérer. Les tribunaux français s'étaient emparés de cette ouverture,
et malgré la stipulation que la vente serait résolue
de plein droit, faute de paiement au terme, on jugeait que le vendeur n'avait qu'une action pour demander cette résolution, et que l'acquéreur pouvait se libérer jusqu'à la sentence du juge; que s'il
en appelait, on jugeait communément encore qu'il
pouvait payer jusqu'à l'arrêt définitif. *Voyez* Pothier sur le pacte commissoire; Lapeyrère, lett. C.,
sur le même mot. Notre article a pris un juste milieu.

On demande si le vendeur qui a d'abord conclu
à la résolution de la vente, en vertu du pacte commissoire, peut ensuite varier et se contenter du
paiement du prix, *et vice versâ.* Les lois 4, 6 et 7
ff. *de Lege commiss.*, et 4 Cod. *de pact. int. empt.*,
décident positivement la négative. Tel est aussi l'a-
vis de *Pothier, Vente*, n°. 468 et 461.

Art. 1657. « En matière de vente de denrées et
» effets mobiliers, la résolution de la vente aura lieu
» de plein droit et sans sommation, au profit du
» vendeur, après l'expiration du terme convenu
» pour le retirement. »

Le motif de l'article est que les choses mobilières sont communément moins précieuses quelles
immeubles; que leur aliénation doit être moins
chargée de formalités. *Mobilium vilis est possessio.*
On avais mis dans le projet de cet article, *les marchandises* avec les denrées et effets mobiliers; on

objecta que, d'après cette expression, il serait applicable au commerce, et que cependant, dans l'usage des négocians, aucune vente n'était résiliée, que l'acheteur n'eût été mis en demeure de retirer les marchandises. Sur cette observation, l'expression *marchandises* fut supprimée, et il fut convenu que le procès-verbal demeurerait chargé de la cause de la suppression.

On observa encore que notre article mettait l'acheteur à la discrétion du vendeur ; que si l'acheteur ne se présentait qu'après le délai fixé pour la livraison, le vendeur pourrait le repousser, en disant que la vente avait été résiliée de plein droit ; que pour rendre leur condition égale, il faudrait que la vente fût aussi résiliée de plein droit pour l'acheteur, si le vendeur ne livrait pas au jour fixé.

On répondit que l'acheteur seul était en faute ; que c'était à lui à retirer les choses vendues, et que s'il ne se présentait pas, il était censé avoir renoncé à la vente : sur cette réflexion, l'observation fut négligée.

Il faut comparer cet article avec le 1159.

Ce chapitre ne parle que de l'obligation où est l'acheteur de payer le prix ; il en a cependant quelques autres encore, comme d'enlever la marchandise à l'époque fixée ; faute de ce, il doit être condamné envers le vendeur aux dommages-intérêts résultant de la privation de ses magasins, greniers ou caves. Celui-ci peut même, après des sommations, obtenir du juge la permission de mettre dehors les effets vendus, aux frais, périls et risques de l'acheteur.

en l'avertissant du jour et de l'heure où le déplacement se fera. *Pothier*, n°. 290.

On suppose ici que le vendeur aime mieux faire entretenir la vente que de la résoudre, suivant la faculté que l'art. 1657 lui en donne, car il a le choix de l'un ou de l'autre, comme je l'ai observé sur l'article précédent.

Une autre obligation de l'acheteur est de rembourser au vendeur ce que celui-ci a dépensé, depuis le contrat, pour la conservation de la chose vendue; car l'acheteur en est le maître depuis cette époque. *L.* 13, §. 22, *ff. de act. empti.* Pothier, n°. 291. Cette règle souffre cependant exception à l'égard des choses de l'entretien desquelles le vendeur est tenu jusqu'à la livraison: par exemple il doit tenir les bariques de vin pleines jusqu'au jour que l'acheteur doit les recevoir.

CHAPITRE VI.

De la nullité et de la résolution de la vente.

ART. 1658. « INDÉPENDAMMENT des causes de nullité ou de résolution déjà expliquées dans ce titre, et de celles qui sont communes à toutes les conventions, le contrat de vente peut être résolu par l'exercice de la faculté du rachat et par la vilité du prix. »

SECTION PREMIÈRE.

De la faculté de rachat.

ART. 1659. « La faculté de rachat ou de réméré
» est un pacte par lequel le vendeur se réserve de
» reprendre la chose vendue, moyennant la resti-
» tution du prix principal, et le remboursement
» dont il est parlé à l'article 1673.

Il faut voir sur cette faculté le titre du Code *de
pactis inter empt.*

ART. 1660. « La faculté de rachat ne peut être sti-
» pulée pour un terme excédant cinq années.

» Si elle a été stipulée pour un terme plus long,
» elle est réduite à ce terme. »

Elle pouvait, avant notre Code, être stipulée
pour un terme indéfini, mais alors elle se prescri-
vait par trente ans, c'est-à-dire qu'elle ne pouvait
être exercée après les trente ans expirés depuis le jour
du contrat. L'article 108 de la Coutume de Paris en
avait même une disposition expresse. *Voyez* Henris et Bretonnier, tom. 1, liv. 4, quest. 91.

Mais si le pacte avait été stipulé pour un tems
fixe, et excédant trente ans, alors on jugeait qu'il
devait être exécuté. Dunod, *prescriptions*, pag. 91,
contre ce que dit Pothier, n°. 393.

Notre article a bien fait de réduire l'exercice de
ce pacte à un terme plus court. L'intérêt public exige
que les propriétés ne soient pas aussi long-tems incertaines; et, dans cinq ans, on a bien le tems de

ravoir le fonds que, dans un moment de détresse, on a été forcé de céder à vil prix.

Il suit de notre article que, si l'on a stipulé la faculté de rachat, sans fixation de terme, elle doit durer cinq ans.

Art. 1661. « Le terme fixé est de rigueur, et ne » peut être prononcé par le juge. »

Abrogation encore de la jurisprudence de Paris et d'autres parlemens qui jugeaient qu'il fallait une sentence pour faire déclarer le vendeur déchu de la faculté du réméré, sans quoi elle durait trente ans. *Voyez* Rousseaud, verbo *faculté de rachat.* A Toulouse, on faisait pis encore, et l'on jugeait que la faculté, quoique convenue pour un moindre terme, durait toujours trente ans. *Boutaric, instit.,* pag. 480. Mais à Bordeaux, on s'était préservé de cette extension abusive, et la faculté expirait de droit après le terme convenu. *Lapeyrère*, lett. R, n°. 15.

Art. 1662. « Faute par le vendeur d'avoir exercé » son action de réméré, dans le terme prescrit, l'ac- » quéreur demeure propriétaire irrévocable. »

Voyez l'observation sur l'article précédent.

Art. 1663 « Le délai court contre toutes person- » nes, même contre le mineur, sauf, s'il y a lieu, » le recours contre qui de droit. »

On distinguait la prescription conventionnelle, c'est-à-dire, le cours du délai fixé par la stipulation, de la prescription légale, c'est-à-dire, du cours des trente ans que la jurisprudence accordait pour la purgation du pacte; on jugeait que la première courait contre le mineur, mais non la seconde. *Voyez* Lapeyrère et les auteurs qu'il cite, lett. R., nº. 16. Notre article a tranché encore ces distinctions inutiles.

ART. 1664. « Le vendeur à pacte de rachat peut » exercer son action contre un second acquéreur, » quand même la faculté de réméré n'aurait pas » été déclarée dans le second contrat. »

Conforme à la jurisprudence. *Lapeyrère* et les auteurs qu'il cite, lett. R, nº. 3; *Pothier*, nº. 398.

ART. 1665. « L'acquéreur à pacte de rachat exerce » tous les droits de son vendeur ; il peut prescrire, » tant contre le véritable maître, que contre ceux » qui prétendraient des droits ou hypothèques sur » la chose vendue. »

ART. 1666. « Il peut opposer le bénéfice de la » discussion aux créanciers de son vendeur. »

Le motif de ces deux articles est que l'acquéreur à pacte de rachat, est véritablement propriétaire, quoique d'une propriété résoluble sous condition, et c'est ce qui distingue la vente à pacte de réméré, de l'engagement qui ne transfère pas la propriété.

ART. 1667. « Si l'acquéreur à pacte de réméré » d'une partie indivise d'un héritage, s'est rendu » adjudicataire de la totalité sur une licitation pro- » voquée contre lui, il peut obliger le vendeur à » retirer le tout, lorsque celui-ci veut user du pacte.»

Conforme à la loi 8., §. 13, ff. *comm. divid.* Notez bien ces mots, *sur une licitation provoquée contre lui ;* car s'il l'avait provoquée, le vendeur ne serait pas obligé à retirer le tout.

ART. 1668. « Si plusieurs ont vendu, conjointe-
» ment et par un seul contrat, un héritage com-
» mun entr'eux, chacun ne peut exercer l'action
» en réméré, que pour la part qu'il y avait. »

ART. 1669. « Il en est de même, si celui qui a
» vendu seul un héritage a laissé plusieurs hé-
» ritiers.

» Chacun de ses co-héritiers ne peut user de
» la faculté de rachat que pour la part qu'il prend
» dans la succession. »

ART. 1670. « Mais, dans le cas des deux articles
» précédens, l'acquéreur peut exiger que tous les
» co-vendeurs ou tous les co-héritiers soient mis
» en cause, afin de se concilier entr'eux pour la re-
» prise de l'héritage entier, et s'ils ne se concilient
» pas, il sera renvoyé de la demande. »

La raison des articles 1668 et 1669, est que l'action de réméré étant divisible, puisque l'héritage
l'est, n'appartient à chacun des vendeurs, ou des
héritiers d'un seul vendeur, que pour sa part.

La raison de l'article 1670 est que l'acquéreur
ne doit pas souffrir de la division des actions, et
qu'il est probable qu'il n'eût pas acheté une partie
seule.

Ces articles étaient d'autant plus nécessaires, que
les questions qu'ils décident étaient très-controver-
sées. *Dumoulin*, suivi par *Pothier*, n°. 396, était
de l'avis des articles; *Boerius, Papon* et *Automne*,
cités par *Lapeyrère* lett. R, n°. 6, décidaient positivement le contraire.

On demanda, lors de la discussion de l'article

1670, pourquoi l'action de réméré ne passerait pas directement à un seul des vendeurs ou des co-héritiers qui l'exerçât au nom de tous, on disait que c'était à celui qui agirait le premier à s'arranger avec les autres, en leur faisant part du fonds retrait, s'ils voulaient rembourser leur portion de prix; faute de ce, il le garderait en entier. Il fut d'abord convenu que l'article serait réformé sur ce plan. Cependant il a été adopté de nouveau, sur les représentations du Tribunat.

ART. 1671. « Si la vente d'un héritage apparte-
» nant à plusieurs, n'a pas été faite conjointement
» et de tout l'héritage ensemble, et que chacun
» n'ait vendu que la part qu'il y avait, ils peuvent
» exercer séparément l'action en réméré sur la por-
» tion qui leur appartenait;

» Et l'acquéreur ne peut forcer celui qui l'exer-
» cera de cette manière à retirer le tout. »

C'est parce qu'alors ce sont autant de ventes dis-
tinctes et indépendantes l'une de l'autre.

ART. 1672. « Si l'acquéreur a laissé plusieurs hé-
» ritiers, l'action en réméré ne peut être exercée
» contre chacun d'eux que pour sa part, dans le
» cas où elle est encore indivise, et dans celui où
» la chose vendue a été partagée entr'eux.

» Mais s'il y a eu partage de l'hérédité, et que
» la chose vendue soit échue au lot de l'un des hé-
» ritiers, l'action en réméré peut être intentée con-
» tre lui pour le tout. »

C'est toujours la même raison de décider : les actions se divisent entre les héritiers, et celle en ré-

méré est par elle-même divisible ; mais si un seul
des héritiers de l'acquéreur jouit de tout le fonds
il n'y a pas de motif pour assigner les autres , sauf
son recours contre eux.

ART. 1675. « Le vendeur qui use du pacte de ra-
» chat, doit rembourser non seulement le prix prin-
» cipal , mais encore les frais et loyaux coûts de la
» vente , les réparations nécessaires ; et celles qui
» ont augmenté la valeur du fonds , jusqu'à con-
» currence de cette augmentation. Il ne peut entrer
» en possession qu'après avoir satisfait à toutes ces
» obligations.

» Lorsque le vendeur rentre dans son héritage
» par l'effet du pacte de rachat, il le reprend exempt
» de toutes les charges et hypothèques dont l'acqué-
» reur l'aurait grevé ; il est tenu d'exécuter les baux
» faits sans fraude par l'acquéreur. »

De même que le vendeur doit tenir compte à l'acquéreur de toutes les réparations qui ont augmenté la valeur de la chose , l'acquéreur est aussi
obligé de tenir compte de toutes les dégradations
survenues par sa faute. *Pothier* , n°. 400.

Le même auteur décide que l'acquéreur peut retenir le trésor qu'il aura trouvé dans le fonds, et les
alluvions qui s'y seront faites pendant sa jouissance,
numéros 402 et 404. Ce dernier chef me paraît
bien douteux, quoiqu'il l'appuie de fortes raisons.

Le vendeur qui use du réméré recueille-t-il tous
les fruits pendans lors de l'exercice du pacte , ou
les partage-t-il avec l'acquéreur au prorata du tems
que la vente a duré cette année-là ? Cette question ,

qui a partagé les Coutumes et les auteurs, aurait bien dû être décidé positivement par le Code. Il faut voir à ce sujet *Pothier*, depuis le n°. 405 jusqu'au 411. On ne peut rien conclure de *Rousseaud*, qui se contredit à ce sujet, *verbo* Faculté, n°. 9.

Je crois que l'opinion de ceux qui sont contre le partage, est la plus simple et la plus juste. D'abord, elle écarte les difficultés qu'occasionne ordinairement tout partage. *Communio parit jurgia*. Ensuite l'acquéreur cesse d'être propriétaire, en vertu de la stipulation, dès que le vendeur exerce son action, et lui offre son remboursement ; enfin, il est pleinement indemnisé par les intérêts qu'on lui paie pour cette année-là.

N'importe que le Code, article 1575, ait ordonné ce partage pour les fruits des immeubles dotaux à la dissolution du mariage, il n'y a point de parité d'un cas à l'autre. Il fallait bien donner au mari ou à ses héritiers, une part des fruits, pour éviter l'embarras d'estimer la dépense qu'il avait faite *ad sustinenda onera matrimonii*.

Le vendeur peut-il céder à un tiers l'action de réméré? *Pothier*, n°. 390, décide, d'après Fachin et Tiraqueau, qu'elle est cessible, et je l'ai vu pratiquer.

Les créanciers du vendeur peuvent-ils à sa place exercer cette action? Nous avions décidé le contraire par l'article 94 de notre projet, titre *de la Vente*. Le tribunal d'appel de Bordeaux observa que si le vendeur n'avait pas d'autre bien, il serait injuste de refuser aux créanciers l'espérance de s'indemniser par l'exercice du retrait. Cet article n'a pas été présenté par la section de Législation, mais aussi elle n'a pas dit le contraire.

Je crois que l'observation de Bordeaux était juste. Les créanciers ont le droit d'exercer toutes les actions de leur débiteur, qui ne sont pas attachées à sa seule personne. Mais, comme le dit très-bien *Pothier, eod.*, la faculté de réméré n'est pas attachée à la personne du vendeur; elle fait partie de ses biens.

Section I.

De la rescision de la vente pour cause de lésion.

Il y a un titre au *ff.* et un autre au Code *de rescindendâ venditione.* Dans le premier, il n'est pas dit un mot de la lésion d'outre moitié, comme motif de rescinder la vente; mais, dans le second, il y a deux lois, la seconde et la huitième, toutes les deux des empereurs *Dioclétien* et *Maximien*, qui admettent ce moyen.

La seconde est conçue en ces termes : *Rem majoris pretii, si tu, vel pater tuus minoris distraxerit, humanum est, ut vel pretium te restituente emptoribus, fundum venundatum recipias, autoritate judicis intercedente; vel, si emptor elegerit, quod deest justo pretio recipias : minus autem pretium esse videtur, si nec dimidia pars pretii soluta sit.*

La loi 8 *in fine*, ajoute seulement que le juste prix doit se considérer tel qu'il était au tems de la vente.

Les motifs de ces lois les avaient fait admettre par-tout, dans les pays coutumiers, comme dans ceux de droit écrit. Mais l'introduction et la baisse du papier-monnaie, pendant la révolution, produisirent une si grande mobilité dans le prix de toutes choses, que l'action rescisoire, pour cause de lésion d'outre moitié, en contrat de vente ne pouvait plus s'exercer sans exposer à de grandes injustices : elle fut donc supprimée par la loi du 14 fructidor an 3.

Il fut ici question de savoir si cette action devait être rétablie, et cette discussion occupa le Conseil d'État pendant les trois séances des 25 et 30 frimaire, et 29 nivôse an 12. Je ne veux point retracer ici tout ce qui fut dit sur ce sujet par les différens interlocuteurs, cela tiendrait seul la moitié d'un volume ; mais je vais exposer les raisons principales de ceux qui voulaient maintenir la loi du 14 fructidor, avec les réponses de ceux qui voulaient revenir à l'ancienne jurisprudence.

1°. Il est douteux que la loi 2, *Cod. de resc. vend.* soit de Dioclétien. Un docteur allemand, nommé *Thomasius*, a donné de bonnes raisons pour établir que Tribonien l'a prise dans un Code apocryphe.

R. Qu'elle soit de Dioclétien ou d'un autre, qu'elle ait même été absolument controuvée par Tribonien, il suffit que Justinien l'ait inséréé dans son Code, pour qu'elle ait la même autorité que les autres qui s'y trouvent ; cette loi est-elle juste ou injuste ? Voilà de quoi il faut uniquement s'occuper.

2°. Cette loi est injuste, parce que les majeurs ne

peuvent pas revenir contre leur propre fait, à moins qu'ils ne prouvent que leur consentement apparent est le fruit du dol, de l'erreur ou de la violence : plusieurs lois décident qu'il est permis au vendeur et à l'acheteur de se circonvenir sur le prix.

R. La vente est au nombre des contrats commutatifs, dont l'essence est que chacun reçoive l'équivalent de ce qu'il donne. Que s'il ne reçoit pas cet équivalent, le contrat se trouve sans cause; il est donc nul d'après les principes même déjà adoptés par le Code civil : sans doute cet équivalent ne doit pas s'entendre avec la dernière rigueur, et de manière que chacun reçoive précisément autant qu'il donne, et c'est dans ce sens que différentes lois disent qu'il est permis aux deux parties de se circonvenir; mais c'est *usquè ad legitimum modum ;* car autrement si avec l'intention de vendre ma chose au prix qu'elle vaut, je ne reçois rien ou presque rien, il est indubitable que je suis trompé; cela est prouvé par la nature du contrat et par la chose même. C'est là ce qu'on appelle *dolus re ipsâ*; il est donc juste que les lois viennent à mon secours, et la question se réduit alors au point de savoir quelle doit être la quotité de la lésion pour faire présumer qu'il y a eu du dol, et que l'essence du contrat a été violée.

3°. Il est impossible à des tiers de fixer un juste prix aux choses vendues. Ce prix n'existe que dans la tête des contractans; ce qui ne vaut que 1,000 liv. pour un étranger, peut en valoir 3,000 liv. pour l'acheteur. Dès que les parties ont fixé ce prix, il est pour elles le véritable, et tout autre est nécessairement arbitraire.

R. Indépendamment du prix d'affection, il est un prix commun auquel les choses se vendent dans la contrée, et sur lequel il est impossible de se méprendre beaucoup; mais c'est à ce prix commun qu'il faut se fixer en pareil cas, parce que c'est sur ce qui arrive ordinairement, et non sur des hypothèses extraordinaires, que les lois doivent se faire. Mais de plus, si le vendeur a laissé sa chose à vil prix, ce n'est pas communément, parce qu'il a cru qu'elle ne valait pas davantage, c'est parce qu'il y a été forcé par le besoin, et qu'un acheteur avare s'en est prévalu; enfin, ce que l'on dit du prix d'affection, peut s'appliquer à l'acheteur, et le priver du bénéfice de la restitution, s'il prétendait avoir acheté trop cher; mais ce n'est qu'un argument de plus pour le vendeur.

4°. L'action rescisoire devrait être rejetée par cela seul qu'elle dépend nécessairement de l'estimation d'experts ignorans ou vendus; ici on en appelle à l'expérience.

R. Il est bien constant que les experts sont souvent ignorans ou partiaux pour les parties qui les nomment; mais la justice n'en est pas moins forcée de recourir journellement aux gens de l'art dans les discussions de leur ressort; on peut d'ailleurs corriger à cet égard la manière de procéder; on peut encore prendre tous les renseignemens qui résultent des actes et des circonstances.

5°. L'action rescisoire a l'inconvénient majeur de

rendre les propriétés incertaines ; elle nuit encore à l'agriculture et à la reproduction ; l'acheteur qui craint d'être évincé n'améliore rien ; il dégrade plutôt.

R. Ces inconvéniens étaient graves, lorsque l'action rescisoire s'étendait jusqu'à dix ans; mais ils deviendront à-peu-près nuls, en la bornant à un tems beaucoup plus court; il n'est pas d'ailleurs exact de dire que la crainte de cette action empêche l'acheteur de cultiver et d'améliorer, puisque ses réparations lui sont toujours remboursées, et que les fonds s'estiment suivant l'état où ils étaient à l'époque de la vente.

6°. Le rétablissement de l'action rescisoire pourra causer des effets funestes sur le prix des biens nationaux, et dans l'esprit de leurs acquéreurs. Cette considération seule devrait faire maintenir la loi du 14 fructidor an 3.

L'empereur s'est chargé lui-même de résoudre cette objection, et voici sa réponse :

Il est certain que toute mesure qui inquiéterait les acquéreurs de domaines nationaux, amènerait des désordres dans l'état, et blesserait la foi publique.

Mais, à s'en tenir même aux principes du Droit civil, le rétablissement de l'action en lésion ne peut les alarmer; on trouve dans le projet qu'elle ne sera pas admise contre les ventes par licitation; or, si des ventes garanties par l'autorité d'un tribunal, deviennent irrévocables, combien plus les aliénations garanties par l'autorité de la loi elle-même, d'une loi qui n'est pas moins respectable que le Code civil?

Il n'y aurait qu'une contre révolution qui pourrait expulser les acquéreurs des domaines nationaux, et ramener les anciens propriétaires: jusque-là, ils ont pour eux la protection de la loi et toute la force du gouvernement.

Après cette discussion, l'action en rescision fut rétablie.

ART. 1674. « Si le vendeur a été lésé de plus de sept » douzièmes dans le prix d'un immeuble, il a le » droit de demander la rescision de la vente, quand » même il aurait expressément renoncé dans le con- » trat à la faculté de demander cette rescision, et » qu'il aurait déclaré donner la plus value. »

Nous avons déjà dit qu'autrefois la lésion d'outre-moitié suffisait. On a exigé les sept douzièmes, parce qu'on a dit que dans l'ancien système, la différence la plus légère, ne fût-elle que d'un franc, emportait la balance: mais il me semble que cet inconvénient se retrouve à quelque quotité qu'on se fixe, et que ce n'était pas une raison bien solide pour s'écarter de l'ancienne jurisprudence.

Quand il aurait expressément renoncé, etc. Cette addition est conforme à l'ancienne jurisprudence. On en trouve des arrêts dans Despeisses, *de l'achat*, sect. 4, n°. 5.

ART. 1675. « Pour savoir s'il y a lésion de plus de » sept douzièmes, il faut estimer l'immeuble sui- » vant son état et sa valeur au moment de la vente. » Conforme à la loi 8, Cod. *de resc. vend.*

ART. 1676. « La demande n'est plus recevable après

» l'expiration de deux années, à compter du jour
» de la vente.

» Ce délai court contre les femmes mariées, et
» contre les absens, les interdits et les mineurs ve-
» nant du chef d'un majeur qui a vendu.

» Ce délai court aussi et n'est pas suspendu pen-
» dant la durée du temps stipulé pour le pacte de
» rachat. »

Cet article corrige l'ancienne jurisprudence qui
donnait dix ans, et ne les faisait pas courir contre
les femmes mariées, les mineurs et les interdits. Ordonnance de 1510, art. 46 et 58. Ces dix ans ne cou-
raient pas non plus pendant la durée du pacte de rachat. *Voyez* Rousseaud *Restitution*, sect. première,
n°. 5: ce qui ne me paraissait pas très-raisonnable.

Il y eut de longs débats pour savoir si l'action serait bornée à un an, ou si elle s'étendrait à quatre,
même à dix. Les raisons de part et d'autre rentraient
dans celles que nous avons développées sur la question du fonds, le plus ou le moins de faveur et d'inconvéniens de l'action rescisoire; il serait par conséquent inutile d'y revenir.

Art. 1677. «La preuve de la lésion ne pourra être
» admise que par jugement, et dans le cas seulement
» où les faits articulés seraient assez vraisemblables
» et assez graves pour faire présumer la lésion. »

On objecta qu'il fallait toujours un jugement pour
admettre la preuve, et que l'article était inutile. On
répondit qu'il était destiné à avertir le juge qu'il ne
devait ordonner l'estimation, que lorsqu'il y avait
déjà quelque présomption que le vendeur avait été

lésé, et en connaissance de cause, c'est-à-dire que les juges peuvent, sans employer le ministère d'experts, rejetter l'action rescisoire, si elle leur paraît destituée de fondement, d'après les circonstances de la cause.

Mais peuvent-ils de même admettre l'action, et rescinder le contrat, sans opération préalable d'experts? Si, par exemple, un bien était vendu six mois après avoir été estimé plus de sept douzièmes au-dessus dans un partage? L'affirmative fut soutenue, adoptée même par le Conseil, et la rédaction renvoyée à la Section; cependant elle ne fut pas rappelée à la seconde lecture.

Quid juris? Je crois que notre article, ne défendant pas aux juges de prononcer ainsi, et présentant une grande méfiance des opérations d'experts, un jugement qui, d'après les actes, rejetterait la demande, ne devrait pas être cassé.

Art. 1678. « Cette preuve ne pourra se faire que
» par un rapport de trois experts qui seront tenus
» de dresser un seul procès-verbal commun, et de
» ne former qu'un seul avis à la pluralité des voix. «

Art. 1679. « S'il y a des avis différens, le procès-
» verbal en contiendra les motifs, sans qu'il soit
» permis de faire connaître de quel avis chaque ex-
» pert a été. »

Art. 1680. Les trois experts seront nommés d'of-
» fice, à-moins que les parties ne se soient accor-
» dées pour les nommer tous les trois conjointe-
» ment. »

Ces trois articles changent la marche prescrite

par l'ordonnance de 1667, tit. 21, mais en mieux. Chaque partie nommait son expert; cet expert opinait toujours pour celui qui l'avait nommé, en sorte que cette première opération était absolument frustratoire; et, dans la vérité, c'était le tiers expert nommé par le juge qui était seul arbitre de la contestation.

ART, 1681. « Dans les cas où l'action en rescision » est admise, l'acquéreur a le choix ou de rendre la » chose en retirant le prix qu'il en a payé, ou de » garder le fonds en payant le supplément du juste » prix, sous la déduction du dixième du prix total.

» Le tiers-possesseur a le même droit, sauf sa ga- » rantie contre son vendeur. »

Le fond de cet article est conforme à la loi 2, *Cod. de resc. vend.*, et à la jurisprudence; mais la déduction du dixième est une innovation.

Son motif fut que l'action en rescision change absolument la condition de l'acquéreur qui ne devait pas s'y attendre; qu'il n'aurait pas acheté, s'il eût cru devoir payer aussi cher la chose; que de son côté le vendeur eût été très-content si on lui avait payé au tems du contrat, le prix juste, moins un dixième; qu'il a fait ses affaires avec le prix qu'il a déjà reçu; qu'il ne fallait donc pas traiter trop rigoureusement l'acquéreur. Il y eut même une opinion pour ne l'obliger à suppléer que ce qui manquait à la moitié du juste prix.

Ceux qui n'étaient pas d'avis de la déduction du dixième, disaient que c'était une chance et une prime qu'on offrait au dol et à l'usure.

ART. 1682. « Si l'acquéreur préfère garder la chose
» en fournissant le supplément réglé par l'article
» précédent, il doit l'intérêt du supplément, du jour
» de la demande en rescision.

» S'il préfère la rendre et recevoir le prix, il rend
» les fruits du jour de la demande.

« L'intérêt du prix qu'il a payé, lui est aussi comp-
» té du jour de la même demande, ou du jour du
» paiement, s'il n'a touché aucuns fruits. »

Cet article est conforme à la jurisprudence qui
n'avait pas adopté l'avis contraire de *Cujas* sur ladite loi 2. Voy. *Pothier*, n°. 336 et 357.

Il faut même observer que c'est du jour de la demande, et non de celui des offres réelles, que l'acquéreur doit l'intérêt du supplément ou les fruits.

ART. 1683. « La rescision pour lésion n'a pas lieu
» en faveur de l'acheteur. »

Cet article décide une question très-controversée,
et qui avait partagé les plus célèbres jurisconsultes :
on peut en voir les listes et les raisons dans *Cujas*,
lib. 16, observ. 18; *Dumoulin*, sur le §. 33, n°. 47
de la coutume de Paris; *Despeisses*, de l'achat, sect.
4, n°. 1, vers. 8; *Maurice Bernard*, liv. 4, ch. 2,
n°. 9; *Lapeyrère*, lett. L, n°. 89.

Elle partagea aussi le Conseil : les uns disaient
que l'acheteur plutôt que le vendeur devait avoir
le bénéfice de restitution, puisqu'il pouvait être plus
aisément trompé, ne pouvant connaître, comme le
vendeur, le véritable prix de la chose : les autres
soutenaient que c'était librement que l'acheteur
achetait et donnait le prix convenu, au lieu que le

vendeur était communément obligé de vendre au-
dessous du prix par la nécessité de ses affaires ; que
d'ailleurs l'acheteur pouvait en connaissance dé
cause, et pour des raisons de convenance, donner
un prix fort au-dessus du véritable, au vendeur qui
n'aurait pas autrement consenti à se défaire de la
chose, et qu'il ne fallait pas favoriser la légèreté et
l'inconstance qui le porteraient à demander ensuite la restitution. Par ces derniers motifs, l'article fut adopté.

Art. 1684. « Elle n'a pas lieu en toutes ventes qui,
» d'après la loi, ne peuvent être faites que d'autori-
» té de justice. »

Telle était aussi la jurisprudence. Rousseaud, *Décret*, n°. 1.

Il ne faut cependant pas appliquer cet article aux
ventes volontaires des biens de mineurs ; car quoique faites par autorité de justice, ils sont restituables, comme les majeurs pourraient l'être, si ces
derniers avaient vendu librement et non par décret
forcé. *Voy*. les art. 466 et 1314.

Art. 1685. « Les règles expliquées dans la sec-
» tion précédente, pour les cas où plusieurs ont ven-
» du conjointement ou séparément, et pour celui où
» le vendeur ou l'acheteur a laissé plusieurs héri-
» tiers, sont pareillement observées pour l'exercice
» de l'action en rescision. »

CHAPITRE VII.

De la Licitation.

Art. 1686. « Si une chose commune à plusieurs,
» ne peut être partagée commodément et sans perte;
 » Ou si, dans un partage fait de gré à gré de biens
 » communs, il s'en trouve quelques-uns qu'aucun
 » des co-partageans ne puisse ou ne veuille prendre.
 » La vente s'en fait aux enchères, et le prix en est
 » partagé entre les co-propriétaires. »

Il est parlé de la licitation dans la loi 3, Cod.
comm. divid., et elle donne les mêmes règles que
celles qu'on trouve dans ce chapitre.

Art. 1687. « Chacun des co-propriétaires est le
» maître de demander que les étrangers soient ap-
 » pelés à la licitation; ils sont nécessairement appe-
 » lés lorsque l'un des co-propriétaires est mineur. »

*Ad licitationem, nonnumquam extraneo emp-
tore admisso.* Dictâ L. 3.

On doit nécessairement appeler les étrangers,
quand il y a un co-propriétaire mineur, de peur que
les autres ne s'entendent pour le tromper.

Art. 1688. « Le mode et les formalités à observer
» pour la licitation, sont expliqués au titre *des Suc-
 » cessions* et au *Code judiciaire.*

CHAPITRE VIII.

Du transport des créances et autres droits incor-porels.

ART. 1689. « Dans le transport d'une créance, d'un
» droit ou d'une action sur un tiers, la délivrance
» s'opère, entre le cédant et le cessionnaire, par la
» remise du titre. »

ART. 1690. « Le cessionnaire n'est saisi, à l'égard
» des tiers, que par la signification du transport
» faite au débiteur.

» Néanmoins le cessionnaire peut être également
» saisi par l'acceptation du transport faite par le dé-
» biteur dans un acte authentique. »

Cet article est conforme à la loi 3, *Cod. de novat.*
à l'article 108 de la coutume de Paris, et à la jurisprudence générale.

Rousseaud, *Transport*, n. 17, rapporte un arrêt de Paris, du 7 juillet 1744, qui cassa une saisie
faite par le cessionnaire, sur le débiteur cédé, sans
signification préalable de la cession.

Le même auteur dit *eòd.*, que si le débiteur cédé
paie le cessionnaire, et prend quittance de lui, cela équivaut à signification ; ce qui paraît juste.

ART. 1691. « Si avant que le cédant ou le ces-
» sionnaire eût signifié le transport au débiteur,
» celui-ci avait payé le cédant, il sera valablement
» libéré. »

Conforme à l'avis de Ricard, cité par Rousseaud,
eòd.

Art. 1692. « La vente ou cession d'une créance
» comprend les accessoires de la créance, tels que
» caution, privilège et hypothèque. »

Art. 1693. « Celui qui vend une créance ou au-
» tre droit incorporel, doit en garantir l'existence
» au tems du transport, quoiqu'il soit fait sans ga-
» rantie. »

C'est ce qu'on appelle la garantie de droit qui est
due même sans stipulation. L. 6, *Cod. de evict.*
Loiseau, *garantie des rentes*, ch. 1, n. 10.

Art. 1694. « Il ne répond pas de la solvabilité
» du débiteur, que lorsqu'il s'y est engagé, et jus-
» qu'à concurrence seulement du prix qu'il a retiré
» de la créance

La garantie de la solvabilité est appelée garantie
de fait. *Voyez* Loiseau, *eod.* L. 74, ff. *de evict.*

Art. 1695. « Lorsqu'il a promis la garantie de
» la solvabilité du débiteur, cette promesse ne s'en-
» tend que de la solvabilité actuelle, et ne s'étend
» pas au tems à venir, si le cédant ne l'a expres-
» sément stipulé. »

Il n'arrive pas souvent que le cédant promettre
la garantie pour le tems à venir.

Art. 1696. « Celui qui vend une hérédité, sans
» en spécifier en détail les objets, n'est tenu de ga-
» rantir que sa qualité d'héritier. »

Il y a un titre au ff. et au Code *de hæred. vel
act. vend.*

*Nec interest quanta hæreditas est... nisi de
substantiâ ejus affirmaverit venditor.* L. 14 et
15, ff. *hic.*

Art. 1697. « S'il avait déjà profité des fruits de
» quelque fonds, ou reçu le montant de quelque
» créance appartenant à cette hérédité, ou vendu
» quelques effets de la succession, il est tenu de
» les rembourser à l'acquéreur, s'il ne les a expres-
» sément réservés lors de la vente. »

Conforme à la loi 2, §. 1, ff. *hic*. Ulpien, auteur
de cette loi, hésite pourtant.

Art 1698. « L'acquéreur doit, de son côté, rem-
» bourser au vendeur ce que celui-ci a payé pour
» les dettes et charges de la succession ; et lui faire
» raison de tout ce dont il était créancier, s'il n'y
» a stipulation contraire. »

Pothier le décide ainsi, n°. 540.

Il décide aussi, dans les deux numéros suivans,
1°. que si le vendeur est devenu, soit avant, soit
après la cession, héritier de quelque créancier ou
légataire de la succession, l'acquéreur est tenu de le
payer. Ce qui est conforme à la loi 24, ff. *hic*. 2°. Que
si le vendeur était créancier lui-même de la succession, l'acquéreur doit encore le payer. L. 2. §. 18,
ff. *hic*.

Art. 1699. « Celui contre lequel on a cédé un
» droit litigieux, peut s'en faire tenir quitte par le
» cessionnaire, en lui remboursant le prix réel de
» la cession avec les frais et loyaux coûts, et avec les
» intérêts, à compter du jour où le cessionnaire a
» payé le prix de la cession à lui faite. »

C'est la décision des deux fameuses lois *per di-*
versas, et *ab Anastasio*. Cod. *Mandati*. Elles ont
été faites en haine des acheteurs de procès, et pour

les refréner : elles étaient observées dans toute la France. *Pothier*, n°. 590 ; *Rousseaud*, verbo *transport* ; *Lapeyrère*, lett. C. ; n°. 2.

Cet article ne passa pas cependant sans contradiction. On dit qu'un homme riche, pour obliger un citoyen pauvre, pouvait lui acheter sa créance litigieuse. On répondit que cet homme riche pouvait faire des avances à l'autre, et non en retirer un profit immoral.

Un droit litigieux, c'est ce qui fait la décision, car si le droit était évident et sans contestation, rien n'empêche qu'on ne puisse le céder avec un plein effet, comme on l'a vu dans les articles antérieurs de ce chapitre. *Lapeyrère*, *eod.*, en rapporte des arrêts.

ART. 1700. « La chose est censée litigieuse, dès » qu'il y a procès et contestation sur le fond du droit.»

Pothier, n°. 593, disait qu'une créance était litigieuse, soit que le procès fût déjà commencé, soit qu'il ne le fût pas encore, mais qu'il y eût lieu de l'appréhender. D'après notre article, son avis ne peut plus être suivi.

ART. 1701. « La disposition portée en l'article » 1699 cesse,

» 1°. Dans le cas où la cession a été faite à un co-» héritier ou co-propriétaire du droit cédé ;

» 2°. Lorsqu'elle a été faite à un créancier en paie-» ment de ce qui lui est dû ;

» 3°. Lorsqu'elle a été faite au possesseur de l'hé-» ritage sujet au droit litigieux. »

Ces exceptions sont conformes à la loi *per diversas*.

-3.   24

Elle en contenait encore une autre, savoir : lorsqu'un légataire reçoit de l'héritier, en paiement de
son legs, quelque droit litigieux. Mais dès que le
Législateur, ayant sous ses yeux la constitution d'A-
nastase, a négligé cette exception, il faut croire qu'il
l'a rejettée, et je pense que c'est avec raison.

Anastase dit encore que sa loi n'a pas lieu en donation, et je crois que sa décision doit être suivie,
car notre article parle seulement de cession faite
avec prix ; mais il faut que la donation soit réelle et
non simulée, sans quoi l'article 1699 devrait être
appliqué. L. *ab Anastasio.*

TITRE VII.

De l'Échange.

(Décrété le 16 ventôse an XII, promulgué le 26 du même
mois.)

Voyez au *ff.* et au Code les titres *de rerum per-
mutatione.*

ART. 1702. « L'échange est un contrat par lequel
» les parties se donnent respectivement une chose
» pour une autre. »

ART. 1703. « L'échange s'opère par le seul con-
» sentement, de la même manière que la vente. »

Ceci est dit pour déroger aux anciennes lois romaines, suivant lesquelles l'échange étant un contrat
innomé, ne devenait obligatoire qu'après que l'une
des parties avait commencé de l'exécuter.

ART. 1704, « Si l'un des co-permutans a déjà reçu
» la chose à lui donnée en échange, et qu'il prouve
» ensuite que l'autre contractant n'est pas proprié-
» taire de cette chose, il ne peut pas être forcé à li-
» vrer celle qu'il a promise en contre-échange,
» mais seulement à rendre celle qu'il a reçue. »

Cela est dicté par l'équité. Aussi à la différence de
la vente, la loi 1, §. 3, *ff. hic*, décide-t-elle que l'é-
change n'est pas valable, si on donne les choses
d'autrui.

ART. 1705. « Le co-permutant qui est évincé de
» la chose qu'il a reçue en échange, a le choix de con-
» clure à des dommages et intérêts, ou de répéter
» sa chose. »

Conforme à la loi 1, §. 1, *ff. hic*. La raison en est
que ce n'est pas de l'argent, mais un autre objet mobilier ou immobilier que le co-permutant a voulu
recevoir.

ART. 1706. « La rescision pour cause de lésion
» n'a pas lieu dans le contrat d'échange. »

C'était une question très-douteuse : ceux qui
étaient d'avis d'admettre la lésion, argumentaient
de ce que l'échange était de même nature que la
vente, et de bonne foi comme elle. Ceux qui étaient
d'un avis contraire, disaient que la restitution
n'ayant pas lieu en faveur de l'acheteur, et n'étant pas
possible, dans l'échange, de distinguer *uter vendi-*
tor, uter empter, la restitution ne devait avoir lieu
pour aucun. Du premier avis, *Godefroi, Cujas* et
Dumoulin ; du second, *Basnage, Maurice, Ber-*
nard, Guéret.

Art. 1707. « Toutes les autres règles prescrites
» pour le contrat de vente, s'appliquent d'ailleurs à
» l'échange. »

~~~~~~~~~~~~~~~~~~~~~~~~~~~~~~~~~~~~~~

TITRE VIII.

Du Contrat de Louage.

(Décrété le 16 ventôse an XII. Promulgué le 26 du
même mois.)

CHAPITRE PREMIER.

Dispositions générales.

Voyez au ff. le titre *locati conducti*, et au Code
celui *de locato et conducto*.

Art. 1708. « Il y a deux sortes de contrats de
» louage :
» Celui des choses,
» Et celui d'ouvrage. »

Cujas, sur ce titre au ff. dit, *locatio conductio
est conventio faciendi, fruendive aliquid certâ
mercede:* Ce qui comprend toutes les espèces de
louage.

Art. 1709. « Le louage des choses est un contrat
» par lequel l'une des parties s'oblige à faire jouir
» l'autre d'une chose pendant un certain tems, et
» moyennant un certain prix que celle-ci s'oblige
» de lui payer. »

Art. 1710. « Le louage d'ouvrage est un contrat
» par lequel l'une des parties s'engage à faire quel-
» que chose pour l'autre, moyennant un prix con-
» venu entre elles. »

Quoties faciendum aliquid datur, locatio est.
L. 22 . §. 1, ff. hic.

Art. 1711. « Ces deux genres de louage se subdi-
» visent encore en plusieurs espèces particulières :

» On appelle *bail à loyer*, le louage des maisons
» et celui des meubles ;

» *Bail à ferme*, celui des héritages ruraux ;

» *Loyer*, le louage du travail ou du service ;

» *Bail à cheptel*, celui des animaux dont le pro-
» fit se partage entre le propriétaire et celui à qui
» il les confie.

» Les *devis, marché* ou *prix fait*, pour l'entre-
» prise d'un ouvrage, moyennant un prix détermi-
» né, sont aussi un louage, lorsque la matière est
» fournie par celui pour qui l'ouvrage se fait.

» Ces trois dernières espèces ont des règles parti-
» culières. »

Lorsque la matière est fournie, etc. *Locatio est
quoties materia non alienatur.* L. 66, ff. de contrah. empt. *Si materia data sit ab eo qui locavit.*
L. 2, ff. hic.

L'observation en fut faite sur le premier projet
de cet article, qui ne faisait pas cette distinction au
sujet des devis et marchés.

Art. 1712. « Les baux des biens nationaux, des
» biens des communes et des établissemens publics,
» sont soumis à des réglemens particuliers. »

CHAPITRE II.

Du Louage des choses.

ART. 1713. « On peut louer toutes sortes de
» biens meubles ou immeubles. »

SECTION PREMIÈRE.

Des Règles communes aux Baux des Maisons et des Biens ruraux.

ART. 1714. « On peut louer ou par écrit, ou ver-
» balement. »

De quelque somme que soit le bail; et tel est
l'usage; mais *voyez* les deux articles suivans.

ART. 1715. « Si le bail fait sans écrit n'a encore
» reçu aucune exécution, et que l'une des parties
» le nie, la preuve ne peut être reçue par témoins,
» quelque modique qu'en soit le prix, et quoiqu'on
» allègue qu'il y a eu des arrhes données.

» Le serment peut seulement être déféré à celui
» qui nie le bail. »

Cet article contient une dérogation à la loi générale qui permet la preuve par témoins jusqu'à 150
liv. Il a été motivé par le désir de prévenir beaucoup de petits procès. »

ART. 1716. « Lorsqu'il y aura contestation sur le
» prix du bail verbal dont l'exécution a commencé,
» et qu'il n'existera point de quittance, le proprié-
» taire en sera cru sur son serment,

» Si mieux n'aime le locataire demander l'estima-
» tion par experts; auquel cas les frais de l'expertise
» restent à sa charge, si l'estimation excède le prix
» qu'il a déclaré. »

Dont l'exécution a commencé. Voilà ce qui fait
la différence de cet article avec le précédent.

On objecta que cet article était trop absolu, qu'il
valait mieux laisser aux juges la faculté de déférer
le serment à celui qu'ils croiraient le plus digne de
foi, d'ordonner l'expertise, ou d'arbitrer eux-mêmes. Mais on aima mieux établir une règle générale.

Art. 1717. « Le preneur a le droit de sous-louer,
» et même de céder son bail à un autre, si cette fa-
» culté ne lui a pas été interdite.

» Elle peut être interdite pour le tout ou partie.
» Cette clause est toujours de rigueur. »

Conforme à la loi 6, *Cod. hic.*

On objectera que le droit accordé au preneur de
sous-louer sans l'aveu du bailleur, blessait le droit
de propriété; qu'il pourrait tout au plus être accordé au locataire d'une maison, mais non d'un bien
rural.

On répondit que l'article 1729 mettait à couvert
le droit du propriétaire qui pouvait expulser le fermier et le sous-fermier, s'ils abusaient de la chose
louée : aussi la loi 27. *ff. de usufr.* met-elle cette
restriction à la faculté de subroger, *modó nec abu-
tatur*, le subrogé, *nec contumeliosè utatur.*

Art. 1718. « Les articles du titre du *contrat de*
» *mariage et des droits respectifs des époux*, re-

» latifs aux baux des biens des femmes mariées, sont
» applicables aux baux des biens des mineurs. »

Voyez les articles 1429 et 1430.

Art. 1719. « Le bailleur est obligé par la nature
» du contrat, et sans qu'il soit besoin d'aucune sti-
» pulation particulière,

» 1°. De délivrer au preneur la chose louée ;

» 2°. D'entretenir cette chose en état de servir à
» l'usage pour lequel elle a été louée ;

» D'en faire jouir paisiblement le preneur pen-
» dant la durée du bail. »

Art. 1720. « Le bailleur est tenu de délivrer la
» chose en bon état de réparations de toute espèce.

» Il doit y faire pendant la durée du bail toutes
» les réparations qui peuvent devenir nécessaires,
» autres que les locatives. »

Voyez les art. 1754, 1755 et 1756.

Art. 1721. « Il est dû garantie au preneur pour
» tous les vices ou défauts de la chose louée qui en
» empêchent l'usage, quand même le bailleur ne
» les aurait pas connus lors du bail.

» S'il résulte de ces vices ou défauts quelque perte
» pour le preneur, le bailleur est tenu de l'indem-
» niser. »

*Qui dolia vitiosa locavit, licet ignorans tene-
tur in id quod interest, sicut in venditis. L.* 19,
ff. *hic.* L. 6, §. 4, ff. *de act. empti.*

J'en prends occasion de remarquer que le louage
a les mêmes règles générales que la vente, et c'est
pour cela qu'on n'a pas mis ici beaucoup de décisions qu'on doit chercher sous le titre *de la vente :*

locatio conductio emptioni venditioni proxima,
iisdemque regulis juris consistit. L. 2, ff. *hìc.*

ART. 1722. « Si, pendant la durée du bail, la
» chose louée est détruite en totalité par cas fortuit,
» le bail est résilié de plein droit; si elle n'est dé-
» truite qu'en partie, le preneur peut, suivant les
» circonstances, demander ou une diminution du
» prix, ou la résiliation même du bail. Dans l'un
» et l'autre cas, il n'y a lieu à aucun dédomma-
» gement. »

Si domus exusta sit, locator frui non præs-
tabit..... Sed ejus temporis quo ædificium stetit,
merces erit præstanda. L. 1, §. 1. ff. *hìc.*

ART. 1723. « Le bailleur ne peut, pendant la du-
» rée du bail, changer la forme de la chose louée. »

Voyez les observations sur l'article 599.

ART. 1724. « Si, durant le bail, la chose louée a
» besoin de réparations urgentes et qui ne puis-
» sent être différées jusqu'à sa fin, le preneur doit
» les souffrir, quelque incommodité qu'elles lui cau-
» sent, et quoiqu'il soit privé, pendant qu'elles se
» font, d'une partie de la chose louée.

» Mais si ces réparations durent plus de quarante
» jours, le prix du bail sera diminué à proportion
» du tems et de la partie de la chose louée dont il
» aura été privé.

» Si les réparations sont de telle nature qu'elles
» rendent inhabitable ce qui est nécessaire au loge-
» ment du preneur et de sa famille, celui-ci pourra
» faire résilier le bail. »

La loi 30, ff. *hìc,* dit: *Dominus ædes demoliens,*

quamvis ex necessitate, mercedem amittit. **Mais
il faut que la démolition soit considérable,** *non tamen ex levi demolitione, si paulò minùs com-
modè colonus utatur.* **L. 27, hic.**

*Si sine necessitate, sec quia meliùs ædificare
vellet, tenetur quanti conductoris interest.* **L. 30.**

On sent bien que la fixation de quarante jours,
portés par notre article, est purement arbitraire.

ART. 1725. « Le bailleur n'est pas tenu de garan-
» tir le preneur du trouble que des tiers apportent
» par voie de fait à sa jouissance, sans prétendre
» d'ailleurs aucuns droits sur la chose louée, sauf
» au preneur à les poursuivre en son nom person-
» nel. »

ART. 1726. « Si, au contraire, le locataire ou le
» fermier ont été troublés dans leur jouissance, par
» suite d'une action concernant la propriété du fonds,
» ils ont droit à une diminution proportionnée sur
» le prix du bail à loyer ou à ferme, pourvu que le
» trouble et l'empêchement aient été dénoncés au
» propriétaire. »

Le bailleur est tenu de faire jouir le preneur de
la chose louée, et de le garantir de toute éviction,
comme le vendeur l'est vis-à-vis de l'acquéreur. Mais
cette obligation cesse, lorsque c'est par des vols ou
des violences particulières du fait des gens qui n'ont
pas de prétentions à la chose, que le preneur est
troublé.

Nous disons *de vol ou de violence particuliers*,
car s'il s'agissait de ravages causés par la guerre, le

preneur serait en droit de demander une diminution, comme on le verra à l'article 1773.

On avait cependant, dans le premier projet de cet
article, réservé une action au preneur pour demander *s'il y avait lieu* à un rabais pour les voies de
fait: mais cette addition fut retranchée, et l'article
expliqué dans la discussion de la manière que nous
venons de l'exposer.

La loi, 25, §. 4, ff. *hic*, décide que si le dommage causé par voies de fait a eu lieu, *propter ini-
mititias domini*, celui-ci en est tenu, et le preneur
a droit à une indemnité.

Il ne faut pas confondre, au reste, ces accidens
causés par des hommes, avec les cas fortuits de la
grêle, gelée, etc., dont il sera parlé plus bas.

ART. 1727. « Si ceux qui ont commis les voies de
» fait prétendent avoir quelque droit sur la chose
» louée, ou si le premier est lui-même cité en jus-
» tice pour se voir condamner au délaissement de la
» totalité ou de partie de cette chose, ou à souffrir
» l'exercice de quelque servitude, il doit appeler le
» bailleur en garantie, et doit être mis hors d'ins-
» tance, s'il l'exige, en nommant le bailleur pour
» lequel il possède. »

C'est une application de la règle générale en fait
de garantie formelle.

ART. 1728. « Le preneur est tenu de deux obliga-
» tions principales.

» 1°. D'user de la chose louée en bon père de fa-
» mille, et suivant la destination qui lui a été don-

» née par le bail, ou suivant celle présumée d'après
» les circonstances, à défaut de convention;

  2°. De payer le prix du bail aux termes convenus. »

ART. 1729. « Si le preneur emploie la chose louée
» à un autre usage que celui auquel elle a été des-
» tinée, ou dont il puisse résulter un dommage pour
» le bailleur, celui-ci peut, suivant les circonstan-
» ces, faire résilier le bail. »

M. Mouricault, Tribun, a cité pour exemple, dans
son rapport au Tribunat, le cas d'un locataire qui
établirait une forge dans une maison où il n'y en
avait pas, excepté qu'au moment du bail, le locataire n'exerçât le métier de forgeron.

ART. 1730. « S'il a été fait un état des lieux entre
» le bailleur et le preneur, celui-ci doit rendre la
» chose telle qu'il l'a reçue suivant cet état, excepté
» ce qui a péri ou a été dégradé par vétusté ou force
» majeure. »

ART. 1731. « S'il n'a pas été fait d'état des lieux,
» le preneur est présumé les avoir reçus en bon état
» de réparations locatives, et doit les rendre tels,
» sauf la preuve contraire. »

Locatives, le preneur n'en est tenu que de celles-là, et ce terme fut ajouté après discussion; cependant si c'était faute de faire les réparations locatives
que de grosses réparations fussent devenues nécessaires, le preneur serait tenu même de celles-ci.

ART. 1732. « Il répond des dégradations ou des
» pertes qui arrivent pendant sa jouissance, à moins
» qu'il ne prouve qu'elles ont eu lieu sans sa
» faute. »

Ab eo custodia talis desidératur, qualem dili-gentissimus pater-familias suis rebus adhibet. §. 7, *Instit. hic.*

Art. 1733. « Il répond de l'incendie, à moins
» qu'il ne prouve,

» Que l'incendie est arrivé par cas fortuit ou
» force majeure, ou par vice de construction,

» Ou que le feu a été communiqué par une mai-
» son voisine. »

La règle générale est que l'incendie est censé ar-river par la faute de ceux qui habitent la maison. *Plerumque incendia culpâ fiunt inhabitantium* L. 3, §. 1, ff. *de off. præf. vig.* C'est donc au loca-taire à prouver que l'incendie est arrivé par quel-que cause dont il ne doit pas répondre. Plusieurs arrêts dans *Catellan,* L. 5, chap. 3.

On objecta qu'il serait difficile au locataire de prouver cette autre cause. On répondit que des preuves de cette espèce se tirent des circonstances.

S'il a été convenu qu'il ne mettrait pas de paille ou de foin dans le bâtiment, ou qu'il n'y ferait pas de feu, et qu'il ait violé le pacte, il sera tenu de l'incendie qui arrive à ce sujet, même par cas for-tuit. *L. 11,* ff. *hic.*

Le locataire, ou le propriétaire qui habite sa mai-son, sont-ils tenus du dommage arrivé aux maisons voisines par suite de l'incendie de la leur, lorsqu'ils ne prouvent pas qu'il est arrivé sans leur faute? Boutaric, *Inst.*, p. 491, ne fait pas de doute sur l'affirmative; elle est, en effet, conforme aux règles générales.

Mais les propriétaires de ces maisons voisines ont-ils recours contre le propriétaire de la maison par laquelle l'incendie a commencé, lorsqu'elle était louée, et que le locataire est insolvable? Boutaric rapporte deux arrêts qui ont jugé la négative, *eòdem.*

ART. 1734. « S'il y a plusieurs locataires tous sont
» solidairement responsables de l'incendie,

» A moins qu'ils ne prouvent que l'incendie a
» commencé dans l'habitation de l'un deux, auquel
» cas celui-là seul en est tenu;

» Ou que quelques-uns ne prouvent que l'incen-
» die n'a pu commencer chez eux, auquel cas ceux-
» là n'en sont pas tenus. »

La disposition de cet article fut trouvée dure, et Pothier, *Louage*, n°. 193, est en effet d'un avis contraire; mais on représenta qu'on ne pouvait autrement conserver le recours du propriétaire, lequel cependant est constamment juste.

ART. 1735. « Le preneur est tenu des dégradations
» et des pertes qui arrivent par le fait des personnes
» de sa maison, ou de ses sous-locataires. »

Conforme à la loi 11, ff *hic.* Elle ajoute que le locataire répond aussi de ses hôtes, ce qui paraît juste, malgré un ancien arrêt de Paris, qui a jugé le contraire. *Voyez Rousseaud, incendie*, n°. 11; et sur toutes les questions relatives à l'incendie, le *Répertoire de Jurisprudence*, sur le même mot. L'article est de M. *Merlin*, et c'est tout dire.

ART. 1736. « Si le bail a été fait sans écrit, l'une

» des parties ne pourra donner congé à l'autre, qu'en
» observant les délais fixés par l'usage des lieux. «

Dans le premier projet de cet article, on avait dit
que s'il s'agissait d'une maison entière, le congé devrait être donné un an avant; s'il s'agissait d'un corps-
de-logis ou d'une boutique, six mois, et que pour
pour tous les autres appartemens, on suivrait l'u-
sage des lieux.

On observa que, puisque sur les cas les plus ordinaires, on était obligé de suivre l'usage des lieux,
autant valait-il s'y référer pour le tout; et qu'en effet le délai pour les congés ne pouvait être le même,
et devait nécessairement varier suivant les localités.

Art. 1737. « Le bail cesse de plein droit à l'expi-
» ration du terme fixé, lorsqu'il a été fait par écrit,
» sans qu'il soit nécessaire de donner congé. »

Art. 1738. « Si, à l'expiration des baux écrits, le
» preneur reste et est laissé en possession, il s'opère
» un nouveau bail, dont l'effet est réglé par l'article
» relatif aux locations faites sans écrit. »

Il s'agit ici de la tacite reconduction, dont il est
principalement question dans les lois 13 et 14, ff.
hic.

Il y a tacite reconduction, lorsque, *impleto tempore conductionis, colonus remansit...... taci-
turnitate utriusque partis...... hoc enim ipso
quod tacuerunt, consensisse videntur.* D. L. 13,
§. 11.

Les opinions furent cependant très-partagées sur
cette reconduction. On objecta que l'assemblée constituante l'avait proscrite par sa loi du 2 septembre

1791; qu'elle tournait au désavantage du propriétaire, qui, se fiant sur la fin du bail écrit, et ignorant les labeurs que le fermier donnait furtivement,
louait à un autre, et se trouvait ainsi lié envers les
deux; que l'obligation résultante de la tacite reconduction n'était pas même réciproque, et que le fermier dont les actes pouvaient la faire présumer, avait
la liberté de s'en aller, que cette reconduction occasionnait beaucoup de procès, pour savoir quels
actes pouvaient y donner lieu, sur-tout dans les pays
où le fermier sortant faisait les semences.

On répondit que le propriétaire devait veiller sur
la conduite du fermier sortant: que celui qui en-
trait avait assez d'intérêt de surveiller l'autre, dans
le cas de la négligence ou de l'absence du propriétaire; que si celui-ci n'avait pas fait de nouveau bail
à un autre, ou n'avait pas autrement pourvu à la
culture de son fonds, il était utile pour lui-même
que le fermier dont le bail était expiré la continuât;
que ce fermier demeurait alors obligé tacitement
envers le propriétaire, comme le propriétaire l'était
envers lui; que sans doute cela pouvait occasionner
des procès, mais que cette considération ne devait
pas empêcher de porter une loi utile; que les tribunaux distingueraient les actes furtifs du fermier,
d'avec ceux qui annonceraient l'intention commune
de proroger la ferme; qu'au surplus ce n'était pas
un nouveau bail, un bail égal au précédent qui était
censé fait, mais seulement une reconduction qui
devait avoir le terme d'un bail non écrit.

Ceux qui désapprouvaient l'article, insistèrent pour

que l'on fixât un délai après lequel il y aurait tacite
reconduction; mais cela fut laissé à l'arbitrage des
juges.

ART. 1739. « Lorsqu'il y a un congé signifié, le
» preneur, quoiqu'il ait continué sa jouissance, ne
» peut invoquer la tacite reconduction. »

ART. 1740. « Dans le cas des deux articles précé-
» dens, la caution donnée pour le bail ne s'étend pas
» aux obligations résultant de la promulgation. »

Conforme à la loi 13, §. 11, déjà citée. Mais elle
dit que l'hypothèque est censée renouvelée pour
l'exécution de la tacite reconduction *pignora re-
novantur*; ce qui doit s'entendre *de invectis et il-
latis*, et non d'une hypothèque donnée par le bail
sur les immeubles du fermier. *Rousseaud*, verbo
Bail, sect. 6, n° 3. Il dit aussi que la contrainte par
corps à laquelle le fermier se serait obligé par le
bail, n'a pas lieu pour la reconduction.

ART. 1741. « Le contrat de louage se résout par la
» perte de la chose louée, et par le défaut respectif
» du bailleur et du preneur de remplir leurs enga-
» gemens. »

C'est-à-dire que si le preneur ou le bailleur ne
remplissent point leurs engagemens, l'autre est en
droit de demander la résiliation de la ferme.

ART. 1742. « Le contrat de louage n'est point résolu
» par la mort du bailleur ni par celle du preneur. »

Conforme pour l'héritier du bailleur à la loi 32,
ff. *hic.*, et pour l'héritier du preneur, à la loi 10,
Cod. hic.

ART. 1743. « Si le bailleur vend la chose louée,

3.   25

» l'acquéreur ne peut expulser le fermier ou le lo-
» cataire qui a un bail authentique, ou dont la date
» est certaine, à moins qu'il ne se soit réservé ce
» droit par le contrat de bail. »

Cet article est une abrogation formelle de la loi
emptorem, 9, Cod. *hic.*, suivant laquelle le nouveau possesseur, à titre singulier, pouvait expulser
le fermier. La jurisprudence avait même ajouté à la
rigueur de la loi, car celle-ci exceptait le cas où le
nouveau possesseur avait acquis sous la condition
de maintenir le bail, *nisi eâ lege emit*; et les arrêts
décidaient que, même dans ce cas, il pouvait expulser le fermier, à la charge seulement de l'indemniser. *Pothier, Louage*, n°. 284. Ce qui était contraire à tous les principes.

On objecta cependant que cette abrogation de la
loi *emptorem* nuirait aux propriétaires et à leurs
créanciers. Car si, en affermant, le propriétaire réserve la faculté d'expulser le preneur en cas de vente,
il louera moins; s'il ne la réserve pas, l'acquéreur
qui se verra forcé de laisser jouir le fermier, donnera un moindre prix de la chose.

On répondit que l'acquéreur ne devait pas avoir plus
de droit que son vendeur; *nemo plus juris*, etc.;
que dans le fond même l'article ne rendait pas la
condition du propriétaire pire qu'elle ne l'était dans
la jurisprudence précédente; car s'il chargeait l'acquéreur d'entretenir le bail, il vendait moins; s'il
ne l'en chargeait pas, il prenait sur lui l'obligation
d'indemniser le locataire.

On demanda qu'on fît à notre article une exception pour les ventes judiciaires, parce que les créanciers hypothécaires perdraient par la diminution du prix de la chose. Mais cette observation fut écartée par la raison que l'hypothèque ne pouvait pas empêcher le débiteur de donner à bail, et que ce bail une fois fait, devait suivre les règles générales.

Dans cette discussion chacun s'est escrimé à accuser de subtilité les lois romaines, parce qu'elles distinguaient l'héritier du bailleur, qu'elles obligeaient d'entretenir le bail, d'avec l'acquéreur particulier qu'elles en déchargeaient, s'il n'avait acheté à condition d'entretenir. Mais, sans s'arrêter à la raison donnée par les jurisconsultes, il fallait examiner le fond même de la décision, et la question alors n'était pas si claire : presque tous les opinans ont convenu que notre article nuisait aux propriétaires ; on a seulement voulu favoriser les fermiers, et on a cru, par cela même, rendre un service à l'agriculture, empêcher la fréquence des ventes d'immeubles, et conserver les fortunes dans les familles. *Voyez* les discours de MM. *Moricault* et *Jaubert*, Tribuns, sur ce titre. Ces vues sont excellentes ; mais le moyen pris pour les remplir est du moins bien éloigné. M. *Montesquieu* dit que tout nouvel acquéreur se propose d'améliorer. La loi de l'assemblée constituante semblait avoir pris un juste milieu, et ménager tous les intérêts.

Art. 1744. « S'il a été convenu, lors du bail, qu'en
» cas de vente, l'acquéreur pourrait expulser le fer-
» mier ou locataire, et qu'il n'ait été fait aucune sti-
» pulation sur les dommages et intérêts, le bailleur

» est tenu d'indemniser le fermier ou le locataire de
» la manière suivante. »

ART. 1745. «S'il s'agit d'une maison, appartement
» ou boutique, le bailleur paie, à titre de dommages
» et intérêts, au locataire évincé, une somme égale
» au prix du loyer pendant le tems qui, suivant l'u-
» sage des lieux, est accordé entre le congé et la
» sortie. »

ART 1746. « S'il s'agit de biens ruraux, l'indem-
» nité que le bailleur doit payer au fermier est du
» tiers du prix du bail pour tout le tems qui reste
» à courir. »

ART. 1747. « L'indemnité se réglera par experts,
» s'il s'agit de manufactures, usines, ou autres éta-
» blissemens qui exigent de grandes avances. »

Ces articles n'ont donné lieu à aucune discussion,
et sont fondés sur l'exacte justice.

ART. 1748. « L'acquéreur qui veut user de la fa-
» culté réservée par le bail d'expulser le fermier ou
» locataire, en cas de vente, est en outre tenu d'a-
» vertir le locataire au tems d'avance usité dans le
» lieu pour les congés.

Il doit aussi avertir le fermier de biens ruraux au
moins un an à l'avance.

ART. 1749. « Les fermiers ou les locataires ne peu-
» vent être expulsés qu'ils ne soient payés par le bail-
» leur, ou, à son défaut, par le nouvel acquéreur,
» des dommages et intérêts ci-dessus expliqués. »

Tout cela est conforme aux règles générales et à
l'équité.

ART. 1750. « Si le bail n'est pas fait par acte au-

» thentique, ou n'a point de date certaine, l'acqué-
» reur n'est tenu d'aucuns dommages et intérêts. »

Quelqu'un demanda pourquoi le bail sous seing-
privé n'aurait pas le même effet que le bail authentique : on répondit que ce serait faciliter les fraudes ;
qu'au surplus le bail privé conserve toute sa force
entre le bailleur et le preneur. Enfin le bail privé,
n'ayant de date que du jour de son enregistrement,
se trouverait postérieur au contrat de l'acheteur.

ART. 1751. « L'acquéreur à pacte de rachat ne
» peut user de la faculté d'expulser le preneur jus-
» qu'à ce que, par l'expiration du délai fixé pour
» le réméré, il devienne propriétaire incommu-
» table. »

Telle était aussi la jurisprudence. Plusieurs arrêts cités par Rousseaud. *Bail*, sect. 1, n°. 5.

SECTION II.

Des règles particulières aux Baux à loyer.

ART. 1752. « Le locataire qui ne garnit pas la
» maison de meubles suffisans, peut être expulsé,
» à moins qu'il ne donne des sûretés capables de ré-
» pondre du loyer. »

De meubles suffisans, pour répondre du loyer.

ART. 1753. « Le sous-locataire n'est tenu envers
» le propriétaire que jusqu'à concurrence du prix
» de sa sous-location dont il peut être débiteur au
» moment de la saisie, et sans qu'il puisse opposer
» des paiemens faits par anticipation.

» Les paiemens faits par le sous-locataire, soit en

» vertu d'une stipulation portée en son bail, soit en
» conséquence de l'usage des lieux, ne sont pas ré=
» putés faits par anticipation. »

Le principe de cet article se trouve dans la loi 11,
§. 1, ff. *de pign. act.* Elle dit que les meubles du
sous-locataire sont tacitement engagés envers le
propriétaire, *pro eâ summâ in quam a conduc-
tore locavit.* Mais dans l'usage, on acceptait le cas
où le sous-locataire avait payé le preneur principal.

Cet usage fut attaqué : on dit que les meubles
des sous-locataires devaient indistinctement répondre de tout loyer, soit qu'ils alléguassent avoir payé
ou non le locataire principal, sans quoi le propriétaire se trouverait en perte; et en effet, s'il prétendait que le locataire principal n'avait pas garni la
maison de meubles suffisans, celui-ci répondrait
qu'elle l'était par les meubles des sous-locataires ;
et si le propriétaire s'adressait à ceux-ci, ils pourraient dire qu'ils avaient payé le locataire principal ;
qu'il fallait donc une règle à ce sujet, et que la plus
juste était que les meubles des sous-locataires ré-
pondissent du loyer total, mais à concurrence seulement de ce que chacun d'eux occupait.

On répondit que les sous-locataires ne devaient
pas non plus être en perte, et obligés à payer le
propriétaire, après s'être acquittés envers le locataire principal.

Toutes ces considérations obligèrent à prendre
le parti moyen suivi par notre article, d'autant mieux
qu'il ne pouvait guère être question que d'un seul
terme, parce qu'ordinairement on n'en laisse pas

accumuler plusieurs, et que le sous-locataire, avant
de payer le locataire principal, peut s'assurer si le
propriétaire est payé.

ART. 1754. « Les réparations locatives ou de me-
» nu entretien dont le locataire est tenu, s'il n'y a
» clause contraire, sont celles désignées comme tel-
» les par l'usage des lieux, et, entre autres, les ré-
» parations à faire,

» Aux âtres, contre-cœurs, chambranles, et ta-
» blettes des cheminées ;

» Au recrépiment du bas des murailles des ap-
» partemens et autres lieux d'habitation, à la hau-
» teur d'un mètre ;

» Aux pavés et carreaux des chambres, lorsqu'il
» y en a seulement quelques-uns de cassés ;

» Aux vitres, à moins qu'elles ne soient cassées
» par la grêle, ou autres accidens extraordinaires
» et de force majeure, dont le locataire ne peut être
» tenu ;

» Aux portes, croisées, planches de cloison ou
» de fermeture de boutiques, gonds, targettes et
» serrures. »

Et entr'autres. Ces mots furent ajoutés par la
considération qu'il était presqu'impossible de fixer
tout ce qui est réparation locative, dans les divers
usages de lieux, et qu'il était cependant utile de déterminer celles qui devaient l'être par-tout, pour
éviter autant qu'on le pouvait des expertises et des
procès. Pour savoir quelles sont les réparations locatives, *voyez les Lois des Bâtimens*, part. 2, sur
l'art. 172 de la Coutume de Paris, n°. 10.

ART. 1755. « Aucune des réparations réputées lo-
» catives n'est à la charge des locataires, quand
» elles ne sont occasionnées que par vétusté ou force
» majeure. »

ART. 1756. « Le curement des puits et celui des
» fosses d'aisance sont à la charge du bailleur, s'il
» n'y a clause contraire. »

Le tribunal de cassation observa sur cet article
du projet, que l'entretien des cordes et des sceaux
des puits était une réparation locative.

ART. 1757. « Le bail des meubles fournis pour
» garnir une maison entière, un corps-de-logis
» entier, une boutique, ou tous autres apparte-
» mens, est censé fait pour la durée ordinaire des
» baux de maisons, corps-de-logis, boutiques
» ou autres appartemens, selon l'usage des lieux. »

ART. 1758. « Le bail d'un appartement meublé
» est censé fait à l'année, quand il a été fait à tant
» par an;

» Au mois, quand il a été fait à tant par mois;
» Au jour, s'il a été fait à tant par jour.
» Si rien ne constate que le bail soit fait à tant
» par an, par mois ou par jour, la location est cen-
» sée faite suivant l'usage des lieux. »

La dernière partie de cet article portait dans le
projet, *si aucun écrit ne constate que le bail soit
fait à tant par an, par mois ou par jour, la
location est censée faite pour un mois.*

On observa que cette fixation à un mois chan-
geait l'usage actuel de considérer les appartemens

garnis, comme loués pour quinze jours, et qu'il valait mieux renvoyer à l'usage des lieux.

On convint que l'article embrassait deux cas, celui où les parties paraissaient avoir déterminé le tems de la location, en la faisant à tant par an, par mois ou par jour, et celui où elles n'en avaient pas ainsi convenu; que c'était ce dernier cas seul qu'il fallait abandonner à l'usage.

ART. 1759. « Si le locataire d'une maison ou d'un » appartement continue sa jouissance après l'expi- » ration du bail par écrit, sans opposition de la » part du bailleur, il sera censé les occuper aux » mêmes conditions pour le terme fixé par l'usage » des lieux, et ne pourra plus en sortir ni en être ex- » pulsé qu'après un congé donné suivant le délai fixé » par l'usage des lieux.

Voyez l'art. 1736.

ART. 1760. « En cas de résiliation par la faute » du locataire, celui-ci est tenu de payer le prix » du bail pendant le tems nécessaire à la reloca- » tion, sans préjudice des dommages et intérêts » qui ont pu résulter de l'abus. »

Par la faute du locataire, s'il ne paie pas, s'il ne garnit pas suffisamment, s'il abuse de la chose louée.

ART. 1761. « Le bailleur ne peut résoudre la lo- » cation, encore qu'il déclare vouloir occuper par » lui-même la maison louée, s'il n'y a eu conven- » tion contraire. »

Abrogation de la loi *Æde 3, Cod. de loc. cond.,* laquelle jusque-là avait été généralement observée;

mais elle occasionnait beaucoup de procès, et il est rare que le propriétaire ne puisse trouver à se loger ailleurs.

Art. 1762 « S'il a été convenu, dans le contrat » de louage, que le bailleur pourrait venir occuper » la maison, il est tenu de signifier d'avance un » congé aux époques déterminées par l'usage des » lieux. »

On avait mis dans le projet de l'article : *N'est tenu que de signifier*, etc. On observa que l'on pourrait en induire que le bailleur, après le congé, pourrait louer à un tiers.

Il fut répondu que cela signifiait seulement que le bailleur ne devait pas de dommages intérêts; qu'au surplus, la fraude pourrait toujours être prouvée et punie. Cependant, pour lever toute équivoque, on convint de dire simplement, *il est tenu de signifier.*

Section III.

Des Règles particulières aux Baux à ferme.

Art. 1763. « Celui qui cultive, sous la condition » d'un partage de fruit avec le bailleur, ne peut ni » sous-louer, ni céder, si la faculté ne lui en a été » expressément accordée par le bail. »

Art. 1764. « En cas de contravention, le pro- » priétaire a droit de rentrer en jouissance, et le » preneur est condamné aux dommages-intérêts ré- » sultant de l'inexécution du bail. »

L'usage de donner à cultiver ses fonds sous la

condition d'un partage de fruits, est presque général dans les pays méridionaux de la France; et comme
le partage se fait communément par moitié, le colon s'appelle métayer. Les économistes prétendent
que les fermes valent beaucoup mieux, et je crois
que cela est vrai pour les pays de plaine, où les
travaux se font à la charrue; mais que cela est
très-faux pour les pays montagneux et coupés, où
l'on est obligé de cultiver à force de bras ; de sorte
qu'ils accusent seulement la stérélité naturelle de
notre sol.

ART. 1765. « Si, dans un bail à ferme, on donne
» aux fonds une contenance moindre ou plus grande
» que celle qu'ils ont réellement, il n'y a lieu à aug-
» mentation ou diminution de prix pour le fer-
» mier, que dans les cas et suivant les règles expri-
» més au titre *de la Vente*. »

ART. 1766. « Si le preneur d'un héritage rural
» ne le garnit pas des bestiaux et des ustensiles né-
» cessaires à son exploitation, s'il abandonne la cul-
» ture, s'il ne cultive pas en bon père de famille,
» s'il emploie la chose louée à un autre usage que
» celui auquel elle a été destinée, ou, en général,
» s'il n'exécute pas les clauses du bail, et qu'il en
» résulte un dommage pour le bailleur, celui-ci
» peut, suivant les circonstances, faire résilier le
» bail.

En cas de résiliation provenant du fait du pre-
» neur, celui-ci est tenu des dommages et intérêts,
» ainsi qu'il est dit en l'article 1764. »

On a rassemblé ici les différentes causes pour

lesquelles le bail à ferme peut être résilié. Elles sont toutes conformes à l'équité et à la disposition des lois 4 , 11 , S. 2 , 24 , 54 et 55 , ff. *loc. cond.* et 3 , *Cod. de loc.*

ART. 1767. « Tout preneur de bien rural est tenu » d'engranger dans les lieux à ce destinés d'après » le bail. »

C'est pour empêcher le preneur d'enlever frauduleusement au bailleur son gage.

ART. 1768. « Le preneur d'un bien rural est tenu » sous peine de tous dépens, dommages et intérêts » » d'avertir le propriétaire des usurpations qui peu- » vent être commises sur les fonds.

» Cet avertissement doit être donné dans le même » délai que celui qui est réglé en cas d'assignation, » suivant la distance des lieux. »

L'article 614 impose une pareille obligation à l'usufruitier; mais le délai n'y est pas exprimé : celui porté par cet article, pourra bien paraître un peu court, sur-tout pour les fermes étendues; mais il faut cependant que le propriétaire soit averti assez promptement pour pouvoir exercer l'action possessoire.

ART. 1769. « Si le bail est fait pour plusieurs an- » nées, et que pendant la durée du bail la totalité » ou la moitié d'une récolte au moins soit enlevée » par des cas fortuits, le fermier peut demander » une remise du prix de sa location, à moins qu'il » ne soit indemnisé par les récoltes précédentes.

» S'il n'est pas indemnisé, l'estimation de la re- » mise ne peut avoir lieu qu'à la fin du bail, au-

» quel tems il se fait une compensation de toutes
» les années de jouissance.

» Et cependant le juge peut provisoirement dis-
» penser le preneur de payer une partie du prix,
» en raison de la perte soufferte. »

Pour plusieurs années. Ultrà biennium, dit
Godefroi, sur la loi 8, *Cod. hìc.*

*La moitié au moins. Si plus quàm tolerabile
est, læsi fuerint fructus..... Alioquin modicum
damnum æquo animo ferre debet colonus.* L. 25,
§. 6, ff. *hìc.*

*A moins qu'il ne soit indemnisé. Nihil obest
domino, si sequentibus annis contigit ubertas.*
L. 15, §. 6, ff. *hìc.*

Et cependant le juge peut, etc. C'était aussi l'u-
sage attesté par Legrand sur Troyes, article 202,
gl. 1, n°. 29.

ART. 1770. « Si le bail n'est que d'une année, et
» que la perte soit de la totalité des fruits, ou au
» moins de la moitié, le preneur sera déchargé d'une
» partie proportionnelle du prix de la location.

» Il ne pourra prétendre aucune remise, si la
» perte est moindre de moitié. »

Voyez l'observation sur l'article précédent.

ART. 1771. « Le fermier ne peut obtenir de re-
» mise lorsque la perte des fruits arrive après qu'ils
» sont séparés de la terre, à moins que le bail ne
» donne au propriétaire une quotité de la récolte
» en nature : auquel cas le propriétaire doit sup-
» porter sa part de la perte, pourvu que le pre-

» tteur ne fût pas en demeure de lui délivrer sa
» portion de récolte.

» Le fermier ne peut également demander une
» remise , lorsque la cause du dommage était exis-
» tante et connue à l'époque où le bail a été passé »

Si le cas fortuit arrive après que les fruits sont
séparés de la terre, ils sont aux risques du fermier; mais si c'est un colon partiaire, *quasi so-
ciatis jure, damnum et lucrum cum domino
partitur.* L. 25 , S. 6 , ff. *hic.*

Je crois que le colon partiaire serait encore seul
tenu du dommage, s'il était en demeure de retirer les fruits.

ART. 1772. « Le preneur peut être chargé des
» cas fortuits par une stipulation expresse. »

Modò specialiter casus expressi sint. L. 8 ,
Cod. *hic.*

ART. 1773. « Cette stipulation ne s'entend que des
» cas fortuits ordinaires, tels que grêle, feu du ciel,
» gelée ou coulure.

» Elles ne s'entend point des cas fortuits extraor-
» dinaires, tels que les ravages de la guerre, ou
» une inondation, auxquels le pays n'est pas ordi-
» nairement sujet, à moins que le preneur n'ait
» été chargé de tous les cas fortuits prévus ou im-
» prévus. »

Conforme à loi 78, S. *ult.* ff. *de contrah.empt.*
et à la jurisprudence. *Voyez* Rousseaud, *Bail ,*
sect. 8, n°. 6; Pothier, *Louage ,* n°. 178.

ART. 1774. « Le bail, sans écrit, d'un fonds ru-
» ral, est censé fait pour le tems qui est nécessaire ,

» afin que le preneur recueille tous les fruits de
» l'héritage affermé.

. » Ainsi, le bail à ferme d'un pré, d'une vigne, et
» de tout autre fonds, dont les fruits se recueillent
» en entier dans le cours de l'année, est censé fait
» pour un an.

» Le bail des terres labourables, lorsqu'elles se
» divisent par soles ou saisons, est censé fait pour
» autant d'années qu'il y a de soles. »

On avait ajouté au projet de cet article, que le
bail d'un bois taillis, lors même qu'il se partage en
plusieurs coupes, n'est censé fait que pour une
coupe.

Le tribunal de Rennes avait proposé, au contraire, de dire que dans ce cas, le bail était censé fait
pour l'exploitation successive des coupes.

On observa qu'en Bretagne, il se trouvait presque toujours des taillis dans les biens affermés, et
que l'usage était que le fermier fît les coupes qui
tombaient, chaque année, dans la durée de son
bail.

Il fut convenu de supprimer l'addition, pour ne
pas choquer les usages.

Mais s'il n'y avait pas d'usage établi, *quid juris ?*
Je crois que si le bois taillis fait partie d'une terre
affermée, il faut sans contredit suivre l'usage de
Bretagne, et que le fermier ne peut faire que les
coupes qui échoient durant son bail ; mais si le bail
ne comprend que le bois taillis, il est censé fait pour
toutes les coupes, à moins que les circonstances ne
prouvent une intention contraire ; autrement, ce

ne serait pas un bail, mais une vente de la coupe à faire cette année-là.

Art. 1775. « Le bail des héritages ruraux, quoi» que fait sans écrit, cesse de plein droit à l'expi» ration du tems pour lequel il est censé fait, selon » l'article précédent. »

C'est-à-dire qu'il n'est pas nécessaire de donner congé, comme dans les loyers de maisons. *Voyez* l'art. 1736.

Art. 1776. « Si, à l'expiration des baux ruraux » écrits, le preneur reste et est laissé en possession, » il s'opère un nouveau bail dont l'effet est réglé par » l'article 1774. »

Ceci est contraire à la loi 13, §. 11, ff. *hic*, qui ne faisait durer qu'un an la tacite reconduction. Mais elle n'était pas observée pour les héritages à plusieurs soles. *Legrand* sur *Troyes*, art. 81, gl. 4. Pothier, *Louage*, n°. 360.

Art. 1777. « Le fermier sortant doit laisser à ce» lui qui lui succède dans la culture, les logemens » convenables et autres facilités pour les travaux de » l'année suivante; et réciproquement, le fermier » entrant droit procurer à celui qui sort, les loge» mens convenables et autres facilités pour la con» sommation des fourrages, et pour les récoltes res» tant à faire. »

» Dans l'un et l'autre cas, on doit se conformer à » l'usage des lieux. »

Art. 1778. « Le fermier sortant doit aussi laisser » les pailles et engrais de l'année, s'il les a reçus » lors de son entrée en jouissance; et quand même

» il ne les aurait pas reçus, le propriétaire pourra
» les retenir suivant l'estimation. »

L'utilité de la dernière partie de cet article est trop
sensible, pour avoir besoin d'explication.

~~~~~~

CHAPITRE III.

Du louage d'ouvrage et d'industrie.

ART. 1779. «IL y a trois espèces principales de
» louage d'ouvrage et d'industrie :
  » 1°. Le louage des gens de travail qui s'engagent
» au service de quelqu'un ;
  » 2°. Celui des voituriers, tant par terre que par
» eau, qui se chargent du transport des personnes
» ou des marchandises ;
  » 3°. Celui des entrepreneurs d'ouvrages par suite
» de devis ou marchés. »

SECTION PREMIÈRE.

Du louage des Domestiques et Ouvriers.

ART. 1780. « On ne peut engager ses services qu'à
» tems, ou pour une entreprise déterminée. »

Et non pour toute sa vie, car alors on serait une
espèce d'esclave. Mais on peut s'engager pour une
entreprise, quoiqu'il soit impossible d'en fixer la
durée, et cela fut observé ici.

Quoique le domestique se soit loué pour un tems
fixe, on ne peut pas l'obliger à rester chez son maître jusqu'au terme convenu ; cela blesserait encore

3.   26

la liberté; mais il doit être condamné aux domma-ges-intérêts résultant de l'inexécution de sa pro-messe. Arrêt de Paris, du 11 avril 1739. Rapport de M. *Mouricault* au Tribunat.

ART. 1781. « Le maître est cru sur son affirma-» tion ;

» Pour la quotité des gages ;

» Pour le paiement du salaire de l'année échue,

» Et pour les à-comptes donnés pour l'année cou-» rante. »

Il fut convenu que cet article ne disposait qu'en-tre l'entrepreneur et son ouvrier, le maître et son domestique, et non entre le propriétaire et l'ou-vrier qu'il emploie, tel qu'un maçon, un couvreur. Cependant je crois qu'il faut distinguer entre un ouvrage donné à l'entreprise, à prix fait, et celui que le propriétaire fait faire à la journée; dans le premier cas, le maître ne doit pas être cru, mais bien dans le second.

On demanda si le domestique ou ouvrier pouvait être reçu à prouver par témoins que le maître avait convenu lui devoir tant, et si, malgré l'offre de cette preuve, l'affirmation devait être déférée au maître.

On répondit que l'offre de preuve ne devait pas être reçue, parce que les ouvriers et domestiques se serviraient de témoins entre eux.

SECTION II.

Des Voituriers par terre et par eau.

Il faut voir le titre du ff. *Nautæ, caupones, sta-bularii ut recepta restituant.*

Art. 1782. « Les voituriers par terre et par eau
» sont assujétis, pour la garde et la conservation des
» choses qui leur sont confiées, aux mêmes obliga-
» tions que les aubergistes, dont il est parlé au titre
» *du dépôt et du séquestre.*

Art. 1783 « Ils répondent non-seulement de ce
» qu'ils ont déjà reçu dans leur bâtiment ou voi-
» ture, mais encore de ce qui leur a été remis sur
» le port ou dans l'entrepôt, pour être placé dans
» leur bâtiment ou voiture. »

Le voiturier ne répond pas de la perte ou du dommage arrivés hors de la voiture ou du vaisseau. *Præ-
terquam si jam in littore perierint res quas se-
mel recepit.* L. 3, ff., *nautæ, caup.*

Art. 1784. « Ils sont responsables de la perte et
» des avaries des choses qui leur sont confiées, à
» moins qu'ils ne prouvent qu'elles ont été perdues
» et avariées par cas fortuit, ou force majeure. »

*Nauta, caupo, stabularius, custodiæ nomine
tenentur, quamvis mercedem non accipiant pro
custodiâ. L. 5, eòd. Non tamen si naufragio, vi
piratorum, vi majore; vel alio fato, sine culpâ,
res perierint. L. 3, eòd.*

Art. 1785. « Les entrepreneurs de voitures pu-
» bliques par terre et par eau, et ceux des roulages
» publiques, doivent tenir registre de l'argent, des
» effets et des paquets dont ils se chargent. »

Cela était déjà ordonné par divers arrêts, rapportés par *Rousseaud* verbo *Coche.*

Art. 1786. « Les entrepreneurs et directeurs de
» voitures et roulages publics, les maîtres de bar-
» ques et navires, sont en outre assujétis à des ré-

» glemens particuliers, qui font la loi entr'eux et
» les autres citoyens. »

Les articles précédens donnèrent lieu à diverses
questions. On demanda, 1°. si le voiturier devait répondre des effets remis à des tiers, ou à un entrepôt,
pour les lui livrer.

On répondit que si le tiers n'était pas le facteur
du voiturier, celui-ci n'en répondait pas. Quant à
l'entrepôt, s'il est établi par le voiturier, il doit en
répondre; s'il est seulement associé de l'entrepreneur, ils en répondent tous les deux.

2°. Les voituriers employés par un entrepreneur,
répondent-ils des paquets non enregistrés qui leur
sont confiés? L'entrepreneur en est-il responsable
dans le même cas?

Beaucoup de divagations à ce sujet. Cependant,
de la discussion il paraît résulter que le voiturier qui
a reçu les effets non enregistrés, en est toujours tenu, mais que l'entrepreneur ne l'est point, à moins
qu'il ne tînt pas de registre, auquel cas il serait déjà
en faute, et demeurerait responsable avec le voiturier; que si l'entrepreneur avait des registres, et
qu'il eût omis d'y inscrire des effets qu'on prouve-
rait avoir été remis à l'entrepôt, il en serait encore
tenu: s'il avait donné un reçu, la chose serait bien
plus certaine; mais, quoiqu'il n'y ait ni reçu, ni enregistrement, on dit que les juges pouvaient, suivant les circonstances et l'état des personnes, admettre la preuve, comme il est décidé au titre *du
Dépôt*.

3°. L'entrepreneur ou le voiturier sont-ils tenus de

la perte des paquets qu'il est permis aux voyageurs de porter, sans payer de port?

On parut croire que l'entrepreneur n'en était pas tenu, mais le voiturier pourrait l'être.

Section III.

Des devis et des marchés.

Art. 1787. « Lorsqu'on charge quelqu'un de faire
» un ouvrage, on peut convenir qu'il fournira seu-
» lement son travail ou son industrie, ou bien qu'il
» fournira aussi la matière. »

On avait ajouté dans le projet : *dans le premier cas, c'est un louage ; dans le second, c'est une vente d'une chose une fois faite*, et cela était exact. Les articles suivans sont même basés sur cette distinction. *Locatio est quoties materia data est artifici. L. 2, ff. loc. cond., et 66, ff. de contrah. empt.*

Art. 1788. « Si dans le cas où l'ouvrier fournit la
» matière, la chose vient à périr de quelque ma-
» nière que ce soit, avant d'être livrée, la perte en
» est pour l'ouvrier, à moins que le maître ne fût
» en demeure de recevoir la chose. »

C'est parce que dans ce cas, c'est une vente.

Art. 1789. « Dans le cas où l'ouvrier fournit seu-
» lement son travail ou son industrie, si la chose
» vient à périr, l'ouvrier n'est tenu que de sa faute.»

Parce que c'est un louage. L'article au surplus est conforme au §. 5, *Inst. de locat. et cond.*

La loi du 13, §. 6, ff. *locati* décide que si j'ai

donné des étoffes à teindre, et que les rats les gâtent chez le teinturier, il doit payer le dommage, *quia debuit ab hâc re cavere.*

Art. 1790. « Si, dans le cas de l'article précédent,
» la chose vient à périr, quoique sans aucune faute
» de la part de l'ouvrier, avant que l'ouvrage ait été
» reçu, et sans que le maître fût en demeure
» de le vérifier, l'ouvrier n'a point de salaire à ré-
» clamer, à moins que la chose n'ait péri par le vice
» de la matière. »

Art. 1791. « S'il s'agit d'un ouvrage à plusieurs
» pièces ou à la mesure, la vérification peut s'en
» faire par parties ; elle est censée faite pour toutes
» les parties payées, si le maître paie l'ouvrier en
» proportion de l'ouvrage fait. »

Opus quod aversione locatum est, donec ap-
probetur, conductoris periculum est............ vel
quatenùs admensum non sit, si in pedes men-
surasve præstetur......, nisi per dominum steterit
quominùs approbetur. L. 36, ff. *locati.*

Art. 1792. « Si l'édifice construit à prix fait périt
» en tout ou en partie par le vice de la construc-
» tion, même par le vice du sol, les architectes ou
» entrepreneurs en sont responsables pendant dix
» ans. »

Quod operis vitio accidit, operarii detrimen-
tum est. L. ult. ff. *locati.*

Quant au vice du sol, cela fut ajouté, parce que l'architecte devait le connaître, et ne pas bâtir, quand même le propriétaire serait assez imprudent pour le vouloir, après que l'architecte l'aurait averti.

Nous avions proposé d'ajouter, *à moins qu'il ne prouve avoir fait au maître les représentations convenables pour le dissuader de bâtir;* cette addition fut avec raison rejetée.

On opposa que cet article paraissait en contradiction avec le 1790, qui suppose que dès que l'ouvrage est reçu, sa perte est pour le propriétaire; mais on répondit que l'article 1790 établissait une règle générale, et que celui-ci était uniquement pour l'architecte : que la vérification de la maison une fois bâtie, avait seulement pour but de savoir si elle était faite suivant les règles de l'art; que cette vérification autorisait l'architecte à se faire payer; mais qu'elle ne le dispensait pas de la garantie de la solidité, dont on ne pouvait guère s'assurer que par l'épreuve du tems.

A l'égard du délai de cette épreuve, on a suivi l'usage le plus commun.

ART. 1793. « Lorsqu'un architecte ou un entre-
» preneur s'est chargé de la construction à forfait
» d'un bâtiment, d'après un plan arrêté et convenu
» avec le propriétaire du sol, il ne peut demander
» aucune augmentation de prix, ni sous le prétexte
» d'augmentation de la main-d'œuvre ou des maté-
» riaux, ni sous celui de changemens ou d'augmen-
» tations faits sur ce plan, si ces changemens ou
» augmentations n'ont pas été autorisés par écrit
» et le prix convenu avec le propriétaire. »

Cet article a pour objet de prévenir une manœu-
vre assez ordinaire aux architectes des grandes vil-
les : ils suggéraient au propriétaire l'idée de faire

quelques changemens au plan adopté; ils prétendaient ensuite que le devis était annullé, et l'entraî-
naient dans des dépenses qu'il n'avait pu prévoir,
et qui causaient sa ruine.

ART. 1794. « Le maître peut résilier, par sa seule
» volonté, le marché à forfait, quoique l'ouvrage
» soit déjà commencé, en dédommageant l'entre-
» preneur de toutes ses dépenses, de tous ses tra-
» vaux, et de tout ce qu'il aurait pu gagner dans
» cette entreprise. »

Et de tout ce qu'il aurait pu gagner. Cette addition est un peu dure pour le propriétaire que
l'architecte aura souvent engagé dans une dépense
au-dessus de ses forces. On sait, en effet, que pour
le déterminer à construire, l'architecte cherche toujours à lui persuader que la dépense sera modique.
Les juges appliqueront sans doute cet article avec
modération.

ART. 1795. « Le contrat de louage d'ouvrage est
» dissous par la mort de l'ouvrier, de l'architecte
» ou entrepreneur. »

Cet article est fondé sur le motif que c'est la confiance en tel artiste qui nous détermine à le charger de l'ouvrage, et que cette confiance ne passe pas
à ses héritiers.

On objecta que Pothier distinguait le cas où l'on
avait convenu en général d'un ouvrage à tel prix,
d'avec celui où le marché était déterminé par les
talens d'un artiste, d'un peintre, par exemple; que
dans le second cas, il annullait le contrat, mais non
dans le premier. *Voyez* Pothier, *Louage*, n.º 453

et suiv. Mais cette distinction fut rejetée, comme ne portant que sur des cas très-rares, et pouvant occasionner des procès. Si le propriétaire a confiance dans les héritiers de l'artiste, ou dans un autre artiste qu'ils lui proposeraient, il acceptera sans doute; mais c'est une affaire de volonté.

On supposa le cas d'un ouvrier qui se serait chargé d'entretenir pour plusieurs années, un bâtiment en bon état, à tant par an, et qui décède avant la fin du bail, sans que le bâtiment ait eu besoin de réparations. Le bail sera-t-il dissous ? On ne répondit pas directement à cette question; mais il est certain que le bail serait dissous en vertu de l'article, quoique le maître y perdît. Et en effet, l'ouvrier, aura reçu gratuitement son paiement pendant quelques années.

ART. 1796. « Mais le propriétaire est tenu de payer
» en proportion du prix porté par la convention, à
» leur succession, la valeur des ouvrages faits et
» celle des matériaux préparés, lors seulement que
» ces travaux ou ces matériaux peuvent lui être
» utiles. »

ART. 1797. « L'entrepreneur répond du fait des personnes qu'il emploie. »

ART. 1798. « Les maçons, charpentiers, et autres
» ouvriers qui ont été employés à la construction
» d'un bâtiment ou d'autres ouvrages faits à l'en-
» treprise, n'ont d'action contre celui pour lequel
» les ouvrages ont été faits, que jusqu'à concurrence
» de ce dont il se trouve débiteur envers l'entrepre-
» neur, au moment où leur action est intentée. »

C'est que le propriétaire n'a pas contracté avec eux.

ART. 1799. « Les maçons, charpentiers, serru-
» riers, et autres ouvriers qui font directement des
» marchés à prix fait, sont astreints aux règles pres-
» crites dans la présente section ; ils sont entre-
» preneurs dans la partie qu'ils traitent. »

Il arrive souvent qu'un ouvrier s'engage à faire
une chose dans tel délai, et qu'il ne remplit pas son
obligation ; les lois romaines avaient donné des règles pour ce cas.

D'abord, si la chose pouvait moralement être
faite dans le délai fixé, l'ouvrier était tenu des dommages-intérêts du maître ; mais si elle était moralement impossible, la loi 58, §. 1, *locati* dit : *Vir
bonus æstimabit ut operarius eo spatio absolve-
retur, sine quo fieri non possit*

Si le maître laisse faire l'ouvrage après le tems
dit, l'ouvrier est déchargé. L. 137, §. 3, ff. *de ver-
bor. oblig.*

Je loue un ouvrier à l'année, au mois pour me
faire tel ouvrage, et je le laisse manquer de matériaux, je dois le payer tout de même. L. 38, ff.
locati. Mais non pour le tems qu'il aura travaillé
pour autrui. *Modò eodem anno ab alio non ac-
ceperit.* L. 19, §. 8, *eòd.*

CHAPITRE IV.

Du Bail à cheptel.

Section première.

Dispositions générales,

Art. 1800. « Le bail à cheptel est un contrat par
» lequel l'une des parties donne à l'autre un fonds
» de bétail pour le garder, le nourrir et le soigner,
» sous les conditions convenues entre elles. »

Il y a deux coutumes, celles de Nivernais et de
Berri qui ont traité du cheptel ; la première, chap.
21, et la seconde, tit. 17. C'est dans ces coutumes
et dans le Commentaire que *Coquille* a fait de
celle de Nivernais et *la Thaumassière* de celle du
Berri, qu'ont été puisées les règles posées dans ce
chapitre ; c'est là aussi qu'il faut recourir pour en
avoir une plus ample explication.

Art. 1801. « Il y a plusieurs sortes de cheptels,
» Le cheptel simple ou ordinaire,
» Le cheptel à moitié,
» Le cheptel donné au fermier ou au colon par-
» tiaire.

» Il y a encore une quatrième espèce de contrat
» improprement appelée *cheptel.* »

Art. 1802. « On peut donner à cheptel toute es-
» pèce d'animaux susceptibles de croît ou de pro-
» fit pour l'agriculture ou le commerce. »

La Thaumassière dit que le cheptel des porcs

est illicite et usuraire, si le bailleur ne les donne à moitié sans charge de reprise en cas d'exig, ou s'il ne contribue à la nourriture, ou s'il ne donne au preneur plus de la moitié du profit ; mais cela ne peut plus avoir lieu aujourd'hui, d'après la généralité des expressions de notre article ; c'est au preneur à faire ses conditions en conséquence.

ART. 1803. « A défaut de conventions particuliè-
» res, ces contrats se règlent par les principes qui
» suivent. »

SECTION II.

Du Cheptel simple.

ART. 1804. « Le bail à cheptel simple est un con-
» trat par lequel on donne à un autre des bestiaux
» à garder, nourrir et soigner, à condition que le
» preneur profitera de la moitié du croît, et qu'il
» supportera aussi la moitié de la perte. »

C'est-à-dire que dans le cheptel qui est fourni en entier à tout autre que le fermier ou le colon partiaire, la perte et le profit se partagent par moitié, s'il n'y a convention contraire, excepté que tout le cheptel ne périsse, auquel cas la perte est pour le bailleur. *Voyez* l'article 1810.

ART. 1805. « L'estimation donnée au cheptel dans
» le bail n'en transporte pas la propriété au pre-
» neur ; elle n'a d'autre objet que de fixer la perte
» ou le profit qui pourra se trouver à l'expiration
» du bail. »

Art. 1806. « Le preneur doit les soins d'un bon
» père de famille à la conservation du cheptel. »

Art. 1807. « Il n'est tenu du cas fortuit que lors-
» qu'il a été précédé de quelque faute de sa part,
» sans laquelle la perte ne serait pas arrivée. »

Coquille, sur l'art. 3 du tit. 21 de Nivernais, et
quest. 84, dit que le preneur est tenu du simple
larcin, fait sans fracture de porte et sans violence,
parce qu'il devait garder soigneusement le bétail,
et prévenir le vol. Rousseaud, *verbo Cheptel*, n°. 4,
est aussi de cet avis. Cependant cela me semble ri-
goureux, à moins que le preneur n'eût pas pris les
précautions ordinaires pour la garde du bétail.

Art. 1808. « En cas de contestation, le preneur
» est tenu de prouver le cas fortuit, et le bailleur
» est tenu de prouver la faute qu'il impute au pre-
» neur. »

Art. 1809. « Le preneur qui est déchargé par le
» cas fortuit, est toujours tenu de rendre compte
» des peaux des bêtes.

On observa ici que l'article imposait au preneur
une obligation difficile à remplir. On répondit que
l'article ne l'obligeait pas toujours à payer les peaux
qu'il ne peut pas représenter, mais seulement à en
rendre compte.

Art. 1810. « Si le cheptel périt en entier sans la
» faute du preneur, la perte en est pour le bailleur.

» S'il n'en périt qu'une partie, la perte est sup-
» portée en commun, d'après le prix de l'estimation
» originaire, et celui de l'estimation à l'expiration
» du cheptel. »

L'article est fort clair, cependant il donna lieu à une discussion difficile à entendre.

On dit qu'il semblait, d'après l'article, que le preneur ne devait jamais supporter de perte qui excédât ses profits. On répondit que tel n'était pas le sens de la loi., et qu'elle ne présentait, dans le cas de la perte, qu'une distinction puisée dans le Droit commun.

On répliqua que par l'effet seul du tems, des bestiaux donnés à cheptel doivent perdre de leur valeur; cependant, d'après la dernière partie de l'article, le preneur participerait à cette diminution. Il fut répondu que ces mots, *la perte est supportée en commun*, ne signifient pas que le preneur doive rembourser la moitié de la perte, mais qu'elle portera sur lui en ce sens, qu'elle diminuera d'autant le profit qu'il tire du cheptel, sans qu'il ait de recours contre le propriétaire

On ajouta que quand il n'y a ni cas fortuit, ni faute du preneur, ses bénéfices ne doivent pas souffrir de diminution sur ce qui reste du troupeau; et l'article fut renvoyé à la Section pour le rédiger de manière à bien rendre ce sens.

Cependant il paraît rédigé dans un sens absolument contraire, et tel que celui de l'article 615 dans le cas de l'usufruit.

Voici ce qui me semble juste. Si le cheptel périt en entier sans la faute du preneur, il est perdu pour le bailleur; tout le monde en est d'accord.

S'il périt seulement en partie, sans qu'il y ait, ou qu'il y ait eu précédemment, ou postérieurement, de croît ni de profit sur la partie restante, la perte est encore pour le bailleur.

S'il y a du profit sur la partie restante, le profit doit se compenser avec la perte, et le preneur ne doit participer à ce profit qu'après la compensation de la perte.

Art. 1811. « On ne peut stipuler,

» Que le preneur supportera la perte total du » cheptel, quoique arrivée par cas fortuit et sans » faute,

» Ou qu'il supportera, dans la perte, une part » plus grande que dans le profit,

» Ou que le bailleur prélèvera, à la fin du bail, » quelque chose de plus que le cheptel qu'il a fourni.

» Toute convention semblable est nulle.

» Le preneur profite seul des laitages, du fumier » et du travail des animaux donnés à cheptel.

» La laine et le croît se partagent. »

Il faut distinguer deux parties dans cet article; la première, qui déclare certaines conventions nulles; la deuxième, qui dit seulement ce qui s'observe à défaut de conventions, mais qui peut être autrement réglé entre les parties; car je ne crois pas, par exemple, que le bailleur ne puisse stipuler qu'il aura une partie du lait.

Art. 1812. « Le preneur ne peut disposer d'au- » cune bête du troupeau, soit du fonds, soit du » croît, sans le consentement du bailleur, qui ne » peut lui-même en disposer sans le consentement » du preneur. »

Cet article pourrait être plus court. Il suit de sa

disposition que le bailleur et le preneur peuvent respectivement revendiquer le bétail vendu sans leur consentement; mais le bailleur qui n'est pas nanti, doit avoir un contrat pour exercer son action. Les Coutumes du Berri et de Nivernais en ont une disposition.

Art. 1813. « Lorsque le cheptel est donné au fer-
» mier d'autrui, il doit être notifié au propriétaire
» de qui ce fermier tient; sans quoi il peut le saisir,
» et le faire vendre pour ce que son fermier lui
» doit. »

Les art. 18 et 19 d'un édit d'octobre 1713, portent que si le bail à cheptel est passé devant notaire, publié au prône, et désigne spécifiquement le bétail, les collecteurs d'impôt ne peuvent en saisir que le cinquième sur le preneur.

Art. 1814. « Le preneur ne pourra tondre sans
» en prévenir le bailleur. »

Art. 1815. « S'il n'y a pas de tems fixé par la con-
» vention pour la durée du cheptel, il est censé fait
» pour trois ans. »

Art. 1816 « Le bailleur peut en demander plu-
» tôt la résolution, si le preneur ne remplit pas ses
» obligations. »

Art. 1817. « A la fin du bail, ou lors de sa réso-
» lution, il se fait une nouvelle estimation du cheptel.

» Le bailleur peut prélever des bêtes de chaque
» espèce jusqu'à concurrence de la première esti-
» mation; l'excédent se partage.

» S'il n'existe pas assez de bêtes pour remplir la

» première estimation, le bailleur prend ce qui reste,
» et les parties se font raison de la perte. »

Une loi de la Convention nationale sur les baux
à cheptel, du 15 germinal an 3, voulait en général
que le preneur fût obligé de rendre à la fin du bail,
ou au partage, les mêmes nombre, espèce et qualité de bestiaux qu'il avait reçus. Il faut voir ses dispositions de détail en 12 articles.

Cette loi était très-juste ; et il est bien constant
que l'augmentation du prix de toutes choses, depuis la révolution, est cause que le bétail donné à
cheptel, il y a 10 ans, pour 300 livres, vaudrait
aujourd'hui 600 livres, en sorte que le propriétaire,
auquel le preneur remet aujourd'hui un cheptel
estimé 300 livres, ne reçoit en réalité que la moitié de ce qu'il a livré.

Il s'est élevé de nombreuses contestations entre
les propriétaires et les fermiers, ou colons partiai-
res, pour savoir si la loi de la Convention est abré-
gée par notre article, et les juges sont très-embar-
rassés pour se décider. Les fermiers et colons se
fondent sur les articles 1810 et 1817, qui parlent
de deux estimations, l'une au bail, et l'autre à sa
résolution ; les propriétaires, sur l'article 1826, qui
dit que le fermier doit laisser un cheptel de valeur
pareille à celui qu'il a reçu. Pour moi, je crois que
la lettre est pour le fermier, et l'esprit de la loi pour
le propriétaire : je pense qu'il serait urgent de lever ce doute, et de faire revivre la loi de la Convention, du moins jusqu'à ce que le prix des bestiaux
ait pris un cours fixe, et pour tous les baux passés
pendant la révolution. Ces tems ne sont pas assez
éloignés, pour que les experts ne puissent savoir ce
que valaient, il y a dix ans, des bestiaux tels que
ceux qu'on leur donne à estimer.

SECTION III.
Du Cheptel à moitié.

1818. « Le cheptel à moitié est une société

3.   27

» dans laquelle chacun des contractans fournit la
» moitié des bestiaux, qui demeurent communs
» pour le profit ou pour la perte. »

Ici le profit et la perte doivent être absolument
communs, parce que chacun contribue au capital,
et suivant la règle : *res perit domino.*

ART. 1819. « Le preneur profite seul, comme dans
» le cheptel simple, des laitages, du fumier et
» des travaux des bêtes. Le bailleur n'a droit qu'à la
» moitié des laines et du croît.

» Toute convention contraire est nulle, à moins
» que le bailleur ne soit propriétaire de la métairie
» dont le preneur est fermier ou colon partiaire. »

A moins que le bailleur, etc. *Voyez* l'article 1828.

ART. 1820. « Toutes les autres règles du cheptel
» simple s'appliquent au cheptel à moitié. »

SECTION IV.

Du Cheptel donné par le propriétaire à son Fermier ou Colon partiaire.

PARAGRAPHE PREMIER.

Du Cheptel donné au fermier.

ART. 1821. « Ce cheptel (aussi appelé *cheptel de
» fer*) est celui par lequel le propriétaire d'une mé-
» tairie la donne à ferme, à la charge qu'à l'expira-
» tion du bail, le fermier laissera des bestiaux d'une
» valeur égale au prix de l'estimation de ceux qu'il
» aura reçus. »

Voyez Beaumanoir, ch. 68.

ART. 1822. « L'estimation du cheptel donné au
» fermier, ne lui en transfère pas la propriété,
» mais néanmoins le met à ses risques. »

Si elle le met à ses risques, il semblerait qu'il en
est propriétaire ; mais c'est qu'il ne peut l'aliéner,

sans le remplacer ni le retenir, en en payant l'estimation. *Voyez* l'article 1826.

ART. 1823. « Tous les profits appartiennent au fer-
» mier pendant la durée de son bail, s'il n'y a con-
» vention contraire. »

ART. 1824. « Dans les cheptels donnés au fermier,
» le fumier n'est point dans les profits personnels
» des preneurs, mais appartient à la métairie, à l'ex-
» ploitation de laquelle il doit être uniquement
» employé. »

ART. 1825. « La perte même totale, et par cas for-
» tuit, est en entier pour le fermier, s'il n'y a con-
» vention contraire. »

ART. 1826. « A la fin du bail, le fermier ne peut
» retenir le cheptel en en payant l'estimation origi-
» naire; il doit en laisser un de valeur pareille à ce-
» lui qu'il a reçu.

» S'il y a du déficit, il doit le payer; et c'est seu-
» lement l'excédant qui lui appartient. »

Toute cette section ne regarde que les pays méridionaux de la France, où le maître fournit ordinairement le cheptel. Dans les pays de grande culture, le propriétaire ne livre que sa terre, et c'est
le fermier qui avance tout ce qui est nécessaire à
son exploitation.

§. II

Du Cheptel donné au colon partiaire.

ART. 1827. « Si le cheptel périt en entier sans la
» faute du colon, la perte est pour le bailleur. »

Arrêt conforme, de Paris, du 23 janvier 1748,
cité par *Rousseaud*, *Cheptel*, sect. 2.

Si le cheptel ne périt pas en entier. *Voyez* l'article 1810, et les observations y jointes.

ART. 1828. « On peut stipuler que le colon délais-
» sera au bailleur sa part de la toison à un prix in-
» férieur à la valeur ordinaire;

» Que le bailleur aura une plus grande part du
» profit ;

» Qu'il aura la moitié des laitages ;

» Mais on ne peut pas stipuler que le colon sera
» tenu de toute la perte. »

Si on permet ici de déroger aux règles ordinaires,
à l'égard du colon, c'est parce qu'on suppose qu'il
est dédommagé par l'effet du bail.

ART. 1829. « Ce cheptel finit avec le bail à mé-
» tairie. »

Le bail à colonage n'est pas ordinairement fait
pour un tems fixe, il se résout à volonté par le bailleur ou le preneur ; mais il ne faut pas que cette
résolution se fasse intempestivement; il faut suivre
l'usage des divers pays, lequel n'est pas uniforme :
dans quelques-uns, le colon quitte après la levée de
la récolte, dans d'autres, après les semailles seulement. Le premier usage me semble meilleur, parce
que le colon sortant n'est communément pas à portée
de venir ensuite faire la récolte, et que le propriétaire et lui en souffrent tous les deux.

ART. 1830. « Il est d'ailleurs soumis à toutes les
» règles du cheptel simple. »

SECTION V.

Du Contrat improprement appelé Cheptel.

ART. 1831. « Lorsqu'une ou plusieurs vaches sont
» données pour les loger et les nourrir, le bailleur
» en conserve la propriété ; il a seulement le profit
» des veaux qui en naissent. »

FIN DU TOME TROISIÈME.

TABLE DES TITRES

Contenus dans ce *Volume*, et de leurs *Divisions*.

SUITE DU LIVRE III.

Fin de la Table des Titres contenus dans le troisième Volume.

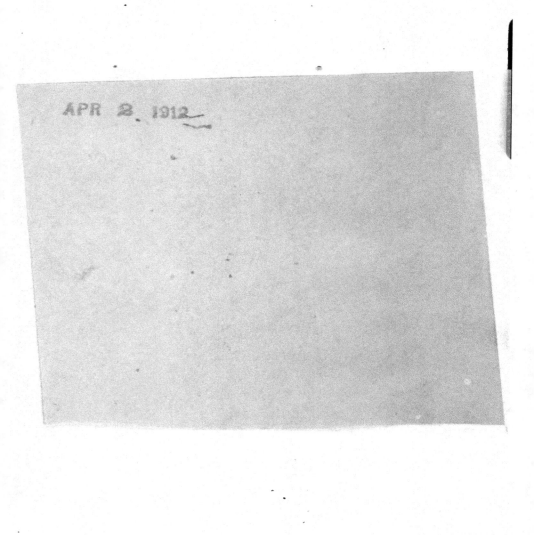

APR 2 1912